Wolfgang Johannes Bekh · Festhalten und Loslassen

WOLFGANG JOHANNES BEKH

Festhalten und Loslassen

Der Erinnerungen letzter Band
1970–2005

Turmschreiber Verlag

*Dieses Buch erschien mit Unterstützung des
Freundeskreises der Turmschreiber e.V.*

ISBN 978-3-938575-02-4

© Turmschreiber Verlag GmbH Pfaffenhofen
Alle Rechte vorbehalten

Umschlaggestaltung: Siegfried Rist
unter Verwendung eines Gemäldes von Justin Schröder.
Es zeigt ein Detail am Elternhaus des Autors in Trudering.

Satz: Rist Satz & Druck GmbH, Ilmmünster

Printed in Germany 2008

Inhalt

Eingangspforte 9
Am Ziel der Wünsche 11
  Summe des Abschieds 12
  Die Stadt als Heimat 14
  Hölderlins Wort wird wahr 17
  München in Bayern – Bayern in Europa 19
  Herzogspitalgasse 22
  Werkstatt im Holzland 23
  Gewonnene Welten 25
  Verluste 29
  Fülle der Jahre 30
  „Nachbarschaft" 35
  Erinnerung ist Gegenwart 39

Die Kehrseite 45
  Rückblicke 45
  Gammelsdorf 47
  Geheimnis des Bösen 49
  Im Gegenlicht 50
  Mysterium igniculum 52
  Bayerischer Rütlischwur 54
  Volksreime 56
  Schubertiade 59
  Tod des Vaters 59
  Sehnsucht läßt alle Dinge blühen 61

Beziehungen 63
  Geburt des Erzählers 63
  Jutta 65
  Hunderennen 66
  Noch einmal: Tod des Vaters 67
  Zaitzkofen, Egglkofen, Reichenkirchen, Brunnbichl 69
  Der Seher aus dem Waldviertel 71

Schärding	73
Exclamationen	74
FJS	75
Theater	78
Sauwaldprosa	81
Belgrad	84
Alexander von Maffei	85
Bröckeln der evangelischen Front	87
Priesterfreunde	89
Die Taufnamen	90
Bau des Bunkers	91
Was ist Heimat?	92
Arthur Maximilian Miller	94
Mindelheim	95
Hymnen an die Kirche	**96**
Gertrud von Le Fort	96
Geheimnis des Glaubens	96
Abschied	98
Im Gegenlicht	101
Ruf der Zeichen	105
Krankheiten	110
Besuche bei Joseph Fruth	112
Die Kälte des Todes	**116**
Verlust der Bilder	116
Noch einmal durchs Jahr	120
Marmorner Schlaf	121
Laurin	122
Herbert Rosendorfer	123
Carl Amery hat angerufen	125
Der Priester als Opfer	126
Lösung vom Vater	128
Exclamationen und Friedhofstränen	**132**
Gammelsdorf zum zweiten Mal	132
Waldfriedhof	135

Entdeckungen 139
  Freiburg im Breisgau 139
  Der Lektor Heinz Puknus 141
  Hortus conclusus 143
  Maschinenbaumeister und Altertumssammler 144
  Ein bayerischer Olymp 146
  Die Bildhauerin Anna Edbauer 148

Die Jahre entschwinden 151
  Alles hat sich auf der Welt verändert 151
  Ein Fest, nach München zu kommen 153
  Schicksale und Bücher 154
  Die Vorausgegangenen 158

Das letzte Kapitel 165
  Menschen 165
  Orte 173
  Bücher 176

Ein gewisses Leuchten 184
  Auf Spurensuche – Gemälde und Skulpturen 184
  Die Zahl sieben 189

Balkone und Walme 193
  Kunstvorbilder 193
  Erlebnisse 194
  Einzelbildnisse 205
  Odette Arens und ihre Rätsel 216
  Tassilo 218
  Ende und Übergang 219
  Totenmasken 222

Gesamtregister aller vier Bände 226
Personenregister 242
Ortsregister 242

Und sie dachten an die ferne Zeit,
da wo die Heimat wieder blühen werde.

Paula Grogger: Das Grimmingtor

Eingangspforte

Drei Orte sind es, die das Leben des Verfassers von dem Tag an bestimmten, als es deutlich sich zu neigen begann: Einmal Sankt Wolfgang, das Refugium seines Namenspatrons am Abersee, zu dem er als junger Mensch gern mit der Plätte vom Südufer aus hinübergerudert war, den uralten Kirchturm im Blick.

Nicht weniger wichtig war mir, solang ich lebte, das geweihte Stück Diesseits, wo der heilige Wolfgang sein Leben aushauchte: Die alte Wolfgangskirche von Pupping, wo er betend kniete, bevor er starb.

Schließlich wurde mir am wichtigsten Sankt Florian im Herzen Oberösterreichs, wo mein Lieblingskomponist Anton Bruckner in einem erzenen Sarkophag der Auferstehung entgegenharrt. Wenn ich an Anton Bruckner dachte, mußte ich immer auch an Gustav Mahler denken, über den ich – wie über Bruckner – eine umfangreiche Monographie geschrieben hatte. Es war schon so: Ein Leben ohne Musik wäre für mich kein Leben gewesen. So zählten zu meinen besten Freunden seit ich denken konnte zwei Musiker, Komponisten von Rang: Roland Leistner-Mayer und Heinz Winbeck.

Immer aber blieb Österreich mein Lieblingsland, gesegnete Erinnerung an das uralte regnum bajuvariorum, das an der Grenze von Inn und Salzach blieb, was es zu meiner unaussprechlichen Freude immer gewesen war.

10. April 2006

Am Ziel der Wünsche

> *„Wenn ein Mensch geboren wird,*
> *hat er die Hände zusammengeballt,*
> *als wollte er sagen: Ich erobere die Welt.*
> *Wenn ein Mensch stirbt, sind seine*
> *Hände ausgestreckt, als wollte er sagen:*
> *Ich habe nichts zurückbehalten,*
> *alles gehört dir, o Gott".*
>
> Jüdische Überlieferung

Es fragt sich, ob unser Leben wirklich zwischen diese beiden Pole gespannt ist: Festhalten und loslassen.

Ein kleines Kind fängt an, die Welt zu erobern. Nichts ist vor seinen Händen sicher: Keine Schublade, keine Tischdecke, keine Türklinke. Denn es gehört zum Menschen, sich die Welt zu erobern. Er muß zugreifen, sich ausbilden, einen Beruf erlernen, Erfahrungen sammeln, sein Leben gestalten.

Aber nicht nur das Zupacken und Festhalten will gelernt sein, sondern auch das Loslassen. Und auch das Loslassen fängt früh an. Ein Kind, das Laufen lernen will, muß die Hand der Mutter loslassen, ein junger Mensch muß das Dach der Familie aufgeben. Irgenwann im Leben müssen wir uns auf einen Beruf, einen Lebenspartner festlegen und geben damit die Vielfalt aller anderen Möglichkeiten aus der Hand. Wir müssen Idealvorstellungen aufgeben, uns von Vorurteilen verabschieden, irgenwann den Platz für Jüngere freimachen. Und schließlich müssen wir das Leben loslassen. Nur derjenige wird in Wahrheit ein reifer, gelassener Mensch, der gelernt hat, loszulassen.

Aber auch das ist wahr: Man spürt auf dem flachen Land, wo ich mich niederließ, wo ich mir mein Refugium erkor, viel deutlicher als anderswo die Verluste an Schönheit, Stille und Natur, beobachtet viel genauer als im Dickicht der Städte, was binnen weniger Jahre und Jahrzehnte verloren ging. Das Loslassen wird uns schneller als es uns lieb ist aufgezwungen.

Die „Selberlebensbeschreibung" – wie Jean Paul jede Art von Autobiographie nannte – ist ein schwieriges Geschäft, schwieriger als jede andere literarische Gattung, weil hier alles gleichzeitig wirksam wird – Raum, Zeit und Ort –, aber gleichwohl nacheinander erzählt werden muß. Als zusätzliche Schwierigkeit ergibt sich daraus die Frage der Reihenfolge.

Summe des Abschieds

Bevor ich Manuskripte überhaupt veröffentlichen konnte, hatte ich viele vergeblich geschrieben. Mein Theaterstück „Rotpunkt, Gelbpunkt, Blaupunkt" nahm eine Sonderstellung ein. Das im Büchner-Ton verfaßte Werk mit einem theoretisierenden, an Shaws Philippika „Zurück zu Methusalem" gemahnenden Nachwort, stach dem avantgardistischen Darmstädter Intendanten Gustav Rudolf Sellner (den ich von Kiel her kannte) ins Auge. Sein Adlatus Klaus Bremer korrespondierte mit mir über notwendige Änderungen. Ich arbeitete das von Bremer zurückgeschickte Manuskript also vereinbarungsgemäß um und schickte es wieder ab. Doch es erreichte nie sein Ziel. Ob die Post an diesem Verlust schuld war, ob es sich um schlichte Schlamperei handelte oder ob der koboldische Zufall sein Spiel trieb, habe ich nie herausgebracht. Genug, die Sache, die so hoffnungsvoll begonnen hatte, verlief sich im Sande.

Ich kam dann nach Wien und las die bei Sellner in der Orangerie uraufgeführten Eugène Ionesco-Stücke „Die kahle Sängerin", „Die Unterrichtsstunde", „Die Stühle" und „Opfer der Pflicht" mit Begeisterung. Teils schwankte ich, diese avantgardistischen Meisterwerke zu inszenieren, teils versuchte ich, mein „Rotpunkt"-Drama auf Wiener Bretter zu bringen, teils plante ich eine Aufführung meines an Brechts episches Theater erinnernden Stückes „Der gute Böse und der böse Gute". Aus weltanschaulichen Gründen (ich stand zu weit links) oder weil die Wiener Kellerbühnen (veritable Nudelbretter) für meine Phantasmagorien zu klein waren, scheiterten all diese Bemühungen. Als vorübergehender Leiter des Theaters „Kaleidoskop" am Naschmarkt inszenierte ich stattdessen Stücke von George Neveux und Jacques Audiberti.

Meinem Leben war in München dann eine andere Bahn vorgezeichnet: Die Stationen hießen: Theater der Jugend, Bayerischer Rundfunk und Süddeutscher Verlag. Ich kam nicht mehr zurück nach Wien. Meine Theaterlaufbahn endete 1961, meine erste in geringer Auflage erschienene Buchveröffentlichung war die „Inventarisation schützenswerter Bauten der Landeshauptstadt München", dann folgte mein Sammelwerk über die Münchner Maler (im neunzehnten Jahrhundert war München schlechthin die Hauptstadt der europäischen Malerei) und schließlich der Roman „Unterhaltungen mit dem Tod", für den sich Ritter von Lama dank der Empfehlung des Turmschreibers Franz Xaver Breitenfellner „tapfer eingesetzt hatte" (eine Formulierung von Benno Hubensteiner).

Es war nun durchaus nicht so, daß ich auf den „Brettern, die die Welt bedeuten" bloß „Wurzen" gespielt hätte. Ich hatte Erfolg mit großen Rollen, dem Puck im „Sommernachtstraum", dem Truffaldino im „Diener zweier Herren", dem Higgins in „Pygmalion", dem Sakini im „Kleinen Teehaus", dem Assessor Ströbel in Thomas „Moral", dem Arlecchino im „Lügner", dem Judas im „Prozeß Jesu".

Meine Erinnerungen an Berlin enden mit meiner Mitwirkung im Kirchentagskabarett. Inmitten tausender, Kirchenlieder singender Teilnehmer stand ich irgendwo weit oben im Olympiastadion und sprach Texte aus dem Neuen Testament. Abends kehrten wir Kabarettisten, an ihrer Spitze der Rundfunkautor Walter Netzsch, in einer „Kneipe" am „Ku-Damm" ein. Und obwohl mich an Berlin die Breite der schnurgeraden Straßen, die geringe Zahl der Kirchen, die schwach entwickelte Religiosität, die fürchterliche Hetze, das Fehlen von Wirtshäusern und die dürftige Küche (die in Bouletten und Eisbein gipfelte) immer wieder abstießen, ist mir diese große Stadt dank meiner Erinnerung an Onkel Hans Huth, an Tante Marta und an den Glockengießer, den Gustav Mahler just in Zehlendorf aufsuchte (wo mein Onkel, Kustos der preußischen Schlösser, ein hochherrschaftliches Haus am Waldsee bewohnte), vorübergehend so etwas wie eine zweite Heimat geworden.

Die Stadt als Heimat

Weite Entfernungen habe ich in der Münchner Stadt von Ost nach West, von Süd nach Nord, mit dem Fahrrad oder per pedes zurückgelegt. Immer wieder war ich überrascht von der gewaltigen Summe des trotz grausigster Kriegszerstörung Erhaltenen. Umso trauriger stimmte es mich, wenn ich sah, daß an allen Ecken und Enden weiter zerstört wurde. Die Abbruchwut im Namen des Fortschritts kannte keine Grenzen. Stuck und Fenstersprossen, Kapitelle und Gesimse waren geschichtslosen Zeitgenossen ein Greuel. Und meistens benützten sie die Ablehnung der hinter uns liegenden Hitlerdiktatur als Vorwand für ihr Banausentum. Glatt und gläsern mußte alles in dieser Epoche des Kahlschlags sein.

Mit dem Fotoapparat, mit dem Zeichenstift oder mit der Schreibfeder hielt ich die Pracht alter Straßenzüge fest, bezog das ganze noch nicht zu denkmalpflegerischen Ehren gekommene neunzehnte Jahrhundert ein. Ansporn war mir bei meinem zeitraubenden Unternehmen der verehrte

Dichter Stefan Zweig, von dem ich ein vielsagendes Wort wußte: „Wenn ich aber lese, daß die Häuser zusammenstürzen, stürze ich selbst mit den Häusern zusammen". So rief er aus dem Exil jenen Siebengescheiten zu, die angesichts des Bombenterrors behaupteten, es gehe nicht um Häuser, sondern um Menschen, dabei aber vergaßen, daß der Mensch, wenn er kein Vieh ist, den Raum der Geschichte, also auch das Haus, so bitter nötig hat wie die Atemluft.

Der Architekt Erwin Schleich, dem der Wiederaufbau der Peterskirche, vieler anderer Gotteshäuser, Paläste und bürgerlicher Bauten gelungen war (dies trug ihm den Vorwurf der Rückständigkeit ein), unterstützte mich nach Kräften bei meinem Bemühen, die alte Stadt Haus für Haus zu inventarisieren. Und allmählich eignete ich mir die gesamte Fachterminologie an. Auch Stadtrat K. E. L. Keller beglückwünschte mich; er war es schließlich, der die Allerheiligen-Hofkirche gegen den jahrzehntelang drohenden Abbruch verteidigt hatte. Besonders freute sich der Münchner Kreisheimatpfleger Leo Samberger (Sohn des berühmten Malers) über mein auf viele Seiten angeschwollenes Werk, das der oberbayerische Bezirksheimatpfleger Siegfried Hofmann im Druck erscheinen ließ. Landeskonservator Ottmar Schuberth hatte den Band in einer Glasvitrine auf dem Gang des Landesamts für Denkmalpflege an der Prinzregentenstraße ausgestellt. Sein Titel, der auf dem Einband weithin sichtbar prangte, war in einer rein wirtschaftlich orientierten Zeit auffallend genug: *Verzeichnis schützenswerter Bauten der Landeshauptstadt München.*

Mein Kampf für die geschichtliche Gestalt Münchens glich allerdings dem Kampf Don Quichotes gegen die Windmühlen, war vergeblich und – in den Augen der meisten Zeitgenossen – lächerlich. Jedesmal, wenn ich Schuberth besuchte, klagte er mir mit bewegenden Worten sein Leid über den Abbruch wertvollster Bausubstanz, der sogar vor Zeugnissen der Gotik und Renaissance nicht Halt machte, sodaß man mit Recht sagen konnte: Die Verluste der Nachkriegsjahre wogen kaum weniger schwer als die Verluste durch Kriegszerstörung. Was aber das Erstaunlichste war: Die städtebaulichen Zerstörungen der Sechziger Jahre verwandelten mein Weltbild. Aus einem Progressiven, was ja nach den häßlichen Triumphen des Rechtsradikalismus ein erlaubtes Votum war, wurde ein Konservativer.

Einen starken Bundesgenossen bekam ich im Abgeordneten Dr. Erich Schosser, dem Schöpfer des – endlich – verwirklichten Bayerischen Denkmalschutzgesetzes. Der eigentliche Initiator dieses bitter nötigen Gesetzes war ein Benediktinerpater aus dem Stift Göttweig namens Emmeram Ritter, ein gebürtiger Bayer. Unverdrossen reiste er landauf landab und verhandelte nicht nur mit Schosser, sondern auch mit Herbert Schindler, dem Gestalter der feinen Sendereihe „Unbekanntes Bayern". Er wurde nicht müde, den Vorbildcharakter Österreichs hervorzuheben, wo es ein solches Gesetz bereits gab. Er antichambrierte bis in die Vorzimmer hochgestellter Politiker und bereitete so den Boden für ein Bayerisches Denkmalschutzgesetz. Emmeram, nicht nur Bayer, sondern sogar bayerischer Patriot, bemühte sich im Spöckmayr-Keller um eine Versöhnung der heillos zerstrittenen Bayernpartei. Gegen die heftigen Flügelkämpfe zwischen Parteigründer Ludwig Max Lallinger und dem jungen Heißsporn Dr. Dr. Helmut Kalkbrenner, seines Zeichens Staatssekretär im Finanzministerium, richtete selbst Emmeram trotz leidenschaftlicher Appelle an die Vernunft der Kontrahenten nichts aus. Zeitlebens wird mir das zappelnde Bemühen des kleinen tiefschwarz gewandeten Mannes im Gedächtnis bleiben, dessen Gesicht immer dunkler anlief und der vor Aufregung ins Stottern verfiel, aus dem er keinen Ausweg mehr fand. „M m eine Herrn!" Er drang nicht durch. „M m eine Herren!"...

Hölderlins Wort wird wahr

„Wo aber Gefahr ist, wächst das Rettende auch" sagt der Dichter. Mit anderen Worten: Zerstörtes wurde wiederhergestellt. Unerreichbares Vorbild blieb Warschau. Aber auch in München wurde wiederaufgebaut. Gegen Beton, Stahl und Glas behaupteten sich Ziegel, Sand und Kalk. Paul Ernst Rattelmüller zeichnete eine Welt der schönen Dinge, seien es Häuser oder Gewänder, sei es Spiel- oder Werkzeug. Den ehrgeizigen jungen Oberbürgermeister Hans-Jochen Vogel brachte ich in mehreren hartnäckig geführten Zwiegesprächen (Dialoge wäre zu wenig gesagt, es handelte sich eher um Duelle) dazu, das Wohn- und Sterbehaus des weltberühmten Bildhauers Ignaz Günther, wo die Meisterwerke von Rott und Weyarn entstanden waren, mit einem Machtwort vor dem bereits beschlossenen Abbruch zu retten. Auch die Rettung des Kothmüller-Anwesens in der Liliengasse glückte mir dank Vogels Hilfe.

Um die dunklen Wolken, die über dem Ignaz-Günther-Haus aufgezogen waren, zu zerstreuen, schlug ich die Gründung einer Ignaz-Günther-Gesellschaft vor, zu deren Vorsitzendem Hans Dürrmeier berufen wurde, Hauptgesellschafter des Süddeutschen Verlages, der mit Geschick unter lauter Individualisten seines schwierigen Amtes waltete. Ich stand ihm als Schriftführer zur Seite. Dank des Entgegenkommens von Ministerpräsident Alfons Goppel fanden die regelmäßigen Versammlungen im Festsaal der Schackgalerie statt. Dort erwies Bayerns Regierungschef sich allerdings weit weniger entgegenkommend. Er forderte vor versammelter Presse die Aufgabe dieser ehrwürdig-alten Gemäldegalerie, genauer: deren Eingliederung in ein anderes staatliches Museum, um den für die benachbarte Bayerische Staatskanzlei benötigten Platz zu gewinnen. Ein heftiges Wortgefecht zwischen Goppel und mir wurde am nächsten Tag von allen Zeitungen breit getreten, der unselige Plan aufgegeben.

Drei bedeutende Männer des Münchner Kulturlebens standen nicht an, mir zu meinem erfolgreichen Einspruch gegen die Schließung der Schackgalerie zu gratulieren: Das waren Michael Schattenhofer, Direktor des Münchner Stadtarchivs, den ich später in einer meiner Rundfunksendungen aus seinem Leben erzählen ließ, der namhafte Kunsthistoriker Professor Norbert Lieb, den ich zu Gast in Rappoltskirchen sah, und Erich Hartstein, Leitender Redakteur des Münchner Stadtanzeigers. Er druckte meine Philippika gegen den drohenden Verlust der Schackgalerie, wie er früher schon meine Essays zum Schutz des Ignaz-Günther-Hauses veröffentlicht hatte. (Dieses großartige, für profunde Darstellungen aus Geschichte und Brauchtum immer offene, mit Kupferstichen und Federzeichnungen ausgestattete Periodikum wurde von einem aus Berlin stammenden Chefredakteur des Hauptblattes als zu „provinziell" eingestellt, der bald nach dieser „Ruhmestat" in Pension ging und in seine Vaterstadt zurückkehrte.)

Es war trotz Hitlers Berghof-Architekten Sep Ruf, der seine Entnazifizierung durch den Verlust eines p im Vornamen (Sep statt Sepp) und strammen Beton-Modernismus belegte, eine zukunftsfrohe Zeit. Unvergeßlich ist mir ein Festabend im wiederhergestellten Antiquarium der Münchner Residenz, wo an langen Tafeln die Vertreter des bayerischen Geisteslebens tranken und schmausten, darunter der Komponist Werner Egk (von dem ich eine handgeschriebene Notenzeile aus der „Zaubergeige" zum Andenken geschickt bekam), der Musikschriftsteller Wernher Scheingraber, die Volksdichterin Therese Bauer-Peißenberg, der Zithervirtuose Rudi Knabl und der „Volksmusik-Papst" Wastl Fanderl, Musikant mit Leib und Seele. An dessen rechter Seite saß Annette Thoma, Komponistin und Verfasserin der Bauernmesse, und zur Linken Adolf Roth, unvergessener Vorsitzender des Bayerischen Landesvereins für Heimatpflege (wo die köstlichen Blätter „Schönere Heimat" erschienen), den ich oft in seiner kleinen klassizistischen Villa im Rücken der Ludwigstraßen-Prunkbauten besuchte. Im Mittelpunkt der weiten freskengeschmückten Halle stehend, ist mir Herzog Albrecht von Bayern in Erinnerung geblieben, Sammler und Retter unserer Volksmusik, als regierender Vertreter des Wittelsbacher Königshauses in den berüchtigten „tausend Jahren" Häftling der Konzentrationslager Dachau und Sachsenhausen. Hier in der wiederaufgebauten Residenz gab er den Riederinger Sängern den Einsatz zu einem bestimmten Lied, das diese augenblicklich anstimmten. Der Herzog nannte ein weiteres Lied und wieder stimmten es die Riederinger an. Auch draußen im Grottenhof konnten sie nach aufgehobener Tafel nicht mit dem Singen aufhören. Sie erprobten die fabelhafte Akustik des Renaissancehofes bald von diesem Winkel, bald von jenem Vorsprung der Mauer, lauschten mit verzückten Gesichtern dem verrauschenden Klang.

München in Bayern – Bayern in Europa

Noch einmal wurde die Zeit des Dirigenten Hans Knappertsbusch und des Komponisten Hans Pfitzner lebendig, der sein Münchner Haus im Bombenkrieg verloren hatte. Zum Schriftsteller Ludwig Schrott sagte er angesichts der Trümmer, die von seinem Haus geblieben waren, grimmig: „Und da sagen die Leute, mir fällt nichts ein!"

Wo soll ich anfangen, wo aufhören? Ein besonderes Glück darf ich nicht vergessen: Meinen Briefwechsel mit Wilhelm Hoegner, dem Schöpfer der Bayerischen Verfassung. Sein im Schweizer Exil entstandener Entwurf wurde sofort nach dem Ende der braunen Schreckensjahre politische Wirklichkeit. Damit komme ich auf mein Buch „München in Bayern – Bayern in Europa" zu sprechen, dessen Thematik mir angesichts der von Mitternacht über Bayern hereinbrechenden Verfremdung auf der Seele brannte. Die Vernordung der bayerischen, nicht der österreichischen Speisenkarte tat mir weh.

Der Dichter Max Dingler, der einmal eine kleine Schrift über „die oberbayerische Speisenkarte" verfaßt hatte, war mein Vorbild. Zur Brandmarkung des Nordslangs "Das ist Sache", „das bleibt außen vor!" steuerte Wilhelm Hoegner nach Kräften bei.

Lallingers und Kalkbrenners, die mir streiten halfen, gedachte ich bereits. Aber es gab noch andere Kämpfer an meiner Seite: Den Erdinger Landrat Simon Weinhuber, den Staatsskretär Joseph Panholzer (den ich in seiner Gartenvilla neben der Bonifazkirche besuchte), den Generalsekretär der Bayernpartei Alto Schwaiger aus Moosburg, den Vorsitzenden des Bayernbundes Rudolf Huber und nicht zuletzt Benno Hubensteiner, den hochverehrten, viel zu früh verstorbenen Freund, Verfasser der in unzähligen Auflagen erschienenen legendären Bayerischen Geschichte. Unvergeßlich ist mir seine Beisetzung in Neumarkt-Sankt Veit. Er wurde, seinem Wunsch gemäß, in einer einfachen Kiste begraben, ungebeizt, unlackiert – frisch gehobelte Holzbretter mit kräftigen Hanfstricken zum Anfassen. Der Blick ging von der windüberblasenen Kirchenhöhe weit übers Land. Es war sein Land.

Felix Austria! Bayerns Nachbar-, Stamm- und Mutterland war Ausland und konnte sich gegen den Zustrom aus dem Norden behaupten, der über Bayerns Grenzen wie ein Sturzbach hereinbrach. Das Heer der Zuzügler samt ihrem „Nordsprech", wurde Mehrheit in Bayerns Hauptstadt und im Oberland, gerade dort, wo es am schönsten ist. Ich wagte mit meinem Buch eine Einmischung in die Politik, wie sie vor mir nur Thomas Mann mit seinen „Betrachtungen eines Unpolitischen" gewagt hatte. „Was ist das für ein Volk", rief ich meinen Landsleuten zu, „das nicht aufsteht wie ein Mann und den Befreiungsschlag wagt!" Leichter gesagt als getan: es war ja angesichts einer noch nie dagewesenen Überfremdung des Landes viel zu spät. Und was das Schlimmste war: Die Sprache hatte sich zum Nicht-mehr-wiedererkennen verändert. Ob die uralte Sprache der Bayern zu retten war? Die Leute, die das bezweifelten, waren keine Defaitisten, sondern Realisten. Die Terminologie der Nazizeit hatte sich in der DDR nicht wesentlich geändert. Daß Religion kein Schulfach mehr war, daß benachteiligt wurde, wer statt zur heidnischen „Morgenfeier" in die Kirche und statt in die „Jugendweihe" zur Erstkommunion ging, verstand sich wie von selbst. Seit diese Deutschen unsere Landsleute geworden waren, hatte sich bei ihnen so gut wie nichts geändert.

Die Schlacht im Teutoburger Wald war verloren, der Limes keine Grenze mehr. Die stattliche Sammlung meiner Aufsätze und Essays erschien 1969 unter dem provozierenden Titel: „München in Bayern – Bayern in Europa – Unzeitgemäße Meinungen aus den Sechziger Jahren" als Band I der „Beiträge zur Geschichte, Kultur, Wirtschaft und Politik der Alpenländer", herausgegeben von Stiftsarchivar Emmeram Ritter. Verlagsort war Vaduz im Fürstentum Liechtenstein.

Bezeichnenderweise konnte ein solches Buch in Bayern nicht erscheinen; dabei enthielt es lauter Selbstverständlichkeiten. Allein das Bilderverzeichnis erklärt, worum es in diesem Kompendium eines Konservativen ging: Allerheiligen Hofkirche in München, Pfistermühle, Moradellihaus, Altheimer Eck, Siegestor im ursprünglichen Zustand, Hackengasse, Richard-Strauss-Brunnen, Alte Gastwirtschaft in der Au, Ignaz Günther-Haus, Günthers Hausmadonna, musizierender Orlando di Lasso, Mielichhaus, Palais Rechberg, Alte Mainbrücke in Würzburg, Domplatz in Bamberg, Zeughaus in Augsburg, Stadtmauer in Nürnberg, Bayerisches Nationaltheater in München. Und es durfte auch Eamon De Valera nicht fehlen, erster Staatspräsident der Irischen Republik nach dem Ende der englischen Fremdherrschaft.

Herzogspitalgasse

Mein besonderes Augenmerk galt schon damals der Herzogspitalgasse, wo im ersten Stock über der Buchhandlung Josef Pfeiffer unsere alte Tante Marie Feichtner (Schwester der Mutter meiner Frau) einer vielköpfigen Familie, großenteils Angestellte des Firmeninhabers Josef Hafner, in geräumigen Schüsseln das Essen auftrug. Im Pfeiffer Verlag erschienen meine Baierischen Kalendergeschichten mit feinen Federzeichnungen des unübertrefflichen Paul Ernst Rattelmüller. Das Besondere dieser Adresse war freilich, daß hier mein gewaltiger dreiteiliger Roman „Die Herzogspitalgasse" spielte, den ich, damit er überhaupt erscheinen konnte, von tausend auf fünfhundert Seiten herunterkürzen mußte, keine Kleinigkeit. In Ried im Innkreis stellte ich das Buch vor. Im Bayerischen Rundfunk las der meisterhafte Sprecher Fritz Straßner mit seiner dunklen Stimme ein Kapitel aus dem Werk. Glücklich machte mich die Rezension von Peter Maicher: „Dies ist ein Epos voll und für Stille. Und diese Stille läßt auch den streßgehetzten Leser nach und nach in ihrem beruhigenden Zauber versinken. Wolfgang Johannes Bekh hat in den weiten, leisen Kreisen seiner epischen Sprache unsere verlorene Mitte zu fassen gesucht. Und tröstlich viel davon gefunden".

Meinem großherzigen Gönner Walter von Cube überreichte ich ein Exemplar dieses voluminösen Romans, wie ich ihm schon meinen „Apollonius Guglweid" ins Büro gebracht hatte. Mit Wehmut gedenke ich meiner Gespräche mit dem hochgebildeten Mann, die wir unter den Blättern einer gewaltigen, über den Tisch hereinschattenden Stechpalme führten. Die unvermeidliche Pfeife steckte dem wohlwollenden Leser meines Buches im Mund, Wolken blauen Tabakrauches standen im Raum. In Quinten bei Sankt Gallen ist er im Garten seines kleinen Anwesens tot aufgefunden worden. Auf dem Tegernseer Friedhof stand ich später oft an seinem Grab, von dem in Goldschrift die französischen Lettern glänzten:

> La mort n'est pas une absence,
> mais une differente présence.

Werkstatt im Holzland

1970, im ersten als „Einschichtvater von Rappoltskirchen" verbrachten Jahr, war keine größere Reise möglich: Es gab zu viel Arbeit am Haus. Hier wurde gegipst oder mit Kalkfarbe gestrichen, dort marmoriert oder gemasert, hier wurden Schablonen angelegt oder Böden gewachst ... Der Umbauten war lang nach unserem Einzug noch immer kein Ende. Dabei mußte mit äußerster Vorsicht zu Werk gegangen werden, denn das geräumige, mit seinem steilen Walmdach in den Himmel ragende Haus – von Johann Baptist Schott, dem Erbauer der Altöttinger Basilika, im Jugendstil errichtet – wurde bald unter Denkmalschutz gestellt und als Baudenkmal in den Dehio aufgenommen.

Eine willkommene Unterbrechung meiner Arbeit am Haus war die Herausgabe, Eindeutschung und Kommentierung der Italienreise des bayerischen Kurprinzen Carl Albrecht, der als unglücklicher Kaiser Karl VII. in die Geschichte einging. Von seiner Krönung in Frankfurt berichtete Goethes Mutter in ihrer mitreißend-mütterlichen Sprache: „Was hatte der Mann für Augen!" Stiftsarchivar Emmeram Ritter lieh mir aus den Beständen der Göttweiger Stiftsbibliothek Monate lang das Diarium des späteren Kaisers, ein Convolut mit buntem Kammmarmor-Einband und schnörkeligen Schriftzügen auf dem weichen Hadernpapier ...

Es gab Fahrten zu meinen Eltern und nach Kieblberg zu meinen Schwiegereltern. Dort holte ich mir einen auf dem oberen Boden abgestellten, vom Verheizen bedrohten alten, buntbemalten Kasten und ein dazugehöriges ebenso buntes Bauernbett. In Landshut besuchte ich Hans Bleibrunner, Heimatpfleger des Regierungsbezirks Niederbayern, in Braunau meinen alten Freund Gottfried Glechner, den musischen Zeitungsredakteur Hans Fink (der immer die Augen zukniff, wenn er sprach), den Maler Martin Stachl und Sekretärin Irmgard Schmoll von Eisenwerth, allesamt Freunde von der Innviertler Künstlergilde. Im Münchner Isartorturm stellte ich die Braunauer Gschwister Simböck, zwei fesche Weiberleut mit kräftigen Gesangsstimmen, den Oberinnviertler Mundartpoeten Theodor Renzl und Gertraud Stöckler vor, die Gedichte ihres Vaters Hans Schatzdorfer las, allerdings schon nicht mehr ganz dessen alten baiwarischen Klang traf, sondern sich eher des in den Jahrzehnten ihrer Frankenburger Ehe erworbenen, jenseits des Hausrucks gesprochenen „Landlerischen" bediente.

Meine Lebenslinien verdichteten sich zu einem undurchdringlichen Geflecht. Im Sommer 1972 bekam ich Besuch von meinem neuen „Nachbarn" Hermann Randlkofer, Besitzer des uralten Delikatessengeschäfts „Dallmayr", der sich auf die Titulatur „Königlich Bayerischer Hoflieferant" mit Recht einiges zugute tat und stilvoll im palastartigen ehemaligen Pfarrhaus von Maria Thalheim wohnte. Dem Pfarrer habe das Ordinariat (so scherzte Randlkofer, der sich im vielzimmerigen alten Pfarrhof recht wohl fühlte), „eine kleine Hundshütte" ins äußerste Eck des Gartens gesetzt. In der Tat ließ der ärmliche Baustill dieses Gebäudes einen so herabsetzenden Vergleich zu. Auch Dorothea Dufft, meine alte Freundin und Briefpartnerin aus Tübinger Tagen besuchte uns in unserem ländlichen Refugium.

Gewonnene Welten

Inzwischen war unser drittes Kind auf die Welt gekommen. Es empfing in der Taufe die Namen Anna Magdalena. Diese Tochter kam unter dramatischen Umständen auf die Welt. Ich verbrachte wartend eine bange Stunde im Café Krönauer am Freisinger Tor, nahe beim Krankenhaus. Als ich in hoher Sorge auf der Entbindungsstation eintraf, erfuhr ich, daß der Münchner Befund bei Martins Geburt den Erdinger Arzt in Angst und Schrecken versetzt habe. Die Gefahr des Verblutens der Patientin vor Augen, stillte er mit mehrmals erneuerten Tampons den hinter der Nachgeburt hervorquellenden Blutstrom. Und ich seufzte: Noch einmal davongekommen.

Im Kinderwagen fuhren wir die Kleine sommers durch die Gassen des alten Marktes Krems an der Donau. In dem etwas bergan gelegenen Garten der Schulschwestern (die weiter unten am Hohen Markt 1 ihr palastartiges Domizil hatten) waren wir dank der Vermittlung Adolfine Treibers in einem Gartenpavillon untergekommen. Mit den drei Kindern (Anna im Wagerl) gingen wir dann an einem sonnigen Sommernachmittag durch die häuserhohen alten Gassen der Kaiserstadt Wien, wo ich seit fünfzehn Jahren nicht mehr gewesen war. Wir besuchten auch Pater Emmeram im weithin sichtbaren Stift Göttweig. Er führte uns durch eine von ihm gestaltete Ausstellung, blieb einmal vor einem Kupferstich stehen, der die Ermordung des nach seiner Meinung zu deutsch-zentralistischen Glaubensboten Bonifatius zeigte, und verblüffte mich mit seinem provozierenden Wort: „Leider zu spät".

Beim Abschied von Krems nahmen wir aus dem Klostergarten ein paar Krenwurzeln mit, die dort auf dem sandigen Boden kräftig wuchsen, aber in unserem schweren heimischen Lehmboden kaum gedeihen wollten.

Auf der Heimfahrt machten wir noch in Lorch an der

Enns Station, wo der Römer Florianus im Wasser des Donauflusses ertränkt worden war. Es ist mir immer als bedeutungsvoll erschienen, daß der Ort seines Martyriums an der Ostgrenze des alten Bayern lag. Lauriacum war sogar einmal Hauptstadt Bayerns gewesen. Erst seit der Verschiebung der bayerischen Grenzen gegen Westen ist es eine österreichische Stadt. Dechant Professor Eberhard Marckhgott – Bruder der Äbtissin von Krems – führte uns durch die Ausgrabungsstätten aus den Anfangszeiten des Christentums.

In Krems besuchten wir später den begnadeten Bildhauer Hans Freilinger, ein Wunder an Schöpferkraft, an Durchseelung des Körpers, an Vergeistigung der Physiognomie. Er lehnte es ab zu abstrahieren; seine Nervenkunst war ihm abstrakt genug. Er öffnete uns die Ausstellungsräume in seinem Haus am Hohen Markt. Einmal zeigte er uns auf einer abenteuerlichen, von Umstürzen bedrohten Hohlwegfahrt seine Weinberge. Und unwillkürlich mußte ich an den unweit gelegenen Weinort Gneixendorf denken, von dem Beethoven gesagt hatte: „Das klingt wie Achsenbruch".

Der Vater meiner Frau, den wir oft in Kieblberg besucht hatten, starb nach langer, geduldig ertragener Krankheit am 25. November 1971 im Alter von achtundsechzig Jahren. Wenige Monate vor seinem Tod hatte er bei uns einen Tag lang Holz gehackt und mir das Gedicht vom „Alten Schmied" aufgeschrieben. Ich hatte ihn darum gebeten, weil dieses urwüchsige Kulturgut in meiner Sammlung „Reserl mit'n Beserl" fehlte.

Auf das Jahr 1972 fällt unsere erste Fahrt ins liebe alte Mettmach (was „Mittlere Ache" heißt oder besser: Der Mittlere von drei Bächen. Auf einem Flurgang stellte ich fest, wie recht Glechner mit seiner Erklärung der Mettmacher Etymologie hatte). Beim Huberbauern kamen wir mit Kind und Kegel unter. Im weiteren Verlauf des Jahres besuchten wir Regensburg, Altötting und schließlich Deggendorf, wo uns die von Franz Kuchler initiierte „Bayerische Rauhnacht" beeindruckte.

Im Jahr 1973 besuchte ich noch einmal Billingers Freund und Erben Otto Walchshofer, der mit geheimnisvoller Miene eine Schranktür öffnete und mir Billingers Totenmaske zeigte, die sich blendend weiß von einem dunklen Samttuch abhob. Dann besuchte ich den oberösterreichischen Dichter Carl Hans Watzinger in seinem ländlichen Feriensitz. Mit allen drei Kindern fuhren wir schließlich nach Öblarn am Fuße des Grimmings, der die Landschaft gewaltig und kalkweiß abriegelte. Wir wollten zur Dichterin Paula Grogger. Es war ein dunkler Regentag, die Dichterin stand gebückt, in einen unschönen grauen Regenmantel gehüllt, im Garten und brockte Johannisbeeren, die hier (wie früher auch in Bayern) Ribisl hießen. Als sie uns bemerkte, wurde sie wütend, daß wir sie „in diesem Aufzug" sahen und verzog sich so schnell sie konnte ins Haus. Wir wurden von der Haushälterin, bei der wir uns für unseren „Überfall" entschuldigen wollten, recht förmlich verabschiedet. Schon in der Gartentür bemerkte ich, daß ich meinen Hut im Hausgang, wo ich ihn abgenommen und verlegen an irgend einen Haken gehängt haben mußte, vergessen hatte. Ich kehrte um und läutete noch einmal, recht altmodisch übrigens, an einem Klingelzug mit Handgriff. Die Haushälterin öffnete und war nun bedeutend freundlicher. Sie machte die Haustür weit auf und deutete nach oben, die Stiege hinauf, über die Paula Grogger nun heruntergeschritten und in der Tür, dicht vor mir, stehen blieb. Sie trug die wunderschöne alte steirische Tracht und sah aus wie eine Erscheinung aus dem Jenseits.

Von diesem Tag an, im Lauf mehrerer folgender Besuche, signierte sie mir der Reihe nach all ihre Bücher, nicht nur mit Namen, sondern auch mit einem Gedicht. Jedesmal zog sie sich für ein paar Minuten ins hintere Kämmerlein zurück und kam dann wieder mit meinem Buch, das nun ihr kostbares Autograph zwischen den Deckeln barg. Am liebsten von all ihren Büchern wurde mir – wie konnte es anders sein – das Grimmingtor, ein Roman, den ich an die dreimal von der ersten bis zur letzten Zeile verschlang.

In Rosenheim verhandelte ich mit dem Verleger Alfred Förg. Im Bayerischen Wald besuchte ich den Dichter und Volkssänger Paul Friedl, der unter dem Namen „Baumsteftenlenz" Liederbücher herausgab und volkstümliche, heimatkundlich wertvolle Romane schrieb, dann den Zeichner Josef Fruth, einen einzigartigen, höchstens vielleicht mit Kubin oder Pocci vergleichbaren Künstler, der seine leuchtenden Bayerwaldbilder im Vorhäusl des Schlosses Fürstenegg stapelte, daneben auch Hinterglasbilder, Feder- und Pinselzeichnungen schuf.

Im November stellte ich in Ried eines Abends die wichtigsten Innviertler Musiker und Sänger vor, eine Veranstaltung, die vom Bayerischen Rundfunk aufgenommen wurde. In der ersten Zuschauerreihe saß der große Sponsor Nationalrat Gustav Kapsreiter. Von meinem Roman „Apollonius Guglweid" hatte er (nicht zuletzt wegen des Billinger-Nachworts) einen Stapel von fünfzig Exemplaren erworben und an seine große Freundschaft in halb Europa verschickt.

Das Jahr klang für mich mit zwei wichtigen Dichterlesungen aus, einmal in Eberschwang, ein andermal im Saal der Arbeiterkammer in Ried. Lange gute Gespräche führte ich mit Max Bauböck, dem Vorsitzenden der Innviertler Künstlergilde, und mit Joseph Werndl, dem Passauer Domorganisten, einem bedeutenden Komponisten.

Irgendwann um diese Zeit, als meine Eltern in die „Sommerfrische" gefahren waren, luden wir den Ischler Maler Franz Xaver Weidinger, der die Rückfahrt von Holland (seiner Malerlandschaft) in München unterbrach, nach Trudering ein. Wir saßen im elterlichen Garten und aßen die von Resi ihm zu Ehren gedrehten Innviertler Grießknödel mit Geselchtem und Kraut.

Verluste

Ich hatte mich inzwischen gut bei den Holzlandbauern eingewöhnt und half aus, wo ich konnte, bemalte etwa ein Marterl zum Gedenken an eine im Köhlholz vom Wolf getötete Giglinger Häuslertochter.

Was mir als Konvertiten mehr denn je weh tat, war die moderne Gottesdienstpraxis. In mein Tagebuch schrieb ich den sarkastischen Satz: „In der Kirche wurde das Latein abgeschafft, im Buchdruck wurde statt der deutschen Minuskeln das Latein eingeführt". Es war eine verkehrte Welt. Der Progressismus linker Studenten wie Dutschke, Teufel und Ohnesorg, die jegliche Ordnung mit dem Spruch „Unter den Talaren der Muff von tausend Jahren" verballhornten, hatte sich auch der Kirche bemächtigt. Und was nach meiner Meinung besonders schwer wog: Die bäuerliche Bevölkerung war des naiven Glaubens, die Kirche sei nun eben modern, das sei schon richtig. Richtig auch, daß das Wort „konservativ" zum Schimpfwort mutierte. Vollends als ein junger Pfarrer in unsere Holzlandgemeinde kam, der die neueste Theologie im kleinen ländlichen Rappoltskirchen einführte, das Unterste zuoberst kehrte, etwa die Manner- und Weiberseite im Gestühl miteinander vertauschte, offensichtlich nur, damit sich etwas rühre, denn „Erstarrung" nannte er, was nach Kanon roch. Das Allerheiligste, den Leib Christi, reichte er nicht mehr aus dem geweihten Goldgefäß knieenden Gläubigen auf die Zunge, sondern ließ es in mehreren irdenen Schüsseln von Bank zu Bank durch die ganze Kirche gehen, wobei es schon auch vorkam, daß eine gewandelte Hostie auf den Fußboden fiel. Da war das Maß meiner Geduld erschöpft. Ich beschwerte mich im Ordinariat. Immerhin kam der Regionalbischof und stellte den progressiven Priester zur Rede. Dieser „bockte" und verließ Rappoltskirchen Knall auf Fall mit unbekanntem Ziel. Nun war ich der Bösewicht, der die

Pfarrei um ihren Geistlichen gebracht hatte. Ich wurde „geschnitten" und nicht mehr gegrüßt. Ein Fanatiker malte sogar in großen Buchstaben an meine Gartenmauer: „Judas der Strik wartet". (Rechtschreibung war nicht seine Stärke.) Ich habe später in meinem Roman „Sehnsucht läßt alle Dinge blühen" aufzuarbeiten versucht, was mir damals wie ein glühendes Messer durch die Seele schnitt.

Fülle der Jahre

Wir sind im Jahr 1973 angekommen. Die „Vernordung" der deutschen Sprache machte unaufhaltsame Fortschritte. Nach vielen Vorträgen und einem von Jahr zu Jahr dicker angeschwollenen Redemanuskript erschien endlich mein „Handbuch der bayerischen Hochsprache". Der renommierte Bruckmann-Verlag titelte: „Richtiges Bayerisch" und ergänzte mit dem vielsagenden Untertitel: „Eine Streitschrift gegen Sprachverderber". Das Fernsehen fand den Stoff publikumswirksam genug, um ein halbstündiges Gespräch zwischen mir und dem bayerischen Ministerpräsidenten Franz Josef Strauß aufzunehmen. Strauß, der meinem Buch ein schmunzelndes, gleichwohl ernst gemeintes Vorwort mit auf den Weg gegeben hatte, zeigte sich in der Materie erstaunlich beschlagen und brachte überraschende, von mir trotz meiner jahrelangen Vorarbeit noch nicht bedachte Argumente ins Gespräch, die er mit seiner in mein Buchexemplar geschriebenen Widmung bekräftigte: „Defensori Linguae bavaricae". In der Presse fand mein Buch von Anfang an erstaunliche Beachtung. Die Boulevardzeitung tz verlieh mit die tz-Rose, eine farbenfroh gestaltete Urkunde, die ich mir gerahmt ins Stiegenhaus hängte. Im selben Jahr erfuhr mein Buch „Baierische Kalendergeschichten" eine um viele – vom Münchner Merkur erstveröffentlichte – Geschichten bereicherte Neuauflage. Im Jahr darauf wagte Wilhelm Ludwig als Auftakt meiner von ihm verlegten Bücher die auf den doppelten Umfang gebrachte, mit vielen Farbtafeln ausgestattete Neuausgabe meiner „Münchner Maler von Jan Pollack bis Franz Marc".

Im gleichen Jahr malte mich Freund Walther Gabler in seinem Rieder Atelier mit Buch und Wappen. Auf seinen Wunsch trug ich die erneuerte Dachauer Tracht, die ich mir beim Bösl in München hatte schneidern lassen, dazu einen breitkrempigen braunen Velourshut. Meine Resi malte er im selben Jahr. Und immer wohnten wir beim Huberbauern in Mettmach. Wie ein Traumbild lächelt mich meine Gattin im blauen Dirndlgewand an, mit ebenso blauem Türkisgeschmeide um den Hals. Und ich stellte fest: Frauen malte der Porträtist Walther Gabler, der kein Verächter weiblicher Schönheit war, überzeugender als Männer.

1975 war es dann endlich so weit, daß meine umfangreiche Romantrilogie „Die Herzogspitalgasse", an der ich seit 1967 kontinuierlich gearbeitet hatte, wenn auch auf Wunsch des Verlages um die Hälfte gekürzt, erscheinen konnte. Der Erfolg des Buches mit dem provozierenden Untertitel „Nur die Vergangenheit hat Zukunft" war beträchtlich. In der Presse las man Schlagzeilen wie „Mahner und Warner wider den Zeitgeist" oder: „Schreiber himmlischer Notenzeichen" oder: „Bayern schreibend finden" oder: „Geschichte von Heimkehr und Abschied" oder (die schönste Rezension aus der Feder Wolfgang von Webers): „Die Herzogspitalgassen-Saga". Hans Schachtner gab seiner breiten Besprechung in der Münchner Kirchenzeitung den Titel „Die bösen Buben" und bezog sich nicht ohne leisen Humor auf meine gelegentlich durchschlagende Trauer über die nachkonziliare Verarmung der katholischen Kirche, gegen die sich sogar Monsignore Zistl von St. Peter vergeblich wehrte. Immerhin gab es bei ihm keinen Volksaltar. Kommunizierende Gläubige mußten am Speisgitter knien. Da ließ er nicht mit sich reden. Und beharrlich blieb er der Evangelien- und Epistelseite am Hochaltar treu.

Die mehrfach gekröpften Türangeln von Rappoltskirchen versetzte ich in die Herzogspitalgasse, stellvertretend für alle anderen Stildetails, Beschläge, Kerbungen und Hohlkehlen, die ich in mein Loblied der Dinge einbezog. Dazu gehörte das Porträt unserer tüchtigen Tante Marie (mit Betonung auf der ersten Silbe), die immer den Haustürschlüssel aus dem ersten Fenster im zweiten Stock herunterwarf, wenn sie Besuch von ihrer großen unterlandlerischen Verwandtschaft bekam, dazu gehörten auch die Porträts meiner Schwägerin Kathi und ihres Ehegatten Schorsch.

Ganz Kieblberg siedelte ich in der Herzogspitalgasse an, dazu auch den Vetter meiner Frau, den Dichter Georg Lohmeier. Wolfram Dieterich, Literaturpapst des Münchner Senders, den ich lesend über mein Buch gebeugt am Schreibtisch sitzen sah, blickte auf und sagte mit anerkennendem Kopfnicken: „Sie sind ja ein Kulturbayer!"

So anerkennend Wolfram Dieterich von meinen belletristischen Arbeiten sprach, so tadelnswert fand er meine Einmischung in die Politik. Vergeblich suchte ich ihn zu überzeugen, daß für mich die Welt ein Ganzes sei, das sich nicht in Poesie und Wirklichkeit scheiden lasse.

Aus diesem Antrieb entstand mein Buch „Noch ist Bayern nicht verloren", eine Sammlung all meiner Aufsätze und Essays, die ich mir im Lauf der Jahre von der Seele geschrieben hatte. Ich legte Kosziuskos zündenden Ausruf „Noch ist Polen nicht verloren" zugrunde, hoffend, er könnte auch in Bayern zünden und dem uralten Muttergottes-Staat zur nationalen Wiedergeburt verhelfen. Ich holte weit aus, griff zurück bis zur Latène-Zeit, bis zu den Kelten von Kempten und Manching, zu den Oppida von Neufahrn, Mauggn und Kirchötting. Die Adeligen von Notzing, Aufhausen, Preysing, Fraunberg und Moosburg waren keltische Freiherrn, die Roms Herrschaft vom Jahr 15 vor Christus bis 488 nach Christus – zur Aufrechterhaltung der Infrastruktur – überdauerten.

Ich durchstreifte Geschichte und Landschaft nach allen Richtungen, von der Semptquelle bis zum Baumheiligtum von Maria Thalheim, von der 1453 einsetzenden türkischen Fremdherrschaft in Griechenland bis zur Erhebung von 1821, vom griechischen Königreich Ottos, der seinem Volk die weißblauen Farben brachte, von den spanischen, ungarischen, böhmischen Königen und österreichischen Erzherzögen. Ich schrieb von der Berg-am-Laimer Michaelskirche, wo der von Johann Baptist Straub geschnitzte Kirchenpatron die weißblaue Rautenfahne im Wind flattern läßt. Am liebsten beschäftigte ich mich mit den Werken der großen historistischen Baumeister Foltz, Schulze, Schott, Hauberißer, Gabriel und Emanuel Seidl, Thiersch, Hocheder und Schmuzer. Ich legte schon damals Spuren für meinen großen Regensburg-Roman „Des geheimen Reiches Mitte".

All das in meinem Kompendium Vorgebrachte war nach Meinung überheblicher Germanophiler „provinziell". Siebentausend Jahre Geschichte in Niederbayern, tausendfünfhundert Jahre staatliche Kontinuität im baiwarischen Fünfeck, der geschichtsträchtige Donauraum, die Agilolfinger, Luitpoldinger, Wittelsbacher und Habsburger, die Grafen von Andechs-Meranien, die Könige von Frankreich, Spanien und Ungarn, das Imperium romanum, die lateinische Sprache in der bayerischen, das Griechische im Latein, die Kaiserstadt Wien und die Passauer Stephanskrone – alles provinziell? Beachtlich nur Kaiser Wilhelm Zwo mit seinen tristen brandenburgischen Landarbeiterdörfern, mit seinen Kartoffelschnapsbrennereien?

Nah lagen Geborenwerden und Sterben in meinem Leben zusammen: Am 3. April 1975, kurz vor meiner großen Geburtstagsfeier, kam unser viertes Kind auf die Welt, unsere Tochter Maria Theresia, die ihre frohen blauen Augen behielt und uns viel Freude machte.

Unsere Kinder hielten uns fast von Geburt an in steter Sorge um ihr Leben. Maria, die Jüngste, wurde im Säuglingsalter von acht Wochen mit schwerem Keuchhusten ins Landshuter Kinderkrankenhaus eingeliefert. Unvergeßlich ist mir, wie zärtlich der junge Arzt (der wegen seines virtuosen Harfenspiels von Kollegen den Übernamen „Harfendoktor" bekommen hatte) unser Kind auf den Arm nahm und an sich drückte. Um dieselbe Zeit und noch Jahre darauf litt unser Sohn Martin an schwerer „spastischer Bronchitis", die ihn mehrmals dem Erstickungstod nahe brachte.

Zur Feier meines fünfzigsten Geburtstages widmete mir mein Verleger eine Festschrift mit Beiträgen der Freunde, etwa des Innviertlers Carl Hans Watzinger, des Turmschreibers Bernhard Ücker oder des Historikers (Verfassers der Bayerischen Geschichte) Benno Hubensteiner. Neben jeden Platz an der langen Geburtstagstafel beim benachbarten Wirt legte ich ein Exemplar dieser Festschrift. Zu meiner Linken saß der berühmte Bildhauer Hans Wimmer, zur Rechten Landrat Simon Weinhuber.

Mein alter Freund Helmuth Scherer, der inzwischen von der verkehrsumbrandeten Wendl-Dietrich-Straße an den verträumten Pilsensee gezogen war, erkrankte schwer, war nicht mehr in der Lage, mir an meinem fünfzigsten Geburtstag die Ehre seines Besuchs zu erweisen, starb als Folge eines zweiten oder gar dritten Herzinfarkts am 20. August 1975, ohne selbst fünfzig Jahre alt geworden zu sein. Und mir kam es so vor, als wäre mit seinem Tod erst meine Jugend zu Ende gegangen. Alois Fink, Hauptabteilungsleiter des Bayerischen Rundfunks, Essayist und Romancier („Gras unterm Schnee") zitierte in seiner Grabrede Marc Aurel.

Als ich mit meinem Freund Helmuth Scherer zum letzten Mal gesprochen hatte, war an der Wand neben seinem

Schreibtisch eine Przibramer Madonna gehangen, eine sogenannte Holzscheitelmadonna. Helmuth hatte sie von einer seiner Redaktionsfahrten in den Bayerischen Wald mitgebracht. Ich bat ihn, mir von seiner nächsten Fahrt eine solche Przibramer Madonna mitzubringen. Er überlegte nicht lange, nahm die Figur von der Wand und reichte sie mir: „Ach, nimm sie doch gleich mit". Mir ist es später immer so vorgekommen, als hätte er seinen baldigen Tod vorausgesehen. So hängt nun seine Madonna in meinem Rappoltskirchener Stiegenhaus. Und jedesmal, wenn ich daran vorbeigehe, denke ich an meinen alten Freund.

„Nachbarschaft"

Als wir vor einigen Jahren in der Rappoltskirchener Einschicht ankamen, gingen wir selbstverständlich von Haus zu Haus, auch in die kleinen Dörfer und stellten uns vor. Auch beim Wirt, unserem Nachbarn, kehrten wir zu. Die Frau Wirtin tat zwar zuckersüß, war aber sehr wenig davon erbaut, daß wir das alte Schulhaus erworben hatten, und suchte uns das Leben sauer zu machen, kam etwa bei stockdunkler Nacht auf leisen Sohlen vor unseren Gartenzaun geschlichen und schüttete eimerweise Erde auf den vorbeiführenden Sandweg. Dann streute sie Grassamen aus wie ein richtiger Bauer, der Getreide sät. Weiß der Kuckuck, was sie sich dabei dachte, denn wir kehrten und rechten ihre Erde und ihren Samen so schnell wie möglich wieder weg. Schuld an dieser Misere war freilich nicht die Wirtin, sondern die politische Gemeinde, die es versäumt hatte, einen durch Gewohnheitsrecht seit Jahr und Tag für Fußgänger, Fuhrwerke und Automobile geöffneten Weg auch auf dem Papier öffentlich zu machen. Aber lästig war es schon, daß wir uns ständig der Mißgunst unserer Nachbarin erwehren mußten. Dabei gab es keinen, der ihr Leben und ihre Lebensart mehr zu schätzen wußte als ich, der Stadtflüchtling und Romantiker. Jedenfall gab ich mir redliche Mühe, gut mit ihr auszukommen und hatte die Freude eines gedeihlichen, ja überaus freundlichen und freundschaftlichen Verhältnisses mit ihrer tüchtigen Tochter, der künftigen Wirtin.

Resi, die Bauerntochter, war hier in ihrem Element: sie legte einen Gemüsegarten an, der uns einen Sommer lang mit Salat, Karfiol, Kohlrabi, Erbsen, Gelben Rüben und Bohnen versorgte, schnitt unsere Ligusterhecken, mähte Gras mit Sense, Wetzstein und Kumpf, erntete das gut und reichlich gedeihende Obst unserer Apfel-, Birn- und Zwetschgenbäume. Rechtzeitig hatten wir uns mit der berühmten und wohlschmeckenden Erdinger Hauszwetschge zu versorgen gewußt. Mit Resi fuhr ich nach Regensburg zu Emmeram, der inzwischen rechte Hand Bischof Grabers geworden war und beichtete bei ihm. Als er mich lossprach „ego te absolvo!" durchschauerte es mich. In Mettmach nahm ich mit Georg Lohmeier, Alois Weichslgartner, Hans Pletzer, Franz Freisleder und Johannes Neuhäusler, der seine heiteren Gedichte unter dem Pseudonym Franz Ringseis schrieb, an einer Lesung im Gasthaus Stuhlberger teil. Ich empfand Neuhäuslers Mimikri wenig passend, weil ich den Arzt Johann Nepomuk Ringseis, Reisebegleiter König Ludwigs I. und Verfasser tief lotender Erinnerungen, viel zu sehr schätzte. Als ich Lohmeier gegenüber mein Bedauern über Neuhäuslers Pseudonym ausdrückte, brummte er: „Den Johann Nepomuk Ringseis kennt der doch gar net".

Ich fuhr nach Pfaffenhofen an der Ilm, die Stadt eines Joseph Maria Lutz, und nach Herrenchiemsee (mit allen Kindern), nach Linz zu Watzinger, nach Enzenkirchen zu Eichinger, nach Ried zu Erich Karl und Gustav Kapsreiter, las mit den Turmschreibern im Hilgerhof bei Obing und moderierte einen Stelzhamer-Abend in Schärding. Höhepunkte waren Lesungen zur Deggendorfer Rauhnacht und bei Martin Lankes in der Münchner Barke. Daneben entstanden Rundfunksendungen über die Grafen von Seinsheim auf Schloß Grünbach, über Ludwig Emil Grimm, den Kunststudenten in München, über das Himmelblaue Skapulier vom Herzogspital, über bayerische Allerseelendichtung und über Lorenz Westenrieder, den Priester und Historiker.

Ich besuchte Franz Xaver Breitenfellner, Verfasser vollsaftiger bäuerlich-bairischer Erzählungen, der meinem Apollonius zum Druck verholfen hatte, in seinem Anwesen auf den Würmseehöhen, das bezeichnenderweise den Flurnamen „Auf den Lüften" hatte. Im alten Pfarrhaus von Maria Thalheim, das ich so gern erworben hätte, wenn es für meinen damaligen Geldbeutel nicht unerschwinglich gewesen wäre, machte sich Hermann Randlkofer, Hauptteilhaber des feinen Delikatessenladens Alois Dallmayr, seßhaft und lud mich in seine fürstlichen, mit lebensgroßen goldgerahmten Ölgemälden aus Familienbesitz ausgestatteten Räume ein. „Königlich bayerischer Hoflieferant" war ihm die passende Titulatur.

Im Rundfunk entspann sich ein herzliches Verhältnis zu den Redakteuren Franz Rappmannsberger und Kurt Seeberger, der immer „Bub" zu mir sagte und mich in Rappoltskirchen besuchte. Noch 1975 bauten wir in den überhohen Speicher unseres alten Schulhauses mehrere Zimmer ein; besonders achteten wir auf eine Beibehaltung der Fenstersprossen und Mauerfaschen.

Wo anfangen, wo aufhören? Bei der Jahreshauptversammlung der Innviertler Künstlergilde im Rieder Kellerbräu, bei Entdeckungsfahrten bis Pilsting (wo Carossa seine Jugend verbracht hatte), bis Straubing, Seestetten, Rittsteig und schließlich wieder bis Fürstenegg zu Josef Fruth, der sich immer tiefer in seine Bilderwelt einspann? Am 13. April erstand ich im Atelier meines Freundes Fritz Haid in der Münchner Leonrodstraße einen Stoß duftiger Aquarelle, las in der „Katakombe" und sah den Festzug der

Landshuter Hochzeit von einem Fenster in der Neustadt aus. Auf einer Urlaubsfahrt besuchte ich Norbert Backmund im Kloster Windberg, Paul Friedl alias Baumsteftenlenz in Zwiesel und Heinz Waltjen, den begnadeten Schilderer des alten Waidlerlebens, in seiner romantischen Mühle. Am 18. September hatte meine „Herzogspitalgasse" Premiere im Saal der Buchhandlung Pfeiffer, zu der ich Wolfgang Christlieb einlud. Für den Rest des Jahres drängten sich die Lesungen: In Grassau, Erding, Gmund, Straubing und Dorfen.

Mir wird immer unbegreiflich bleiben, wie ich diese Fülle von Veranstaltungen und Verpflichtungen mit meinem Dienstplan im Bayerischen Rundfunk unter einen Hut bringen konnte. Ich las im Mittagskreis der CSU und beim Bayernbund. Ich freute mich über die Verleihung des Bayerischen Poetentalers im Alten Residenztheater (an die Regensburger Domspatzen, die unter Leitung von Georg Ratzinger sangen, an den Historiker Michael Schattenhofer und an Günter Goepfert). Schließlich las ich im Isartorturm zum Jahresausklang unter dem Motto: „Rund ums Paradeisl".

In Österreich schöpfte ich immer wieder Kraft. Österreich war meinem Empfinden so bayerisch wie das politische Bayern vor zweihundert Jahren. Im rotweißroten Staat erhielten sich die weißblauen Farben besser als unter der ungeliebten Herrschaft von Schwarzrotgold. Aber auch in Österreich gab es Enttäuschungen – sie wogen schwer. In Sankt Marienkirchen war Billingers Geburtshaus, ein altes Bauernanwesen, zum Nichtmehrwiedererkennen umgebaut, mit öder Eternit-Verkleidung „bereinigt", der Hof zur Lagerhalle für Baumaterial verfremdet. Noch schlimmer fand ich Hartkirchens schauerliche Metamorphose. Hier hatte Billinger im Haus der Kramerbase Anna Amerstorfer Unterschlupf gefunden. Aber wie war das Dorf, das ich noch als Dorf gekannt hatte, nun verödet und verwüstet! Statt der alten Friedhofmauer erschreckte mich eine „hübsche" Grünanalge. Was mußte das für ein geistlicher Herr sein, dachte ich, der solch eine Barbarei nicht nur zuließ, sondern, wie ich von Einheimischen hörte, sogar initiierte? Das alte Kramerhaus, wo ich in Billingers Bettstatt geschlafen und morgens beim Blick durch das Fenster mich am betörenden Rosenduft geweidet hatte, gab es nicht mehr. Das mauerschwere Kramerhaus mit Stuck und Rauhputz, mit wild wucherndem Garten und hölzernem Salettl war einem asphaltierten Autoparkplatz gewichen. Anstelle der alten Kramerei, wo alles zu haben war, was der Bauer brauchte, von der Sense bis zum Wetzsteinkumpf, nahm die ganze Straße ein scheußlicher großstädtischer Supermarkt ein mit viel Glas, Leuchtschrift und fertig Abgepacktem. Ich weinte auf dem Friedhof an Billingers Grab, vergoß meine Tränen auf dem steinernen Sarkophag, der das Kreuzzeichen und in Versalien *seinen* Namen trug:

RICHARD BILLINGER

Ich badete in der eisenhältigen rostroten Aschach, einem von Weiden gesäumten Flüßlein mit abgrundtiefen Gumpen, in die Billinger einst – wassersüchtig – hinabgetaucht war.

Erinnerung ist Gegenwart

Wenn ich mir dieses schöne Wort von Novalis ins Gedächtnis zurückrufe, ziehen am Horizont meiner Erinnerung vergangene Zeiten vorbei, Besuche des Adventsingens in Salzburg etwa. Der greise Karl Heinrich Waggerl vorn an der Rampe raunte seine heimeligen Geschichten vom Esel und vom Jesuskind. Die farbenfrohen – eigentlich gar nicht fremden – Gemälde des Braunauer Künstlers Hans Plank zogen vorbei. Warum sollten diese Ikonen weniger wert sein als der Blue Boy von Gainsborough?

Der Druide war Priester, Lehrer, Arzt, Sterndeuter, Richter und Seher in einer Person. Auf einer Fahrt in die Bretagne wurde mir diese Welt gegenwärtig. Dann war wieder Altbayern ganz gegenwärtig in der Gestalt des Erdinger Tiermalers Franz Xaver Stahl. Ich habe Pferde nie wieder so fellglänzend, so voller nach Schweiß riechendem Leben auf einer Leinwand gesehen, als wollten sie jeden Augenblick aus dem Rahmen herausgaloppieren. Stahl malte das mythische Roß.

Mit Gundelinde, dem jüngsten Kind König Ludwigs III. von Bayern, einer verehelichten Gräfin Preysing auf Schloß Moos, führte ich in diesen Jahren einen ausführlichen, lang anhaltenden Briefwechsel, von ihr oft über viele Seiten hinweg, krakelig und schwer leserlich geschrieben. Dazwischen schoben sich Besuche bei Eva Kampmann in Rittsteig, der Tochter Hans Carossas, und in entgegengesetzter Richtung bei Arthur Maximilian Miller in seiner oberhalb Oberstdorfs gelegenen steil gebirgigen Einschicht von Kornau, im alten Schulhaus. Winters lasse er sich, nach Besorgung eines Lebensmittelvorrats für mehrere Monate einschneien, erklärte er mir, denn das Räumen der meterhohen Schneemassen sei ihm schier unmöglich. Miller, der nicht nur wunderbare Romane und Erzählungen schrieb, war ein Kenner aller bayerischen, genauer: schwäbischen Kunsthandwerksdisziplinen, vor allem des Scherenschnitts und des Marionettenspiels. Er legte mir seine kostbaren Blätter vor und ich begriff, daß einst Josef Hofmiller von Millers Kunst begeistert war. In Oberstdorf drunten führte er mich ans Grab der Dichterin Gertrud von Le Fort („Die begnadete Angst"), wies auf die benachbarte Lücke hin und sagte: „Hier werde ich einmal liegen". (Der Dichter an der Seite der Dichterin, was später auch geschah.) Bei einem anderen Besuch gab mir Miller seinen bei Dietrich in Buxheim erschienenen Briefwechsel mit Peter Dörfler und Joseph Bernhart mit auf den Weg. Er hatte seinem Buch den Titel „Die Vorausgegangenen" gegeben.

Die vielen Briefe des Lindauer Arztes Heinrich Abdallah Ludwig, die er mir im Lauf der Jahre schrieb, schwollen zu einem hohen Stapel an: Erschütternde Zeugnisse eines Geschichts- und Sprachenkenners, der sich des Hebräischen ebenso fließend wie des Griechischen bediente, eines Mannes mit geradezu erschreckend umfassender Bildung. Einen Teil seiner Briefe veröffentlichte ich später in meinem Buch „Tassilonisches Land". (Ich bezog mich auf Herzog Tassilo, den großen Kirchengründer, der ein erstes Exempel für die vom Norden erzwungene Unterwerfung des nach Süden gerichteten stolzen Bayernstaates war.) Einmal nächtigte ich in Ludwigs alter Villa, einmal begleitete ich ihn auf einer Fahrt ins Engadin. Er sagte mir für später die Büste Konstantins, des ersten christlichen Kaisers zu, die in seiner Bibliothek auf einer Stele stand und die ich nach Ludwigs Tod auch erhielt.

Im Bayerischen Rundfunk begegnete ich dem Roider Jackl, dem glänzenden Stegreif- und Gstanzlsänger, kam zu ihm in sein Freisinger Försterhaus. Ebenfalls im Rundfunk führte ich ein langes Gespräch mit dem Komponisten Carl Orff. Dann war ich auf der „Leich" eines anderen, kaum weniger bedeutenden, allerdings weit weniger bekannten Komponisten: Arthur Piechler in Landau an der Isar. Ich schritt neben Georg Lohmeier hinter dem Sarg des Heimgegangenen. Dann besuchte ich den Komponisten Wilhelm Killmayer in seiner Wohnung an der Schleißheimer Straße (ein Mozartporträt hing an der Wand über dem Flügel), um ihn für die Komposition meines musikalisch in den Anfängen stecken gebliebenen Musicals „Herihodie" („High Life below stairs") zu gewinnen. Ein ergebnisloses Unterfangen. Dann tauchte aus den Nebeln der Vergangenheit Alto Schwaiger auf, Generalsekretär der Bayernpartei unter dem Vorsitzenden Helmut Kalkbrenner; ihm schließt sich der Maler Bernhard Kühlewein an, bei dem ich einen von Kronleuchter-Kerzen erhellten Festabend verbrachte. Dann gab es Rundfunkaufnahmen mit Max Matheis, dem Dichter kräftiger Mundartpoeme, denen er den Titel „Bayerisches Bauernbrot" gab. Der ehemalige Wirtschaftsminister und Schöpfer der „Freien Marktwirtschaft" Ludwig Erhard wurde in meinem Beisein auf dem Gottesacker von Gmund zur letzten Ruhe gebettet. Im Bund Naturschutz, dem ich seit Jahren angehöre, feierte Hubert Weinzierl Rednertriumphe. Königin Elisabeth von England fuhr mit ihrem Konvoi – ich stand unter den jubelnden Menschen vor dem Schellingsalon – durch die Straßen Schwabings.

Die Gefahr wächst, je länger ich an diesem Buch schreibe, daß ich in der Rückschau die Zeiten vermenge. Wie nur alles ineinandergreift! Ludwig Thoma schrieb in seinem Testament am 26. August 1921: „Aus der Bibliothek vermache ich die fünfzig Bände des oberbayerischen Archivs meinem befreundeten Herrn Hans Mayr, derzeit bei Fürst Eulenburg in Liebenberg. Und Mommsens Römische Geschichte soll Herrn Pfarrer Kißlinger in Rappoltskirchen zufallen". Nun muß man wissen, daß Kißlinger auf der Rappoltskirchener Pfarrstelle Nachfolger von Hans Mayrs Bruder Franz Xaver Mayr war.

Und ich mußte an Marion Thoma denken, Ludwig Thomas erste Frau, die mit mir von Waldtrudering – wo sie wohnte – oft im Omnibus nach München gefahren und mir wegen ihrer knallrot geschminkten Lippen aufgefallen war. Daran mußte ich denken, als ich mit Maidi von Liebermann im Vestibül der „Tuften" zusammensaß und die alte Dame meiner unruhig hin- und herwetzenden Tochter Veronika im Befehlston zurief: „Kind, du mußt aufs Klo!" Und merkwürdig, mir fiel in diesem Augenblick ein, daß Maria Schatzdorfer eine geborene Holzinger und Paula Glechner eine geborene Esterbauer war. Was ich auf diesen Blättern schreibend unternehme, folgt jedenfalls meinem Antrieb, das Entschwindende festzuhalten. Erinnerungen hingen an jedem Haus, an jedem Möbelstück, an jedem Baum.

Zwischenzeitlich führte ich Gespräche mit Friedrich Holländer, der aus dem zerstörten und geteilten Berlin ins Münchner Kulturleben versetzt worden war und sich schwer tat, hier Fuß zu fassen. Er hatte Marlene Dietrichs Lied „Ich bin vom Kopf bis Fuß auf Liebe eingestellt" komponiert und Chaplin den „großen kleinen Mann" genannt. Obwohl schon Erding die echte niederbayerische Siedlingsstruktur hatte, etwa im Gegensatz zu Rosenheim, zog es mich immer wieder ins echte Niederbayern oder gleich ganz über den Inn, wo es noch *echter* war. Immer wieder bemühte ich mich, den alten Dilleberger Pfarrhof zu kaufen (Schauplatz meines Romans „Apollonius Guglweid"), auch noch, als ich schon in Rappoltskirchen ansässig, aber durch die Schmierereien an meiner Gartenmauer verstört war und nichts wie weg wollte.

Unsere Kinder spürten dank der Güte und Umsicht meiner Gattin, ihrer Mutter, kaum etwas von diesen Dunkelheiten, sie verlebten eine unbeschwerte Kindheit. Besonders das Weihnachtsfest machten wir ihnen nach Truderinger Vorbild zum schönsten Tag des Jahres. Der Eindruck auf die Kinder war abenteuerlich genug: Die hundertjährige Krippe mit wachsbossierten, kostbar gewandeten Figuren, der mit uraltem Schmuck behangene Christbaum! Den ganzen Tag über hämmerten wir, liefen auf und ab, hin und her. Und in der Küche brutzelte, duftete es verheißungsvoll. Ich habe in Trudering lange an das Christkind geglaubt, aber keinen Schock bekommen, als ich erfuhr, daß es meine Eltern gewesen waren, die mir den Weihnachtstag so schön gemacht hatten. Besonders erinnerlich ist mir das Kasperltheater, sind mir die vielen Bücher, die da auf dem Gabentisch lagen, die Dresdener Christstollen, die Elisenlebkuchen, die Zimtsterne, die Linzer Kolatschen, das Marzipangebäck. Unseren vier Kindern wollten wir Weihnachten ebenso schön machen.

Ich war nun im kleinen Rappoltskirchen heimisch geworden. Ich spann mich ganz in der Enge ein. Und ich fand: Es kann nicht genug Grenzen geben – sei es auch nur, um die weltzerstörende Mobilität einzuschränken. Im Widerspruch zu dieser Erkenntnis war mein Arbeitsplatz im Rundfunk immer noch ein halbes hundert Kilometer entfernt. Aber was hätte mir eine Wohnung im Trubel der Großstadt geholfen? Ich wollte frei sein von Straßenstaub und Autolärm. Aber, wie mich das Beispiel eines progressiven Priesters gelehrt hatte: Auch über meine kleine Welt fielen die Schatten des Fortschritts.

Die Kehrseite

Weil unsere Tochter Maria Theresia am 4. April 1975 auf die Welt kam, wurde die Feier meines fünfzigsten Geburtstages vom 14. April auf den ersten Mai verlegt. Noch war Simon Weinhuber Erdinger Landrat, aber Hans Zehetmair, der Nachfolger, stand schon bereit. Ich tat gut daran, auch ihn einzuladen. Von den anwesenden Turmschreibern seien Hanns Vogel, Franz Freisleder, Helmut Zöpfl („Geh weida, Zeit, bleib steh") und Georg Lohmeier genannt. Von der Innviertler Künstlergilde waren Irmgard Schmoll von Eisenwerth, Bildhauer Hans Wimmer und Hans Fink, Redakteur der „Neuen Warte am Inn", gekommen, vom Bayerischen Rundfunk Helmuth Kirchammer und von der Kirchenzeitung Hans Schachtner. Fink hatte in seiner Zeitung meinen Innviertler Roman „Apollonius Guglweid" in Fortsetzungen gedruckt.

Rückblicke

Die Gästeliste umfaßte hundert Namen. Ebensoviele Dankbriefe abzufassen, kostete mich keine kleine Mühe. Wilhelm Lukas Kristl, Schriftsteller von Rang und guter Freund, der als Redakteur der sozialdemokratischen „Münchner Post" 1933 vor Hitler nach Spanien geflohen war, sagte krankheitshalber ab. Es war ein langes Leiden, das er nun durchzustehen hatte.

Alfred Walter Heymel, Jahrgang 1878, Sohn König Alfons des XII. von Spanien und Isabellas von Kastilien, der in München 1898 mit Otto Julius Bierbaum und Rudolf Alexander Schröder „Die Insel" gründete, war der Vater des 1900 geborenen Schauspielers Rudolf Vogel. Kristl schrieb eine seiner nicht unkritischen Notizen über diese spanischen und münchnerischen Lebensläufe, fühlte sich dem Kieler Matrosen Rudolf Eglhofer verbunden, der 1918 die Revolution nach München gebracht und am 29. April 1919 eine bayerische Rote Armee gegründet hatte. Es war zu Lenins Freude und Kristls Schrecken eine Diktatur mit Mord und Totschlag lange vor Hitler.

Kristl, der das Geschlecht der Seinsheim rückwärts bis zum Jahr 1155 verfolgte, schrieb über den Mozartförderer Maximilian Joseph Clemens, Herrn auf Grünbach, dann über dessen Sohn Carl, den bayerischen Finanzminister, über dessen Bruder, den Nazarenermaler August von Seinsheim, und über Max Sixtus, mit dem die Linie Seinsheim 1885 erlosch.

Kristl schrieb auch eine breit angelegte Biografie über Oskar von Miller, den Gründer des Deutschen Museums, und über den Dichter Heinrich Lautensack. Kristl gelang damit ein kleines Meisterwerk. Er nannte es: Die poetische Sternstunde der Stadt Passau. Kristl schrieb über Hans Carossa, Emerenz Meier und wie gesagt Heinrich Lautensack. In einem voluminösen Band gab er Lautensacks Gesamtwerk heraus. Bei der Beerdigung Frank Wedekinds im März 1918 auf dem Waldfriedhof in München hatte sich Lautensacks Wahnsinn verfestigt, er wollte dem verehrten Vorausgegangenen ins Grab nachspringen, konnte nur mit Mühe zurückgehalten werden. Im Jänner 1919 ist er in einer Berliner Heilanstalt gestorben, 37 Jahre alt. Kristl zeigte mir bei einem Besuch in seiner Wohnung am Kölner Platz das Antlitz des Toten auf einem alten, vergilbten Foto. Lautensack hatte sich einen Bart stehen lassen, weil ihm die Haut beim Rasieren abging. Kristl bewahrte, solang er lebte, diese zeitgenössische Photographie Lautensacks auf. Er schützte sie vor den Blicken seiner Besucher in einem dicken, dichten Kuvert. Auch mich ließ er nur gnadenhalber einen kurzen Blick auf das Bild werfen, verbarg es gleich wieder vor meinen Augen und legte den Zeigefinger an die Lippen.

Das war Heinrich Lautensack – den Jüngeren kaum ein Name, den Älteren tragischer Spuk, ferner Schatten schon. Sein Werk ist weitverzweigt, unübersehbar und reich an Titeln: Die elf Scharfrichter, Ekstatische Wallfahrten, Via crucis, Erotische Votivtafeln, Altbayerische Bilderbogen, Unpaar, Medusa, Jud und Christ, Pfarrhauskomödie, Dokumente der Liebesraserei, Hahnenkampf, Totentanz – ein einsamer, bizarrer Blütenstrauch, einen schweren Duft verströmend und dunkel blühend im samtenen Violett einer skurrilen lateinischen Mystik und im Rot einer lodernden Sinnlichkeit.

Kristl kam wieder auf. Doch als ich ihn (hier muß ich in meiner Biografie vorgreifen) zu meinem sechzigsten Geburtstag einlud, sagte er neuerdings weinend ab. Am 17. Juni 1985 ist er gestorben.

Zurück ins Jahr 1975. Am 26. Mai wurde meine Messe „In der Wies" uraufgeführt. Wo anders konnte es denn sein als in der Wieskirche? Kurat Alfons Satzger, der mit den Dichtern Arthur Maximilian Miller und Peter Dörfler befreundet war, verhehlte nicht seine Begeisterung über Joseph Beischers Musik. Mit Bezug auf meinen vom Lateinischen an bestimmten Stellen ins Bairische abgewandelten Meßtext (Carl Orff mag Pate gestanden sein) schrieb Hans Zehetmair in unser Gästebuch: „Dichtung ist wie alle Kunst Widerspruch des Besonderen gegen das Allgemeine" und schloß diesen Eintrag mit dem Ausdruck seiner Genugtuung über das glückliche Ende meiner Arbeit an der Wiesmesse: „Finis coronat opus"

Gammelsdorf

Himmelweit war ich inzwischen von jeder Artistik, wie Friedrich Nietzsche sie definiert hatte, etwa von der spielerischen Tendenz meiner Arbeiten für das Theater Kaleidoskop am Wiener Naschmarkt entfernt, die nach meiner

Meinung besonders in dem existentialistischen Paradestück „Zamore – Brise aus Korsika" von Georges Neveux zum Ausdruck kam und in den Bühnenbildern von Gustav Kindermann auf die Spitze getrieben wurde. „Moralinsauer" würde derselbe Nietzsche vielleicht mein Rundfunkmanuskript über die bairischen Paragnosten Mühlhiasl, Irlmaier und Bartholomäus Holzhauser, über das Lied von der Linde, den Feldpostbriefschreiber, den Bauernknecht Sepp Wudy und den Altöttinger Mönch nennen. Wie groß war meine Enttäuschung, daß Helmuth Kirchammer, der Abteilungsleiter, mein Manuskript klipp und klar ablehnte. Sein Argument: „Man darf die Leute nicht in Angst und Schrecken versetzen!" Daß ich mir selbst mit meinem Buch die Angst von der Seele geschrieben hatte und hoffte, ebenso therapeutisch auf meine Hörer oder Leser einzuwirken, wollte er nicht gelten lassen. Wie überraschte es mich, daß Wilhelm Ludwig, der schon die „Herzogspitalgasse" und die „Münchner Maler" in seine verlegerische Obhut genommen hatte, von meiner Arbeit so begeistert war, daß er sich zu der Äußerung hinreißen ließ: „Wenn Sie mir dieses Buch nicht anvertraut hätten, wäre ich Ihnen böse gewesen".

Am 9. November jährte sich die legendäre Schlacht von Gammelsdorf. Der Schriftsteller Georg Lohmeier nahm diesen Jahrestag zum Anlaß, „Exklamationen" über die norddeutsche Fremdherrschaft in seinem Vater- und Mutterland auszustoßen, wobei er freilich durch ein gelegentliches Augenzwinkern zu verstehen gab, daß er seine Klagerufe zwar ernst meinte, aber eben doch nicht ganz so ernst wie sein Mitkombattant. Der Wirtssaal war brechend voll, das Echo in der Presse beachtlich. Ich weiß nicht mehr genau, ob mein probayerischer Landsmann Hermann Randlkofer von Maria Thalheim meine Rede schon im ersten Jahr druckte und vervielfältigte; später tat er es alljährlich. Es konnte jedenfalls ins Auge gehen, wenn man wie unsere bayerischen Landsleute an den ewigen Frieden glaubte. Der Theaterdichter Ionesco begann damals bereits, Brecht an Wahrheit zu übertreffen.

So brutal hatte ich die überflüssige Häufung sinnähnlicher Ausdrücke noch nie aussprechen gehört wie von dem Geistlichen, den das Ordinariat nach dem Tode des alten Seelsorgers in den Rappoltskirchener Pfarrhof schickte. Randlkofer war entsetzt, als ich ihm einige Aussprüche des neuen Seelsorgers zitierte. Die Alternative hieß nun „Die Kirche im Dorf lassen" oder „Öfter mal was Neues". Daß die jugendlichen Anhänger des jugendlichen Geistlichen von dessen Neuerungssucht begeistert waren, versteht sich.

Geheimnis des Bösen

Als eine der ersten Neuerungen ließ der neue Geistliche die Namensschilder von den Kirchenbänken entfernen. Als weitere Maßnahme nach der Devise „Öfter mal was Neues" vertauschte er die Manner- und Weiberseite. Saßen die Weiberleut früher links, so kamen sie beim neuen Pfarrer rechts zu sitzen. Wahrscheinlich erließ er seine Anordnungen aber nicht „mit Fleiß", sondern weil er jede Ordnung haßte. Nichts durfte „festgefahren" sein, Spontaneität war ein absoluter Wert. Die Folgen der neuen Maßnahme waren beträchtlich: Kein Gläubiger hatte mehr einen festen Platz. Vor jedem Gottesdienst hob eine verzweifelte Platzsuche an. Es gab auch kein Aufstehen mehr und kein Niederknien, jeder blieb einfach sitzen. Die Predigten waren lupenreiner Marxismus. Das Allerheiligste wurde von Laien in der ganzen Kirche herumgereicht. Und die braven Rappoltskirchener wagten keinen Widerspruch. Es gehörte sich einfach nicht, dem Herrn Pfarrer zu widersprechen; der hatte ja schließlich studiert und mußte es wissen. So verrückt es klingt: Er konnte seine Neuerungen klaglos durchsetzen, weil die Leute so altmodisch waren. Kurz: Die Stimmung in der

Pfarrgemeinde war gegen mich und meine Familie. Wir bekamen keine Milch mehr für unsere Kinder. Unter diesen Umständen wurde es für mich schwierig, noch in die Kirche zu gehen. Es war dort nicht anders als anderswo: Ohne Mysterium, ohne Schönheit, ohne Wahrheit.

Wie sehr ich unter dem Einzug der Alltäglichkeit in das ewige Haus Gottes litt, kann ich nicht beschreiben. Und ich wurde den Verdacht nicht los, daß die Kirche sich zum Agenten der Säkularisierung machte, um den Anschluß an die Moderne nicht zu verlieren.

Was waren das für Zeiten gewesen, als der glaubenslos aufgewachsene, in die Fänge der geheimen Staatspolizei geratene Student Christoph Probst sich unmittelbar vor seiner Hinrichtung das Sakrament der heiligen Taufe erbat! Viele Wahrheiten des Glaubens werden wie zur Zeit des Widerstandskämpfers Fritz Gerlich auch heute bekämpft und verspottet. Gerlich riß der Ideologie die Maske vom Gesicht; und es kam das Böse zum Vorschein. Auch mir wurde es zur Gewißheit: Die Kraft der Kirche kommt nicht vom Zeitgemäßen, sondern vom Glauben, den uns Christus gelehrt hat: „Ich bin der Weg, die Wahrheit und das Leben". Wie schon der Komponist Richard Wagner erkannte: Trotz aller Schismata, Häresien, Reformationen und Sekten besitzt das Christentum im römischen Katholizismus immerdar seine Heimat und feiert seine Heimkehr zu Gott. Irrlehren verwehen wie welke Blätter im Wind.

Im Gegenlicht

Zu Anfang des Jahres 1976 verzeichnet mein Kalender besonders viele Reisen, einmal in die alte bayerische Hauptstadt Regensburg, dann ins eigentliche Bayern bis Zinkenbach am Abersee, Gmunden am Traunsee und Öblarn an der Enns. Ich besuchte die Dichterin Paula Grogger, die eine Mundart schrieb, die in Bayern einmal genauso gesprochen wurde. In Braunau, wo ich die Geschwister Simböck und Gottfried Glechner besuchte, wurde sie noch so gesprochen wie im Jahr 1816, als das Innviertel endgültig österreichisch wurde. Um Geschichte und Sprache des Innviertels ging es in meinen Gesprächen mit dem Dichter Uwe Dick, dessen „Sauwaldprosa" bei der Literaturwissenschaft auf Anhieb „einschlug". Schwarz umrandet habe ich in meinem Kalender den 22. Juli, den Tag der Beerdigung meines alten Freundes und Gönners Wolfgang von Weber. Seit er nicht mehr schrieb – das kann ich ohne Übertreibung sagen – hatten meine Bücher keinen Rezensenten mehr. Das galt besonders für einen Roman, an dem ich seit dem 31. Juli arbeitete. Sein Titel stand von Anfang an fest: „Sehnsucht läßt alle Dinge blühen". Ich ließ mich bei den geschilderten Gerüchen, Gemälden, Symphonien und literarischen Ausschnitten von Marcel Prousts „Recherche" inspirieren. Meine Erschütterung über die Aktionen eines progressiven Geistlichen, zu dessen Pfarrhof und Kirche ich von meinem Arbeitszimmer einen Blickkontakt von zweihundert Metern hatte, war noch so neu, daß mir meine Regensburger Freunde rieten, etwas mehr Zeit bis zur literarischen Bewältigung dieser Leidensepoche vergehen zu lassen.

Neben der Arbeit am Sehnsuchtsroman, von der ich mich durch keine Einsprüche abhalten ließ, schritten die Korrekturen an meinem Buch „Gott mit dir, du Land der Bayern" zügig voran. Ich hatte als Titel die erste Zeile der Bayernhymne gewählt und so meine Thematik offengelegt. Mit Ministerpräsident Alfons Goppel, dem bayerischen „Landesvater" (wie er sich gern titulieren ließ), sprach ich darüber auf einem Empfang der Bayerischen Staatskanzlei im Antiquarium der Münchner Residenz.

Eine dritte literarische Herausforderung war für mich die Rundfunkreihe „Bavarica", an der ich im Spätsommer 1976 zu schreiben begann. Ich gestaltete jede Sendung dieser Reihe nach demselben Muster, als Aneinanderreihung von Lesefrüchten, Kurzrezensionen, Textlesungen und Musikbeispielen, die sich mit der Thematik neu erschienener bayerischer Bücher befaßten.

Mysterium igniculum

Unter einem strahlend blauen Junihimmel fuhr mein Thalheimer Freund Hermann Randlkofer, ein Pferdenarr, den Münchner Erzbischof Joseph Ratzinger von der mittagwärts gelegenen Anhöhe im offenen Landauer vierspännig zu Tal. Der Erzbischof zelebrierte unter offenem Himmel die Heilige Messe inmitten einer tausendköpfigen Menschenmenge. Unser Sohn Martin trug ein Gedicht (in bayerischer Mundart) vor und überreichte dem Erzbischof einen frisch gepflückten Strauß Feldblumen. Dann stand ich mit Ratzinger, der seinen Ornat inzwischen abgelegt hatte, am Kirchenportal und unterhielt mich mit ihm. Neben mir stand der Kramer Vinz mit dem Fotoapparat, auf den er vor Aufregung zu drücken vergaß. Wir beide wußten damals nicht, daß wir mit dem künftigen Papst sprachen.

Im erzbischöflichen Palais an der Prannerstaße sagte ich dem inzwischen (am 27. Juni 1977) zum Kardinal ernannten Ratzinger Dank und überreichte ihm mein soeben erschienenes Buch „Gott mit dir, du Land der Bayern, Bilder aus der Geschichte eines europäischen Staates". Ich hatte dreizehn Rundfunksendungen zu einer kompletten Geschichte Bayerns zusammengestellt, angefangen bei Lauriacum, der Mutterkirche der Bayern und dem Martyrium des heiligen Florian ums Jahr 300 nach Christus, aufgehört bei Johann Nepomuk Kißlingers Pfarrhaus in Rappoltskirchen ums Jahr 1937 nach Christus.

Ratzinger ergriff das Buch und nahm schmunzelnd zur Kenntnis, daß ich es – auf dem Vorsatzblatt – meiner Tochter Maria Theresia gewidmet hatte. Es gibt eine Fotografie, auf der in der Mitte Ratzinger, links der Verleger Wilhelm Ludwig, rechts ich als Vorleser abgebildet sind.

Dann machte ich wieder Besuche bei Max Matheis in Passau, bei Josef Fruth in Fürstenegg und beim Baumsteftenlenz in Zwiesel. Ich hatte einen Übertragungswagen mitgenommen und Paul Friedls Beispiele waldlerischer Volksmusik aufgezeichnet, die er zusammen mit einem Landsmann auf Geige und Laute hinreißend spielte. Der Maler Hans Prähofer, der gleichzeitig mit meinem „Apollonius" den Roman „Die Drachenschaukel" veröffentlicht hatte, zeigte sich von den Volksweisen, die der Baumsteftenlenz gerettet hatte, beeindruckt.

Um Volksmusik ging es auch beim Bairischen Mundarttag in Deggendorf, den ich für den Rundfunk mitschneiden ließ. Eine langjährige Sendereihe hatte begonnen. Im selben Jahr nahm die Erdinger Öffentlichkeit Kenntnis von meinem Widerstand gegen die neue Messe. Graf Soden von Neufraunhofen und Baron Montgelas von Gerzen kräftigten mich durch Wort und Tat.

Am 29. September 1976 starb mein Onkel Heinz, Bruder meines Vaters, in einem Altersheim an der Harlachinger Straße. Resi und ich geleiteten ihn zur letzten Ruhe auf dem Ostfriedhof. Er hinterließ mir zwei oder drei Ölgemälde meines Großvaters.

Am 1. Oktober gingen wir mit allen Kindern aufs Oktoberfest, die „Wiesn" in München. Dann stand eine Lesung in der Galerie des Malers Rudolf Reiter in der Erdinger Färbergasse in meinem Kalender. Zum Jahresausklang schrieb ich noch drei Rundfunksendungen: Das Winteridyll (nach Karl Stieler), Der Hans von Piesenham (über Hans Schatzdorfer, den großen Mundartlyriker) und eine Anthologie: Bairische Allerseelendichtung. Auch meine zweite Gammelsdorfer Rede wurde in diesem Spätherbst konzipiert und schließlich die Arbeit an meinem Sehnsuchtsroman wieder aufgenommen. Mein Freund Peter Maicher von der Bibliothek des Bayerischen Landtags, der sich in regelmäßigen Abständen mit mir traf, meistens in einem Weinlokal der Domfreiheit, machte mir Mut und stärkte mich bei dieser Arbeit. Er hatte meinem Apollonius eine Rezension gegeben, wie sie nur ein literarischer Kopf erdenken kann. Wir sprachen – ich erinnere mich genau – von den geometrischen Figuren des Zylinders, des Quaders, der Kugel; ich nannte dabei das Stallengestühl der Braunauer Stephanskirche „die Zukunft des Augenblicks". Und wir schlossen eine unserer Zusammenkünfte mit seinem für mich unvergeßlichen Ausspruch: „Wem das ungeborene Leben im Wege steht, der darf sich nicht wundern, daß es für andere die Asylanten oder die Alten sind". Er wußte noch nicht, wie bitter ihm seine Worte werden sollten: Wenige Monate später starb sein einziger Sohn. Peter Maicher zog sich zurück und verschwand für viele Jahre aus meinem Leben.

Bayerischer Rütlischwur

Das Jahr 1977 ist das Jahr meiner großen Romanerzählung „Sehnsucht läßt alle Dinge blühen". Den ganzen Jänner und Februar schrieb ich daran. Und auch der Lesungen war in den ersten Monaten des Jahres kein Ende.

So steht es über diese Zeit in meinem Tagebuch: „Am 10. Jänner 1977 trafen sich im alten Schulhaus von Rappoltskirchen die bayerischen Patrioten: Alto Schwaiger, P. Emmeram Ritter, Rudolf Huber, Otto Wiesheu, Günther Müller und Hans Zehetmair zu einem Bayerischen Rütlischwur. Dieser Schwur setzte allerdings voraus, daß die Bayern dem Namen Bayern denselben Rang zubilligen wie die Österreicher dem Namen Österreich. Wenige Tage später, am 18. Jänner, gab es im Gedenken an die Schlacht bei

Gammelsdorf im Saal des dortigen Gasthauses Kirchammer – wie schon im letzten Jahr – wieder Exclamationen". Ich gab meiner Rede, die Georg Lohmeiers Ausführungen ergänzte und erweiterte, den aufreizenden Titel: „Kreuth und hoffentlich kein Ende". Anlaß war die in Kreuth beschlossene Aufkündigung der Fraktionsgemeinschaft von CSU und CDU, genauer die Loslösung Bayerns von der bundesrepublikanischen CDU durch Minsterpräsident Franz Josef Strauß. Klingt schon einmal gut, dachte ich, doch es war anders gedacht und kam am Ende auch ganz anders heraus. Die Begeisterung des Auditoriums über meine leider falschen Schlüsse kannte keine Grenzen.

Apropos Österreich: Wie beneidete ich den Schwiegersohn Hans Schatzdorfers, den Geiger und Komponisten Erich Karl, um seine österreichische Staatsangehörigkeit; sie widersprach ja nicht im mindesten dem Umstand, daß Österreich ein deutschsprachiger Staat war. Jedesmal wenn ich ihn in Ried besuchte, kreisten unsere Gespräche um dieselbe Frage: Konnte nicht auch das auf seine eineinhalb Jahrtausende alte Geschichte mit Recht so stolze Bayern ein deutschsprachiger Staat bleiben, aber die Vorteile des unabhängigen Österreich genießen, das heißt von den deutschen – zumal ostdeutschen – Lasten entbunden sein?

Mir war bereits 1977 die ernüchternde Erkenntnis gekommen, daß es wenig half, von den Bauern zu fordern, Äcker an Bachläufen und Hängen in Wiesen umzuwandeln. Die Lage der Landwirtschaft war ohnehin nahezu aussichtslos. Daran mußte ich immer denken, wenn ich den Rundfunkmitarbeiter Fritz Meingast besuchte, der sich mit seinen Zuchtschafen ein Refugium inmitten des dunklen Weilhartforstes – wiederum drüben in Österreich – geschaffen hatte. Jahrein jahraus trug er Kleidung von der Schurwolle seiner eigenen Schafe, die übrigens alle Namen hatten, bei denen man sie rufen konnte. Einsamer und intimer war ein kleinbäuerlicher Ansitz kaum zu denken. Unten Küche und Kammer, oben ein kleines Schlafzimmer und ein noch kleinerer Salon mit Biedermeiermöbeln – das wars. Der Schafstall gehörte bereits nicht mehr zum Haus.

In diesem Sommer kam es noch einmal zu Besuchen beim Kramer (Greißler) und Sammler Richard Eichinger in Enzenkirchen zu Füßen des Sauwalds, beim Zeichner und Maler Josef Fruth in Fürstenegg, bei Walther Gabler in Ried, bei Frau Irmgard Schmoll von Eisenwerth in Osternberg, beim Dichterfreund Theodor Renzl in Salzburg, beim Aquarellisten Franz Xaver Weidinger in Ischl und bei Paula Grogger in Öblarn am Grimming.

Volksreime

Die schönste Frucht dieser Jahre war meine Anthologie „Reserl mit'n Beserl", kein geschriebenes, nein ein gesammeltes Werk: Der Untertitel „Altbayerische Volksreime, gesammelt und nacherzählt von W. J. B.", deutete es an. Ich widmete dieses Buch meinem verstorbenen Schwiegervater Martin Eibl und schrieb auf das Deckblatt: „Dem Kieblbergervater zum Gedenken". Von ihm hatte ich einen Löwenanteil dieser Verse erfahren. „Erfahren" wäre bei den meisten dieser Reime die geeignete Vokabel gewesen, hatte ich doch mehrere Jahre lang in halb Altbayern gesammelt, voran im geliebten Niederbayern und im ehedem niederbayerischen Innviertel. Herausgekommen war ein Kompendium unerschöpflich vielgestaltiger Namenreime, Neckreime, Wiegenreime, Kettenreime, Abzählreime, Zungenbrecher, Handwerkerverse, Wetterregeln, Heiligenverserl, Tierreime und Gstanzl, dazu die Moritat vom „Singadn Hansl" und von der „Rottaler Hochzeit". Auch der spaßige Dialog zwischen Lehrling und Moaster gehörte dazu, schließlich der uralte und zungenbrecherische Volksreim „Der Bauer schickt den Jockl aus", der sagen will, daß alle

Arbeit nur geschieht, wenn man sie selber tut. Es war eine Lehre, die schon in der römischen Fabel „Die Wachtel" von Phaedrus mitgeteilt wird. In der ersten Ausgabe waren 222 Seiten zusammengekommen. Sieben Jahre später, Jahre, in denen ich unermüdlich gesammelt hatte, waren es bereits 288 Seiten geworden. Was waren das für Zeiten, sinnierte ich, in denen der Landmann, der nicht nur hart arbeiten, sondern auch fröhlich feiern konnte, seinen Zeitvertreib weniger im zweifelhaften Genuß des Fernsehens als im Umgang mit der eigenen Schöpfungskraft sah! Und im Weitergeben der Volksweisheit von Mund zu Mund!

Einen Geschmack davon, was zeitgemäß geworden war, hatte ich in Rappoltskirchen bekommen. Wie sehr ich unter den Gottesdiensten und Predigten eines progressiven Priesters gelitten hatte, versuchte ich in meinem Roman „Sehnsucht läßt alle Dinge blühen" in Worte zu fassen. Ich schrieb und feilte an meinem dritten Roman vom 2. Jänner bis zum 22. März 1976 und weitere zwei Monate im Juni und Juli 1977.

Zu meinen schönsten Erinnerungen zählt die Trauung meines Schwagers Alfons Eibl mit Bernadette Prantl in Egglkofen. Die ganze große Familie meiner Frau samt Angehörigen versammelte sich zu Schmaus und Trank beim Wirt. Auch an die Gespräche mit einem Sohn des Schriftstellers und Theologen Theodor Haecker, der eines Tages bei mir in der Gartentür stand, denke ich gern zurück. Haecker war der Verfasser so beglückender Werke wie „Vergil, Vater des Abendlandes" – „Schöpfer und Schöpfung" – „Der Geist des Menschen und die Wahrheit", vor allem aber der „Tag- und Nachtbücher", geschrieben in den dunklen Jahren 1939 bis 1945. Er mußte sich vor den Schergen der SS verantworten, die eines Tages bei ihm einbrachen und seine Bücherschränke umstürzten, daß die geistige Ernte des Abendlandes zu wirren Bergen übereinanderstürzte. Auch an die Besuche Erika Schmitt-Sulzthals auf der Terrasse von Rappoltskirchen denke ich gern zurück. Die Witwe des Gründers und Leiters des „Tukankreises" schätzte mich wie ich sie schätzte.

Im Frühling des darauffolgenden Jahres reiste ich für eine Woche nach Gera in Thüringen zu Klaus Nagel, einem Schwager Johann Baptist Webers, des Redakteurs der Augsburger Kirchenzeitung. Ich fuhr mit meinen Gastgebern auch nach Jena, wo ich die Namen der in besseren Zeiten hier wirkenden Professoren auf einer Tafel an der berühmten Universität las, und den von Goethe gegründeten Botanischen Garten mit seinem kronenschattigen Gingkobaum bewunderte. Besuche im heillos zerstörten Dresden, der Heimatstadt meines Urgroßvaters und Geburtsstadt meines Großvaters, dann, auf der Rückfahrt, in Bayreuth, der Stadt Jean Pauls und Richard Wagners, schlossen sich an.

Nach meiner Heimkehr von einem Journalisten über das Fazit meiner Reise befragt, stellte ich die Gegensätze in den Vordergrund, brachte unser westdeutsches System auf den Nenner: „Verblödung durch Ware", machte mir allerdings auch über die „Verblödung durch Diktatur" in der DDR kein X für ein U vor. Schrecklich blieb mir ein Besuch bei der Ortsgewaltigen, der Frau Bürgermeisterin von Wolfsgefährt, in Erinnerung. Ich plauderte frisch drauf los und verstand nicht, weshalb mein Gastgeber Nagel mich unter dem Tisch fortwährend trat. Im Nachhausegehen klärte er mich auf: „Diese Frau ist meine ärgste Feindin! Wie können Sie mit ihr so offen reden!? Sie versucht doch nur, von Ihnen Angriffsmöglichkeiten gegen mich zu erkunden!"

Eine Reise zu Eva Kampmanns Villa in Rittsteig, ein Gang zum Grab ihres Vaters Hans Carossa in Heining und zum Festgottesdienst am Großen Frauentag in der Wallfahrtskirche Maria Tading schlossen sich an, dann fuhr ich zu einer Lesung im Schwabinger Gasthaus „Neue Post", weiter ins Würmtal zu meinem alten Malerfreund Friedrich

Karl Thauer und nach Starnberg zu meiner Gönnerin und Förderin Isa Brand, die viele Jahre lang Lesungen aus meinen Büchern veranstaltete.

Schubertiade

Unvergeßlich ist mir ein Abend im Kleinen Saal der Wartenberger Strognhalle. Ich hatte meine Rundfunksendung über Franz Schubert – einmal nicht mit seinen Liedern, sondern mit seinen Impromptus und Moments Musicaux – zur Lesung vorbereitet. Beischer hatte den Klavierpart übernommen. Ich saß an einem echten Biedermeiertisch, der Saal war mit Lampions und Weintrauben-Attrappen ausstaffiert: ein veritables Heurigenlokal.

Um diese Zeit sah meine Frau wieder einer Niederkunft entgegen. Ich teilte in Gedanken schon die Plätze für sieben Personen an unserem Eßtisch ein. Wie wenn ich voreilig gewesen wäre, erlitt meine gute Gattin vor der Zeit eine Fehlgeburt. Groß war die Trauer über den Verlust unseres jüngsten Kindes.

Tod des Vaters

Wenige Tage später starb mein guter Vater. Am 28. Oktober 1978, einem Samstag, nachts um 23 Uhr, war seine Todesstunde. Meine Mutter rief uns tags darauf in aller Frühe an und brachte uns mit tränenerstickter Stimme die traurige Kunde; sie hatte die Nachricht eben aus dem Krankenhaus bekommen. Seit längerem litt der starke Raucher an einem Lungenemphysem. In seinen letzten Lebenswochen kam es immer häufiger zum Darmverschluß. Wenige Stunden vor seinem Tod war er ins Perlacher Krankenhaus eingeliefert worden. In mein Tagebuch schrieb ich: „So ist der letzte

Sohn des Münchner Malers Albert Schröder gestorben. Mittags werden wir nach Trudering fahren und ihn im Krankenhaus noch einmal sehen. Requiescat in pace ... Im Krankenhaus gewesen und den toten Vater in einem kleinen Kämmerlein aufgebahrt gesehen, armselig, nackt, nur mit Krepppapier bedeckt, aber von einer Gelöstheit und Größe im Gesichtsausdruck, wie ich sie noch nicht an ihm gekannt habe. Majestätisch. Noch nie habe ich vorher beobachtet, daß er eine fast römisch zu nennende gebogene Nase hatte. Erschütternd, meine Mutter zu beobachten, zu sehen, wie sie den Mann, mit dem sie fünfundfünfzig Jahre lang verheiratet gewesen war, liebkoste: „Papile! Mein Papile!" Dann dieser grauenvolle Augenblick: Meine Mutter drückte ihre Wange an die Wange ihres toten Gatten und fuhr erschrocken zurück: „So kalt! So kalt!"

Nach schlafloser Nacht meine Mutter geholt, bei der Krankenhausverwaltung über zwei Stunden lang angestanden, dann Angaben zur Person gemacht, den „Rücklaß" in Empfang genommen. Schrecklicher Eindruck, die Gegenstände meines Vaters zu sehen, gleichsam losgelöst von ihrem Besitzer – diesen Hut, diesen Mantel, diesen Anzug, diese Krawatte, diese Brille, diese Armbanduhr, diese Brieftasche, diese Autoschlüssel, dieses Scheckbuch – all das gehörte für mein Empfinden zu meinem Vater. Alle diese Gegenstände lagen jetzt auf dem Tisch ausgebreitet, und mein Vater, ohne den, ohne dessen mächtige Gegenwart ich diese Gegenstände nie gesehen hatte, lag unten in der Totenkammer. Nachdem die Totenkleidung im Krankenhaus zurückgelassen worden war (Anzug, Krawatte, Hemd, Strümpfe, Unterwäsche) fuhr ich nach Trudering.

Am nächsten Tag allein auf dem Bestattungsamt Sarg ausgesucht, ebenso Sargwäsche, Kränze und Kranzschleifen, Texte für die Schleifen aufgeschrieben, dann Todesanzeigen für die Zeitungen aufgegeben, Trauerbriefbögen und Cuverts gekauft. Im Rundfunk an die Presseabteilung den

Text eines Nachrufs gegeben, mit Oskar Weber gesprochen, der sich bereit erklärte, eine Sendung über meinen Vater zu schreiben.

Sehnsucht läßt alle Dinge blühen

Wenige Tage später las ich aus meinen Büchern in Rudolf Reiters Galerie an der Färbergasse. Und wie schal kam mir all mein Geschriebenes angesichts der Wirklichkeit des Todes vor! Meine Familie musizierte (Resi Gitarre, Martin Zither, Veronika Hackbrett, Anna Geige). In diesen Tagen, an der Wende zum Winter, erschien auch mein Essayband „Gott mit dir, du Land der Bayern" als Goldmann-Taschenbuch. Und endlich konnte ich mit meinem Roman „Sehnsucht läßt alle Dinge blühen" Premiere feiern. Als Lokalität war der Festsaal des Schlosses Aufhausen reserviert worden. Über hundert Gäste hatten sich eingefunden. Daß es in meinem Roman um den Kampf eines Einzelgängers gegen einen progressiven Geistlichen ging, hatte die Leute in großer Menge angelockt. Es erschienen Menschen, die ich noch nie bei einer meiner Lesungen gesehen hatte. In der ersten Reihe saßen Benno Hubensteiner, der namhafte Historiker, und Hans Reinhard Müller, Intendant der Münchner Kammerspiele. Mit sonorer, von vielen Rundfunksendungen bekannter Stimme rezitierte er das erste Kapitel meines Buches. Das Erdinger Streichquartett spielte Mozart.

Der Verleger Wilhelm Ludwig hatte für die Gäste ein reichhaltiges Büffet und ausreichend Getränke bereitgestellt. So saß man dann in der Ahnengalerie des Schloßherrn und diskutierte über das Werk. Die meisten Besucher hatten gelesen, was der expressionistische Lyriker Johannes Lindner, Autor des 1920 von Josef Weinheber begeistert begrüßten Gedichtbandes „Gott, Erde, Mensch", an mich geschrieben hatte. Die Erdinger Zeitungen hatten den Text veröffentlicht. Er war Gesprächsstoff an diesem Abend: „Sie haben in der Paula Grogger, die ich aus purer Begeisterung gleich nach dem Erscheinen des 'Grimmingtores' besucht habe, eine Wahlverwandte, wie sie nicht besser zu wünschen ist. Denn nur an dieser Dichtung, in der Sprache und Ding zur vollen Deckung kommen und die in dieser Zeit eines 'zerfetzten Intellektualismus' mit gutem Recht ein Welterfolg wurde, den selbst ein Matador wie Robert Musil bejahte, kann ihre Leistung gemessen werden. Und das wiegt mehr als alles Ungefähre in der entgötterten und entzauberten Epoche, in der wir uns befinden".

Beziehungen

Um der Gefahr zu begegnen, etwas Wichtiges zu übersehen oder zu vergessen, sollen im folgenden Kapitel viele Einzelbilder aus meinem Leben gezeichnet werden, wie sie in meiner Erinnerung auftauchen.

Ich hatte an der ursprünglichen Beschäftigung mit meinem Vater und seinem Tod nicht genug. Ich mußte das Thema tiefer ausloten. Und so beschrieb ich ein zweites Mal seinen Tod, gewann diesem Ereignis und Erlebnis eine tiefere Seite ab. Doch damit bin ich der Zeit vorausgeeilt.

Geburt des Erzählers

Da sitze ich in meinem Geburtsjahr 1925 auf dem Schoß der Mutter, nackt, mache einen Schmollmund und schaue mit großen Augen in die Welt hinein, die unentdeckt vor mir ausgebreitet liegt. Ich sehe mich – künftig – beim Kustos der preußischen Schlösser – dem Gatten meiner Tante Marta – zu Gast in Berlin-Schöneberg – man schreibt den Februar 1931 – dann stehe ich sieben Jahre später mit dem Charakterdarsteller Rudolf Vogel als „Bürschl" im Lustspiel „Familie" auf den Brettern des Münchner Prinzregententheaters.

Der Dichter Richard Billinger schreibt 1965, ein halbes Jahr vor seinem Tod mit breitem, fast kindlich gesetztem Federstrich das Nachwort zu meinem epischen Erstling „Apollonius Guglweid". Frisch verheiratet stehe ich im selben Jahr mit meiner noch jugendlichen Gattin Theresia auf den Stufen des klassizistischen Standesamts an der Mandlstraße, eingerahmt von den beiden Trauzeugen Peter Haupt, einem Sprecher des Bayerischen Rundfunks, und Karl Obermayr, einem vielbeschäftigten Schauspieler im Theater und Fernsehen, Gott habe sie beide selig.

Im Jahr darauf zeichnet Martin Stachl, der Innviertler Maler, mein Bleistiftporträt. Ein weiteres Jahr später – am 20. Oktober 1966 – stirbt Paula Glechner, Gattin meines Braunauer Freundes Gottfried Glechner, an einer unheilbaren Krankheit. Sie war eine am 4. Jänner 1927 geborene Paula Esterbauer aus Ach an der Salzach, gegenüber von Burghausen.

Der Bildhauer Hans Wimmer schickt mir aus dem Urlaubsdomizil in Südtirol zum Dank für meine Würdigung seines Kaiser-Ludwig-Denkmals am Alten Hof die Federzeichnung eines ländlich-hölzernen Brunntrogs mit der Widmung „Für W. J. B. 1967".

Mein Buch „Ein Wittelsbacher in Italien", Übersetzung des unbekannten Diariums Kaiser Karls VII., erscheint 1971. Seit 1974 bin ich Beirat des Bundes Naturschutz in Bayern. Helmbrecht von Mengershausen überreicht mir die Urkunde.

Am siebzigsten Geburtstag des Volksmusikpioniers Paukner Hans stehe ich neben Landrat Hans Zehetmair, dann auf der Münchner Bücherschau neben dem alten Freund Wilhelm Lukas Kristl. Man schreibt das Jahr 1979. Ein Jahr später erscheint in der Erdinger Zeitung mein Porträt „Am Schreibtisch sitzend", 1981 finde ich mich mit der ganzen Familie ein, der Gattin und den Kindern Veronika, Martin, Anna, Maria. Auf einem anderen Bild stehe ich vor dem Stelzhamerhaus in Großpiesenham neben dem bedeutenden Mundartlyriker Hans Schatzdorfer. Eine Lesung aus meinen Adventgeschichten in Deggendorf schließt sich an. Auf der nächsten Photographie taucht Johann Baptist Schotts altes Schulhaus mit hohem Walmdach aus dem Grün des Obstbaumgartens auf. Hierher zog ich mich vor dem Weltlärm zurück. Neben den Komponisten Roland Leistner-Mayer und Heinz Winbeck bin ich auf einer Photographie vom Sommer 1983 zu sehen. 1986 präsentiere ich mein Buch „Land hinter dem Limes" im Münchner Hildebrandhaus.

Jutta

Besonders gern erinnere ich mich an die Begegnung mit Jutta, meiner Tochter aus erster Ehe. Seit ihren Säuglingstagen hatte ich sie nicht mehr gesehen. Die Wirtin meiner Memminger Wohnung an der Badgasse, die ein Foto ihres einstigen Mieters auf der Anricht stehen hatte, erzählte mir von der Kleinen, die einmal zu Besuch kam. Jutta deutete auf das Bild und sagte: „Das ist mein Papa!" Mehr war mir nicht in Erinnerung geblieben. Später hörte ich, daß ihre Mutter in die Schweiz gezogen und wieder verheiratet sei. Dann kam das große Kennenlernen. Jutta schrieb mir und vereinbarte ein Treffen in ihrem Münchner Hotel. Wie enttäuscht war ich, daß ich vergeblich in der Rezeption auf sie wartete. In einem zweiten Brief schrieb mir Jutta, daß sie im fraglichen Hotel nicht mehr untergekommen sei, und vereinbarte mit mir ein weiteres Treffen. Wie erstaunt war ich, als ich ihr in einem Kaffeehaus an der Herzogspitalgasse gegenübersaß. Denn sie war ein hübsches Mädchen geworden, das mich mit glänzenden, dunklen, fast schwarzen Augen als den neugefundenen Vater musterte. Und sie sprach ein allerliebstes Schwyzerdütsch. Das fiel mir gleich auf und machte sie mir erst recht sympathisch. Wir sind noch in die Burggasse zum Weinstadel gegangen, haben den ganzen restlichen Tag miteinander verbracht und verplaudert. Sie ist eine gefragte Töpferin geworden, von deren Hand wunderschöne Kannen, Tiegel, Tassen und Vasen stammen, wahre Wunderwerke der Hafnerkunst. Wir haben uns in Abständen immer wieder gesehen. Und jede dieser Begegnungen war ein kleines Fest.

Hunderennen

Als ein Fixpunkt des Jahres ist mir das Hunderennen von Köchlham in Erinnerung geblieben. Anfangs kamen wir als gewöhnliche Zuschauer zum tief in weiter Wiesenmulde gelegenen Platz, dann mit unserer weißen, schwarz getupften Dalmatinerhündin Amba und schließlich mit unserem schwarzen Labrador-Mischling Arco, einem schlanken, im Rennen sogar hochbeinigen Windhunden überlegenen Teilnehmer des Rennens. Hätte ich wie Joseph Maria Lutz ein Buch mit dem Titel „Die mein Leben begleiteten" geschrieben, Arco würde darin einen Ehrenplatz erhalten haben. Er hat mehrere schöne Preise errungen – „errannt" müßte man sagen –, die nun als ziselierte und gedeckelte Bierkrügl oder stattliche Pokale unsere Wohnung schmücken und unseren guten Arco überdauern.

Hundert oder zweihundert Hunde waren am Start gewesen, vom Spitz bis zum Deutschen Schäferhund, vom Dackel bis zum Afghanen, vom Pudel bis zum Münsterländer, vom Pinscher bis zur Dogge.

Der Dorfplatz war festlich herausgeputzt, das weithin sichtbare Köchlhamer Wahrzeichen, dem Stöcklbauern sein eisernes Windrad, drehte sich. Ein selten schöner Maibaum prangte vor der Kirche, die unlängst renoviert worden war. Wie jeden Pfingstmontag war sie Ziel einer zu Ehren des heiligen Valentin gefeierten Feldmesse gewesen. Eine zünftige Blaskapelle saß auf der Musikkanzel. Tische und Bänke boten Tausenden Platz unter schattigen Bäumen. Der Bierumsatz erreichte Rekordhöhen, es gab Würstl, Pressack, Brezen und Kas.

Noch einmal: Tod des Vaters

Am 27. Oktober 1978 besuchte ich meinen Vater im Truderinger Elternhaus. Er überließ mir als lang versprochenes Geschenk eine nußbaumfournierte runde Tischplatte, die ich mir gut als Ergänzung meines Rappoltskirchener Mobiliars vorstellen konnte. Er lud sie in mein Auto und antwortete, als ich ihn wegen seiner plötzlich einsetzenden Schwäche fragte, wie es ihm gehe: „Nicht gut! Gar nicht gut!"

Am 28. Oktober 1978, einem Samstag, schrieb er – wie ich später erfuhr – seiner langjährigen Rundfunkassistentin Inge Hafner, daß er zur Aufnahme am nächsten Montag nicht kommen könne.

Abends läutete bei uns das Telefon. Ich erinnere mich immer wieder und muß darauf zurückkommen. Meine Mutter war am anderen Ende der Leitung. Hastig und aufgeregt erzählte sie, daß mein Vater seit mehreren Tagen an hartnäckiger Verstopfung gelitten habe, gegen die auch der Hausarzt machtlos gewesen sei. Er habe ihn schon am frühen Nachmittag ins Perlacher Krankenhaus eingewiesen. Dort verabreichte man ihm abführende Mittel und setzte ihm ein radikales Klistier. Nun gehe es ihm besser, habe die Schwester eben am Telefon gesagt. Meine Mutter atmete tief durch, da sei sie schon froh.

Am nächsten Morgen läutete abermals das Telephon. Wieder war es meine Mutter, die mich angerufen hatte. Aber ihre Stimme stockte, sie schluchzte und fand keine Worte. Schließlich kam die schreckliche Wahrheit über ihre Lippen: „Da Papi, da Papi – gstorbn is er. Gestern abend schon is er gstorbn. Er hat noch der Schwester geläutet, aber es war zu spät. Denk dir, verblutet is er, die Schlagader is geplatzt. Die Schwester wollte mich in der Nacht nimmer anrufen. Wir müssen hin! Wir müssen gleich hin!"

So setzte ich mich mit meiner Frau schnell ins Auto, nahm den Weg über Trudering und kam bald mit meiner

Mutter im Perlacher Krankenhaus an. Die zuständige Stationsschwester war zunächst ratlos, denn der Leichnam meines Vaters war bereits in den Kühlkeller transportiert worden. Wiederholter Bitten bedurfte es, bis man uns erlaubte, den Toten ein letztes Mal zu sehen. Man holte ihn aus dem allgemeinen Totenkeller in eine gesonderte Kammer und bedeckte seinen nackten Leib mit Krepppapier. Dann endlich durften wir zu ihm hinein.

Mein Vater lag da, in weißes Krepppapier gehüllt, mit ehernem Antlitz. Er war von einer Schönheit und Würde, die ich an ihm noch nicht gekannt hatte. Erst jetzt fiel mir die Ebenmäßigkeit seiner Gesichtszüge auf und daß er eine leicht gebogene – römisch anmutende – Nase hatte.

Meine Mutter betrachtete das bleiche Antlitz ihres toten Gatten. Sie schluchzte: „Papile! Mein Papile!" Sie wollte ihm ihre Zuneigung zeigen, beugte sich nieder und schmiegte ihre Wange an die seine; alsbald fuhr sie erschrocken zurück und rief: „Wie kalt! Wie kalt!"

Tags darauf kamen wir noch einmal ins Krankenhaus und nahmen die Hinterlassenschaft meines Vaters in Empfang. Was er zum Zeitpunkt seiner Einlieferung bei sich gehabt hatte, wurde in einem eigenen Fach der ausladenden, die ganze Zimmerrückwand einnehmenden Stellage bis zur Abholung aufbewahrt. Hier hantierte, besser wäre zu sagen gewesen: regierte ein äußerst nervöser Herr. Es war freilich kein Vergnügen, tagelang mit trauernden und weinenden Angehörigen der Toten umzugehen. Sein Ärger über die ihn bedrängenden Trauernden schlug sich in einem barschen Ton nieder. Er holte, als wir an der Reihe waren, die Habseligkeiten meines Vaters aus dem Totenfach und gab sie uns über die quer durch den Raum reichende Theke herunter. Da war einmal die Aktentasche meines Vaters, dann seine Geldbörse, seine Brieftasche mit Ausweisen, sein Toilettenbeutel, sein Köfferlein, sein Briefpapier, sein Füllfederhalter, sein Bleistift, sein Radiergummi, das Wichtigste nicht zu vergessen, der bei Bruckmann erschienene Band „Münchner Künstlerfeste" mit der unvergleichlichen „Bauernkirta" von Matthäus Schiestl auf dem Schutzumschlag, einer farbenprächtigen Auferstehung der alten Dachauer Trachtenherrlichkeit. Diesen reich bebilderten Band hatte sich der Vater aus meiner Bibliothek erbeten, weil er eine Rundfunksendung über die alte Zeit Schwabings vorbereitete, die er ja selbst noch erlebt hatte. Über die beispiellose Münchenr Kulturkonzentration um die Jahrhundertwende wollte er schreiben, über all die Kaulbach, Lenbach, Schwind, Hengeler, Ainmiller, Neureuther, Piloty, Sckell, Ramberg, Löfftz, Oberländer, Jank, Diez, Schraudolph und Stuck, die in den Münchner Straßennamen Auferstehung feiern. Ein Hörbild über dieses Heer von Malern zu vollenden war für ihn, den akademischen Maler und Sohn eines Münchner Künstlers von der Adalbertstraße, der noch Zeitgenosse aller in diesem Band verherrlichten Meister gewesen war, ein inniges Anliegen. Es kam nicht mehr dazu. Als ich das Buch aus den Händen des nervösen Krankenhaus-Custoden in Empfang nahm, lag mein toter Vater bereit, um zum Nordfriedhof gebracht zu werden. Dieser Band war mir einer der teuersten meiner ganzen Bibliothek, hatte er meinen Vater doch auf seiner letzten Reise begleitet und war in Armeslänge neben dem Sterbenden gelegen.

Zaitzkofen, Egglkofen, Reichenkirchen und Brunnbichl

Unvergeßlich ist mir das Erlebnis einer Priesterweihe im Seminar von Zaitzkofen, wo die Schüler des angeblich abtrünnigen Bischofs Marcel Lefebvre nach langjährigem Studium ihre Weihe erwarteten. Wenn man gesehen hat, wie dort Jungpriester im schwarzen Talar den zu Hunderten andrängenden Gläubigen mitten auf grüner Wiese oder zwischen Büschen und Beeten die heilige Beichte abnahmen, wenn man Zeuge einer dieser jährlich wiederkehrenden feierlichen Priesterweihen gewesen ist, kann einem der Schmerz über die nachkonziliare Verarmung der heiligen Kirche Petri das Herz zerreißen und den Schlaf rauben. Mein Dank für die Erhaltung der Römischen Messe, für die Bewahrung des ewigen Lateins, für die Verteidigung des unvergänglichen Ritus kannte keine Grenzen. Wie erhaben war das Bild jener jungen, im festlichen Gold-Ornat ihrer Weihe entgegenbetenden Seminaristen, ihr Knien, ihr Kuß auf die Stola, ja sogar das Herunterbaumeln des Manipels von den gefalteten Händen – mir standen Tränen in den Augen. Tränen vergoß ich auch, als ich an der Seite meiner weinenden Frau auf dem Gottesacker von Egglkofen hinter dem Sarg ihres jüngsten Bruders Alfons herschritt. Wie oft hatte sie mir von ihrer gemeinsamen Kindheit in Kieblberg erzählt, wo Alfons vor der elterlichen Gred im Hof krabbelte und gelegentlich einen Mund voll Kiesel nahm, was ihm den Spitznamen „Stoandlbeißer" eintrug. Später war er ein Spengler, der uns das Kupferdach auf den Waschküchenanbau schlug. Besser verdiente er als Operator im Atomkraftwerk Ohu. Kein Mensch wußte, warum er eines Nachts als letzter Gast vom Wirtshaus aufsprang, mit seinem Auto wie wahnsinnig zur Autobahn raste, an einer Baustelle in die falsche Richtung geriet und im Gegenverkehr nach München brauste. Es kam, wie es kommen mußte: Frontal prallte er mit Höchstgeschwindigkeit gegen ein entgegenkommendes Automobil. An seinem Wagen sei kein gerades Schräublein mehr gewesen, sagte Theresias älterer Bruder Martin, der von der Autobahnpolizei zur Identifizierung des Leichnams gebeten worden war.

Alfons wurde am 21. März 1979 in Egglkofen begraben. Wenige Tage später, am 1. April, einem Sonntag, begleiteten wir unsere älteste Tochter Veronika zur Firmung ins Gotteshaus von Reichenkirchen. Sie wird mir immer so vor

Augen bleiben, wie sie damals an den Hochaltar trat, im Trachtenkostüm, einen weißen Blütenkranz im Haar. Wenig später brachten wir sie nach Regensburg zu ihrer Firmpatin. Dort besichtigten wir die grandiose Römerausstellung, die das reiche architektonische Erbe einbezog, das dieser herrlichen Stadt aus der Römerzeit geblieben war.

Drei Wochen, von Ende April bis Mitte Mai, verbrachte ich dann zur Kur im Wallberg-Sanatorium, zu Füßen der Blauberge. Von dort aus besuchte ich Ende Mai wieder einmal meine alte Freundin, die Bildhauerin Anna (Nandl) Edbauer in Brunnbichl und freute mich über ihre jüngsten Arbeiten, erlesene Werke der Schnitzkunst. Gegen Mitte August ging es dann mit der ganzen Familie wieder nach Österreich, diesmal nach Gmunden am Traunsee, von dort zur Dichterin Paula Grogger nach Öblarn, zu Franz Xaver Weidinger nach Ischl und zur Familie des halbwüchsigen Martin Hufnagel (eines Brieffreundes und Namensvetters unseres Buben) nach Fallholz und Schwanenstadt.

Am 19. August besuchten wir „mit Kind und Kegel" eine Aufführung des Rittertheaters in Kiefersfelden. Ich kann mich an den Titel des Stücks nicht erinnern, weiß nur, daß es schaurig schön gewesen ist. Nach einem Besuch bei Mina (Philomena), der in Oberaudorf verheirateten Schwester meiner Frau, fuhren wir schließlich nachhause. Mein Bruder, der uns begleitet hatte, verabschiedete sich wenig später und kehrte zurück in seine amerikanische zweite Heimat.

Der Seher aus dem Waldviertel

Und noch einmal war das geliebte Österreich mein Reiseziel. Über Enzenkirchen am Fuße des Sauwalds ging die Fahrt nach Hirschenstein, zur Wallfahrtskirche Maria Taferl, dem langjährigen Wohnsitz der Dichterin Enrica von Handel-Mazzetti, und schließlich nach Merkenbrechts zum

Bauern Siegfried Zechmeister, der ein Seher war und mir über seine grauenerregenden Schauungen mehrmals geschrieben hatte.

Ich gab den Reisebericht in meinem Buch „Das dritte Weltgeschehen", das ein Jahr später bei Wilhelm Ludwig erschien, heraus (drei Jahre zuvor war mein Buch über die Zukunftsangst herausgekommen: Bayerische Hellseher. Vom Mühlhiasl bis zum Irlmaier. Gespräche, Zitate, Ergebnisse um die große Schau in die Zukunft): „Am 23. August 1979 um fünf Uhr nachmittags traf ich im Heimatdorf des Waldviertler Sehers ein. Die Landschaft war schon seit längerem karg gewesen und immer karger geworden, je näher ich meinem Ziel kam. Zuletzt noch durchquerte ich einen riesigen Truppenübungsplatz, der meinen Eindruck ins Trostlose steigerte. Auf Schotterwegen fuhr ich durch eine menschenleere Ödnis, deren einzige Abwechslung gelegentlich einige zu Ruinen zusammengeschossene landwirtschaftliche Bauwerke waren. Das Dorf, in dem ich dann eintraf, war in lang hingestreckten ebenerdigen Häusern zu beiden Seiten eines breiten Angers erbaut, der sich wie eine schnurgerade lange Straße zwischen den niedrigen Häuserreihen hinzog. Die Fassaden der Häuser, feingegliedert und gelegentlich mit zartem Stuck verziert, waren zum Teil abgeschlagen und mit modernen Kippfenstern verschandelt; es tat den Augen weh. An die Rückseiten der straßenwärtigen Fassadenbauten, die übrigens ohne Zwischenräume aneinandergefügt waren, schlossen sich die landwirtschaftlichen Gebäude an; Vierseithof stand neben Vierseithof. Andere als landwirtschaftliche Anwesen gab es nicht. Große Bauern waren es allesamt". Und einer davon war mein Gastgeber, der hier – unverheiratet – allein mit seiner alten Mutter hauste. Er bewirtschaftete 53 Hektar Ackergrund und schob mit seinem Traktor gerade einen Anhänger voll gedroschenen Roggens unter Dach, als ich den Hof betrat. Er führte mich den ganzen Tag lang und noch am nächsten Tag in seiner Heimat umher und suchte mir begreiflich zu machen, daß er hier am Tag X alles in Trümmern sehe.

Als mein Buch im nächsten Jahr erschienen war, zeigte er sich aufs äußerste empört über meine illusionslose Reiseschilderung und brach die Beziehung zu mir ab.

Schärding

So lang ich lebe, werde ich an die Stadt Schärding denken, die eine Schere (eine „Schar") im Wappen hat, mit ihrer „Silbezeile" eine der schönsten Stadtansichten Oberösterreichs. Wenn man an den prächtig stuckierten Altstadt-Palästen vorbei die Hauptgasse zum Inn hinunter nimmt, kommt man an der Stelle, wo die Fahrt einen scharfen Knick nach rechts macht, zum Portal des prächtigsten, seit einiger Zeit karminrot gestrichenen Palastes, wo der Nationalrat Gustav Kapsreiter wohnte, besser wäre zu sagen: residierte. Einmal, als ich ihn besuchte, erzählte er mir, daß er zwei Dutzend Exemplare meines Romans „Apollonius Guglweid" erworben und an seine gesamte Freundschaft verschenkt habe.

Ich habe die Dynastie Kapsreiter – Vater, Ehegattin, zwei Söhne – immer wie ein kulturelles Wunder angestaunt, eine Familie, die in ihrem außerhalb der Stadt, Passau zu gelegenen Palazzo mit rabattengesäumten, von Marmorskulpturen bestandenem Rasenparkett die Geisteselite Europas empfing, nicht weniger als acht Dichter, darunter große Namen, zu denen Richard Billinger, Hans Carossa, Carl Zuckmayer, Hermann Hesse, Max Mell, Alexander Lernet-Holenia, Paula Grogger und Ernst Jünger zählten. Auch Alfred Kubin gehörte zu Kapsreiters Gästen – Kubins schönste Farbgraphiken leuchteten, hinter Glas, von den Wänden –, ebenso die Malerin Margret Bilger und der Bildhauer Hans Wimmer, Schöpfer des Christophorusbrunnens vorn am Platz.

Exclamationen

Alljährlich hielt ich bei Georg Lohmeiers Gammelsdorfer Exclamation die Festrede. Jedesmal druckte und vervielfältigte Hermann Randlkofer meinen Text, damit er verteilt werden konnte. Im Zusammenhang mit meiner dritten oder vierten Rede gab es einen Eklat. Als mein Text längst geschrieben und gedruckt war, kam Lohmeier zu mir in die Rundfunkredaktion und bat mich dringend, meine Rede heuer nicht zu halten. Der Grund war, daß Lohmeier angefangen hatte, zur Exclamation prominente Politiker und Journalisten einzuladen. Der Hauptabteilungsleiter Josef Ottmar Zöller, den Lohmeier dieses Jahr gebeten hatte (man schrieb das Jahr 1980), sagte seine Teilnahme nur für den Fall zu, daß ich auf meine Rede verzichte. Vergeblich bat ich Lohmeier um ein Einsehen, da ja meine Rede bereits fertig vorlag und mit Sicherheit im nächsten Jahr, auf das mich Lohmeier vertrösten wollte, überholt gewesen wäre. Außerdem saß Randlkofer unter den Zuhörern und konnte mit Recht erwarten, daß die Rede, deren Druck und Vervielfältigung er bezahlt hatte, auch gehalten würde. Lohmeier gab nicht nach. Ich versuchte meinen Standpunkt schließlich nicht weiter zu verteidigen. Wenn ich meine Rede schon nicht halten konnte, dachte ich, sollte sie wenigstens verteilt werden. Das Stichwort zur Verteilung mußte allerdings gegeben werden. So bat ich den CSU-Abgeordneten Otto Wiesheu – den späteren Wirtschaftsminister – in mein Büro und ersuchte ihn, da auch er dieses Jahr um eine Rede gebeten worden war, am Ende seiner Ausführungen folgenden Satz zu sagen: „Unser Freund W. J. B. ist heuer aus hier nicht näher zu erörternden Gründen daran gehindert, seine Rede zu halten. Diese Rede liegt allerdings wie jedes Jahr gedruckt vor und wird jetzt verteilt". So geschah es dann auch. Wie von der Tarantel gestochen sprang Lohmeier auf und schrie in den Saal: „... wird *nicht* verteilt!!" Aber es war zu spät. Alto Schwaiger und einige Freunde hatten die zu mehreren Packen gebündelte Rede in Windeseile auf alle Tische und Plätze verteilt.

Am nächsten Morgen rief mich Lohmeier im Rundfunk an und schimpfte: „Du bist ein Riesen-Schweinehund!" Er hat mir meinen Eigensinn jahrelang nicht verziehen.

Genug: Die Redewendung: „Politisch Lied ein garstig Lied" hatte für mich fortan eine peinlich an Gammelsdorf erinnernde Bedeutung. Das Jahr 1980 war freilich nicht nur ein Jahr des Unglücks für mich, es war auch das Jahr, in dem die von mir zunächst in verschiedenen Zeitungen veröffentlichten Erzählungen und Kurzgeschichten als Buch erscheinen konnten. Paul Ernst Rattelmüller, den ich in Leutstetten besucht hatte, stattete es mit wunderschönen Zeichnungen aus. Noch etwas anderes hatte ich aus Rattelmüllers gediegen von meinem alten Freund Erwin Schleich erbauten Haus mitgenommen: Kirchenmaler Keilhacker aus Taufkirchen an der Vils marmorierte mir alle Türstöcke und Türen schöner als ich es bei Rattelmüller gesehen hatte. Keilhacker war mit der Technik des Marmorierens seit seiner Restaurierung der Wieskirche in den zwanziger Jahren vertraut.

FJS

Was ein „politisch Lied" bedeuten konnte, hatte ich auf grobkörnige Weise bei Franz Josef Strauß gelernt. Ich habe ihn keinen Moment lang als karikaturistisch derben bayerischen Typen gekannt und verstanden. Seine humanistische Bildung war über jeden Zweifel erhaben. Kaum jemand hat die Last der Geschichte und das Mysterium der Kunst reiner empfunden als er. Darum hatte er sich auch keinen Augenblick mit den Unsinnigkeiten der sogenannten Gebietsreform anfreunden können. Immer wieder habe ich ihn darüber lästern hören. Die wichtigsten Neuerungen der völlig unsinnigen Gebietsreform des Ministers Bruno Merk betrafen die Landkreise (eigentlich Bezirke) und die Regierungsbezirke (eigentlich Länder) des Freistaates Bayern. Nach Strauß hätten zu Oberbayern die Orte Rain, Aichach, Friedberg und Schwangau gehört, zur Oberpfalz die Orte Arzberg, Marktredwitz, Lauf, Feucht, Hilpoltstein und Wolframs Eschenbach. Zu Niederbayern hätten Furth im Wald, Kötzting, Eggmühl und Schierling gehört, aber auch Burghausen (der Alterssitz Herzogin Hedwigs von Landshut), Altötting, Neumarkt-Sankt Veit und unter Umständen Erding ohne den südlichen Zuwachs. Wiederherzustellen wären die Bezirke Wasserburg, Vilsbiburg, Pfarrkirchen, Eggenfelden, Straubing, Wolfratshausen und Weilheim gewesen. Gern unterhielt ich mich mit Strauß über diese politischen Fehlleistungen, aber er tat nichts gegen ihre Folgen. Ob er allerdings so weit gegangen wäre, die bayerische Staatsangehörigkeit als unverzichtbares Merkmal der Staatlichkeit Bayerns zu fordern, wage ich zu bezweifeln.

Immerhin hatte er zu meinem Buch „Richtiges Bayrisch" ein ebenso sachkundiges wie kraftvolles Vorwort geschrieben, was ich ihm nie vergessen habe. Der Stil dieses Vorworts war so unverkennbar straußisch, daß man, wenn etwa mein alter Freund Klaus Steinbacher – ein wenig karikierend – mir daraus vorlas, meinte, Strauß zu hören. Und immerhin sprach Strauß vom Isengäu (wortstammäßig mit der Isar verwandt) als einem keltischen Königreich und brachte den Begriff des Tuskulums in Zusammenhang mit keltischen Druiden.

Das alles hatte ich von Strauß gelernt. Niemand hätte mir einen Zweifel an dieser kraftvollen Persönlichkeit einreden können – bis zu dem Tag, als mir mein verehrter Freund Erich Schosser, CSU-Abgeordneter und Vorsitzender des Landesdenkmalrates, eine leichte Korrektur dieses Bildes aufnötigte. Was Schosser mir erzählte, ließ mich nicht mehr los. Es geschah bei einem Fraktionsausflug nach Südtirol. Das Bild Bayerns in der Welt war noch weitgehend unbeschädigt, die Überschwemmung Bayerns mit Millionen von „Nordlichtern" hatte die Identität des Freistaates noch nicht bis zur Auflösung verfremdet. Man konnte noch stolz auf sein Vaterland Bayern sein, allerdings die Gefahr schon ahnen, die ihm drohte. Darum sagte Schosser eines Abends in vertraulicher Runde zu Strauß: „Herr Ministerpräsident, ich bitte Sie: Stellen Sie sich an die Spitze einer Bayerischen Freiheitsbewegung!" Strauß überlegte nicht lange, sondern antwortete spontan: „Ich will nicht, daß geschossen wird".

Der Verfasser dieser Erinnerungen will keine Politikerschelte betreiben, keinen Augenblick von Geldgier, Massenzuzug und vermeintlichem Fortschritt reden, sondern mit Grausen daran erinnern, daß Strauß, um sich beim nördlichen „Brudervolk" beliebt zu machen, bevor er für das Amt des deutschen Bundeskanzlers kandidierte, erst einmal die Bayernhymne, die heilige Hymne des Staates, dem er entstammte, ändern ließ, damit die (Nord-)Deutschen, die ihn wählen sollten, nichts Anstößiges mehr daran fänden. Da hieß es nun nicht mehr „Daß vom Alpenland zum Maine jeder Stamm sich fest vertrau", sondern: „Daß mit Deutschlands Bruderstämmen einig uns der Gegner schau". Da hieß es auch nicht mehr „Heimaterde", sondern „deutsche Erde". Die Ukrainer hatten sich in diesem Jahrzehnt auf ihre tausendjährige Staatlichkeit besonnen und von Rußland losgesagt, Bayern hatte in diesem Jahrzehnt seine eineinhalbtausendjährige Staatlichkeit auf den Müll der Geschichte geworfen.

Theater

Wer spricht in mir, wenn ich spreche?
Peter Handke

Ich war von klein auf ein Theaterkind. Im Prinzregententheater stand ich mit Ernst Martens und Rudolf Vogel auf den Brettern, die die Welt bedeuten. Wenn ich über die Maximilianstraße schlenderte, begegnete ich der großen Schauspielerin Therese Giehse, die immer wie ihre eigene Putzfrau gekleidet ging: bescheidener und auffallender gegen die Mode gerichtet war schlechterdings nicht möglich. Und hinter der unscheinbaren Kammerspiel-Fassade hörte ich Otto Falckenbergs Stimme aus dem Dunkel des Zuschauerraums dröhnen, wenn auf der Bühne vorn Friedrich Domin Regie führte und mich, den kleinen Askanios, in Millers Schauspiel „Didos Tod" über eine Schräge hinauf in den Königspalast von Karthago führte. Clemens Krauss schwang hoch über dem Orchestergraben des Nationaltheaters den Dirigentenstab zum Getöse der Arabella-Musik. Vor Schreck purzelten mir, dem Piccolo, alle Champagnergläser auf dem Servierbrett durcheinander. Zehn Flaschen Champagner standen bei jeder Vorstellung bereit. „Ausgeschenkt wern sieben" schärften mir die beiden befrackten Kellner ein und überließen mir, dem Neuling dieser Vorstellung, die schon lange auf dem Spielplan stand, großzügig die dritte Flasche. Der Stopsel knallte und ich setzte den Flaschenhals an die Lippen. Der Ballsaal war in den Keller hinuntergefahren, die gesamte Ausstattung des nächsten Aktes war aus der Höhe in den Bühnenausschnitt herabgeschwebt und wir drei Befrackten gaben uns in der Tiefe, während über unseren Köpfen weitergespielt wurde, dem Trunke hin. Mir, dem halbwüchsigen Burschen, bekam das alkoholische Getränk nicht gut. Meine Kellnerkollegen mußten mich über die Eisentreppe mühsam hinaufschieben.

Jürgen Fehling war ein enfant terrible der Münchner Kunstszene; ich versäumte keine seiner Inszenierungen im Residenztheater. Berauscht war ich von seiner Auffassung der Dramen Lorcas: Donna Rosita und Bluthochzeit. Hatte die SZ, die größte bayerische Zeitung, die nota bene in München erschien, vergessen, daß Joana Maria Gorvin um 1949 und 1950 gerade in München wahre Triumphe als Maria Magdalena, Nora und vor allem als Donna Rosita feierte? Wozu verfügte diese Zeitung über ein vorzügliches Archiv? Alles bisher auf Münchens Bühnen Dagewesene stellte freilich Fritz Kortners Auffassung des „Blaubart" von Tieck in den Schatten. Noch nie hatte ich eine so fein ausziselierte Theateraufführung gesehen. Die Schauspieler Gerd Brüdern, Paul Dahlke und Kurt Stieler waren nicht wiederzuerkennen. Kortner ließ sich für die Auspinselung seiner Theaterwelt unendlich viel Zeit: Die Premierenvorstellung dauerte über fünf Stunden. Bedauerlicherweise war Kortner zu Kürzungen gezwungen.

Während auf der Bühne des Brunnenhoftheaters und des Residenztheaters die hohe Wortkunst gepflegt wurde, brauste im Nationaltheater daneben die Musik von Wagner und Strauss. Und um wenige Hausecken herum erklang die Musik von Suppé und Offenbach.

Daß doch die Jugend immer glauben muß, mit ihr fange die Welt erst an, so etwa die Kustodin des Kubinhauses von Zwickledt, als ich 2005 wieder einmal ins gesegnete Innviertel kam und nach vielen Jahren Kubins „Arche" besuchte. Sie brach einen Streit mit mir vom Zaun, weil ich behauptete, daß das angeblich zu schäbige Mobiliar aus Kubins Sterbezimmer seinerzeit entfernt und um ein Haar auf den Sperrmüll geworfen worden wäre. 1959, als ich zum erstenmal Kubins Zwickledt betrat, hatte die Kustodin noch nichts mit Kubin und seiner brüchigen Welt zu tun. Aber nun meinte sie alles besser zu wissen über die alte Zeit.

Ich wußte noch viel über die Anfangsjahre der Innviertler Künstlergilde, deren Ehrenmitglied ich war. Als der große Maler Aloys Wach starb, am 18. April 1940, war ich fünfzehn Jahre alt. Seit einundsiebzig Jahren ruhte er unter einem von ihm selbst entworfenen hölzernen Kreuz auf dem Braunauer Friedhof. Die spätere Frau meines Freundes Martin Stachl war gerade neunzehn Jahre alt geworden. Ebenfalls einem frühen Jahrgang gehörte der von mir bewunderte Maler Will Klinger-Franken an, der sein Herkunftsland im Namen trug. Er stammte aus Veitshöchheim und bewohnte ein wunderbar romantisches Malerhäusl in der Ramsau. Der Rupertiwinkel ließ ihn zeitlebens nicht mehr los. Er streifte durch Felder und Wiesen, durch Täler und Schluchten, die auf seinen herrlichen Gemälden immer grün blieben. Höchstens Lehmgruben und Dachgauben stachen rötlich und gelblich ab.

Eine begnadete Malerin war auch Irmgard von Kienlin, die in der Münchner Kaulbachstraße wohnte. Ihre Porträt- und Landschaftsbilder gehören zum bleibenden Kunstbestand Bayerns. Auch Benno Hauber aus Erding, den beliebten Tier-, Architektur- und Porträtmaler rechne ich zu den Großen meiner Zeit. Ebenso Dirk auf dem Hövel aus Wartenberg und Sigrid Hofer aus Moosburg. Sigrid Hofer, Gattin des Schriftstellers Rudolf Hofer, „erfand" Bilder zur Musik von Bruckner und Mahler: Es waren unverwechselbare Kunstwerke. Mit nie verklingendem Schmerz denke ich an die Bildhauerin Christiane Horn zurück. Ihre Kinderskulpturen vor allem, ihre Kühe und Rösser, diese köstlichen Bronzegüsse, sind im Gegensatz zu ihrer Schöpferin, die uns im besten Alter für immer verlassen mußte, unsterblich. Auf einem Nußbaumtischlein in meinem Arbeitszimmer steht ihr schönstes Bronzeroß, schreitend mit erhobenem rechten Hinterlauf. Auch Ludwig Deller zähle ich nicht nur zu meinen besten Freunden, sondern auch zu den großen Bildhauern meiner Zeit. Auf meinen gedruckten Briefbögen erscheint im rechten oberen Eck eine Bleistiftzeichnung unseres Hauses mit unverkennbar hohem Walm. Ihr Schöpfer ist Josef Wahl, ein Maler, der viele meiner Bücher illustrierte.

Sauwaldprosa

Nicht weniger wichtig als die Maler waren mir begreiflicherweise die Dichter. Mit Hans Werner Richter, der die namhaftesten Schriftsteller um sich versammelte (er gründete bekanntlich die Gruppe 47) führte ich angeregte Gespräche im Nebenzimmer des Weinhauses Neuner in der Herzogspitalgasse, gegenüber der von mir im Roman verherrlichten Devotionalienhandlung Josef Hafner. Von dem feinsinnigen Denker und Verleger Heinz Friedrich erhielt ich kostbare Briefe. Mit Carl Amery stritt ich für den Schutz der Natur. Margret Hölle, die Schöpferin köstlicher Gedichte in oberpfälzischer Mundart, sprach unverwechselbar klangkräftig in meinen literarischen Rundfunksendungen. Mit Wilhelm Deinert blätterte ich in dessen Essaybänden. Der Dichter Uwe Dick besuchte mich – auf dem Fahrrad – in meiner Einschicht, übernachtete bei mir und trug sich in mein Gästebuch ein. Seine „Sauwaldprosa" erschloß mir das Innviertel besser als meine vielen Erkundungsfahrten. Reinhard Wittmann bat mich immer wieder ans Mikrophon der literarischen Rundfunkabteilung und hielt von meinen Büchern wichtige Abschnitte fest, von mir selbst oder einem namhaften Schauspieler gesprochen. Hans Unterreitmeier legte für das große Sammelwerk „Autoren und Autorinnen in Bayern, 20. Jahrhundert" einen umfassenden Essay über meine Bücher vor. Hermann Unterstöger empfing mich immer wieder in seinem Redaktionszimmer der Süddeutschen Zeitung. Mit Albert von Schirnding korrespondierte ich viele Jahre hindurch. Mit

Eugen Skasa-Weiß unterhielt ich mich an einem eiskalten Wintertag nach der bitterkalten Leich des Dichters Siegfried Sommer. Wenige Wochen später war er selbst tot. Reinhard Raffalt ist mir in seinen römischen Büchern lebendig geblieben über seinen Tod hinaus. Besonders deutlich bewahre ich ein Gespräch über die Selbstaufgabe der römischen Kirche in meinem Gedächtnis. Jedesmal, wenn ich in der Heiliggeistkirche die Orgel höre, denke ich an ihn, denn diese Orgel ist Raffalts Geschenk. Namen ohne Ende: Eugen Oker, der Dichter aus dem nördlichen einsamsten Bayern, Hans Pörnbacher, der exzellente Literaturkenner, und Joseph Berlinger, das dichterische Original, Wanderfreund in den Wäldern des Erdinger Holzlandes.

Besonders nahe blieb ich und blieb mir der Dichter Wugg Retzer. Wo sich kulturbewußte Münchner trafen, in der Schwabinger Katakombe oder auf der Münchner Bücherschau, traf man auch ihn. Als ich ihm von einem Steingut-Essigkrug in unserem Schüsselkorb erzählte, sprach er zu mir – ein wenig ablenkend – von seiner Merkstütze beim Schreiben, vom Zusammenziehen der Gedanken auf Wörter und deren Aneinanderreihung zu einem veritablen Satz. Auf diese Weise rette er Gedanken in überraschender Fülle. Gelegentlich sprach er zu mir auch von den fünf Wegen des Menschen. Man hätte einem Altbayern aus Ascholtshausen kaum solche Weite nach Osten zugetraut. Er sprach vom Schriftweg (der Literatur, die ihm das wichtigste war), vom Teeweg (der Baukunst, Bildhauerei, Malerei und Musik), vom Blumenweg (der Natur), vom Schwertweg (der Kunst des Kampfes) und vom Bogenweg (der Religion). Einmal sagte er: „Gibts etwas Größeres als die drei Worte ‚Ecce lignum crucis‘, da laufts oan kalt übern Buckel aber!" Und als ich ihn fragte, was ihm das Höchste sei, erwiderte er spontan: „Dreierlei: ‚Der Tod und das Mädchen‘ von Schubert, die römische Liturgie und ein unabhängiges Bayern".

Wer aber innerlich leer ist,
der muß den Raum vernichten.

Karl Bodamer

Im Fasching 1980 erschien unsere ganze Familie beim Adlberger Wirt in Altenerding zum Faschingsball, alle namensgerecht im Bäckergewand, kreideweiß nicht nur vom Gewand, sondern auch vom weißen Mehl, allerdings mit roten Backen und schwarzer Zipfelmütze. Am 11. Mai begleiteten wir Anna zur Erstkommunion ins festlich geschmückte Gotteshaus nach Maria Thalheim und gingen dann alle zur Maiandacht. Eine Plättenfahrt auf der Salzach unternahm ich am 7. Juni mit Resi, während unsere Kinder bei der Truderinger Oma blieben. Eine Reise nach Passau, Deggendorf, Frauenau und Lam zum Freund Berlinger schloß sich an. Auf der Heimfahrt kehrten wir noch bei Bernhard Kühlewein in seinem romantisch hinter einer (ringsum laufenden) hohen Hecke versteckten Landhaus ein, der wenig später meine Adventgeschichten mit stilgerechten Zeichnungen schmückte. Es war ein mit Reisen und Fahrten angefülltes Jahr. Besuche in den Freilichtmuseen Glentleiten, Amerang und Massing gehörten dazu und ein Empfang im Schloß Schleißheim, zusammen mit Resi in der kleidsamen Dachauer Tracht, wo uns der Staatssekretär Franz Heubl willkommen hieß. Dort gab es auch ein Zusammentreffen mit dem Musikwissenschaftler Karl Schumann und dem Schriftsteller Horst Bienek. Am 19. Mai wohnte ich der Enthüllung des Nepomuk-Standbildes auf der Strognbrücke in Fraunberg bei und kam abends zu einer Lesung aus meinen Büchern ins Schloß Aufhausen. Als Vertreter des Bayerischen Rundfunks nahm ich an einer „Alpenländischen Begegnung" im Dorf Tirol teil und führte einen ausführlichen Briefwechsel mit dem Dichter Hermann Lenz.

Belgrad

Ende Juli ging ich dann sechs Tage lang auf Studienfahrt für meine Maffei-Biographie. Die Stationen hießen: Belgrad, Budapest, Wien, Laxenburg, Rodaun, Semmering.

Im August fuhren wir mit allen Kindern zwei Wochen lang an den Wolfgangsee – in der Sprache der Einheimischen „Abersee" – und bestiegen mit Herzklopfen – nein, nicht den Schafberg, sondern – die Schafberg b a h n. Auf der Rückfahrt hielten wir uns zwei Tage im geliebten Mettmach – wie uns Freund Glechner, der Etymologe, belehrte, an der „mittleren Ache" – auf, wo es eine Art Karussell gab, auf dem die Kinder unentwegt "Rundrumdrahn" wollten. Am 21. August bezwangen Resi und ich per Fahrrad die steile Anhöhe der Burg Trausnitz. Am 26. August begann ich in unserem Keller und Garten einen Schutzraum zu bauen. Von meiner Furcht vor einer sowjetischen Okkupation soll noch an anderer Stelle die Rede sein. Bereits die Arbeit an meinem Buch „Das dritte Weltgeschehen" und mein Besuch beim Waldviertler Bauern, der eine düstere Zukunft „sah", vor allem aber meine Beschäftigung mit Maffei und der immer neuen Bedrohung des Abendlandes durch den Ansturm der Heerscharen des Halbmondes hatten mich bewogen, an Vorsorge zu denken.

Am 31. August fuhren wir mit allen Kindern wieder zum Ritterschauspiel nach Kiefersfelden. Am 8. September folgte ein Besuch im Tierpark Hellabrunn. Vom 25. bis zum 27. September legte ich zu Maffei-Studien drei Tage Aufenthalt in Wien ein. Am 7. November übernachtete der Wiener Journalist Alfred Komarek, der für mich mehrere Rundfunksendungen gestaltet hatte, mit seiner liebenswerten Gattin in unserem Haus. Am 19. November standen wir mitten unter den mehr als tausend Begeisterten, die den flüssig deutsch sprechenden Papst Johannes Paul II. im Herkulessaal der Münchener Residenz begrüßten.

Am 15. März 1981 wurden im Sendesaal des Bayerischen Rundfunks die Kinder der „Wellfamilie" mit ihren vielerlei musikalischen Fähigkeiten vorgestellt. Für die Erdinger Zeitung schrieb ich die Glosse: „Was mir zum Josefitag einfällt". Und, um weitere Details für meine Arbeit über Alexander von Maffei zu gewinnen, machte ich eine Reise nach Salzburg, Sankt Gilgen, Ischl, Krieglach (mit einem Abstecher zur Roseggervilla und zur Waldheimat), nach Mörbisch, Illmitz, Wien, Krems, Freistadt und Linz.

Alexander von Maffei

Das Jahr 1981 war das Jahr des von mir gegen ernstzunehmende Hindernisse durchgesetzten Gusses einer von Ludwig Deller entworfenen bronzenen Gedenktafel für den Feldherrn Alexander von Maffei und ihrer Enthüllung an Maffeis Münchner Wohnhaus. Im Zusammenhang mit der Arbeit an meiner großen Maffei-Biographie, die mich über zwei Jahre im Bann hielt, entsann ich mich dann auch vieler Orte und Landschaften der Vita meines Helden, die ich auf meinen Studienreisen besucht hatte, darunter Fünfkirchen, Esseg, Neusatz und Peterwardein.

Ich fragte bei Benno Hubensteiner an, wer Max Emanuels Taufpate gewesen sei, ob Casterarius „Quartiergeber" heiße und Petrus in Carnario „Petrus am Fleischhaken"? Einige Unterkapitel meines Buches nannte ich „Maffei unter den Edelknaben der Henriette Adelaide. Maffei in Paris und in Wien. Altötting und der Halbmond. Mohacs. Prinz Eugen in Belgrad". Vom Belgrader Rundfunkansager hörte ich die Stadt „Bäograd" aussprechen. Und eines meiner wichtigsten Kapitel überschrieb ich: „Maffei in Brüssel". Um Klarheit zu gewinnen, fuhr ich auf einige Tage nach Brüssel. Ich besichtigte die Grand' Place, St. Gudule, wo die Grabplatten sämtlich flämische Texte haben, die ich als plattdeutsch gut lesen konnte, das Palais Royale, das Menneken Pis und fuhr im Leihwagen nach Mons, Namur, Tervueren.

Es gibt in meinem Buch erschütternde Details: Im Krieg zwischen Kroatien und Serbien wurden keine Gefangenen gemacht. Es gab nicht einmal Gefallenenlisten. Gefallene wurden kurzerhand verscharrt. Die Serben spielten sich im kroatischen Hoheitsgebiet als Besatzung auf. Kroaten und Ungarn durften die Straßen bloß mit roter Armbinde betreten. Serben zogen mit Sturmlichtern von Haus zu Haus. War eine Wohnstatt leer (weil die Bewohner in ihrer Angst geflohen waren), wurde sie beschlagnahmt. Junge Burschen wurden verschleppt. Der serbische Atheismus kündigte schon den Kommunismus an. Kein Russe durfte das „befreite" Territorium betreten. Kroatendörfer wurden in Brand gesteckt. Die serbischen Führer sprachen von Großserbien, dessen Grenzen bis Wien und Budapest reichten.

So sah es hier aus, als Alexander von Maffei, Feldherr Max Emanuels, die Türken und Serben vor sich hertrieb und Belgrad nahm. Ich hatte der gesamten Kunst, Wissenschaft und Geschichte, soweit sie mit Maffei zusammenhing, Eingang in mein Buch verschafft und auch das Wiener Palais des Grafen Klebelsberg, den späteren Gasthof „Zur Stadt Wien", erwähnt, in dem Alexander von Maffei (und später Antonin Dvorak) abgestiegen waren. Beste Rezensionen erhielt mein Buch in Verona, wo ich es Bürgermeister Segato in Gegenwart der Veroneser Presse überreichte. Gern erinnerte ich mich, als ich vor dem Bürgermeister stand, an mein in Italien verbrachtes Kriegsjahr, das mir gute Kenntnisse in der Landessprache gebracht hatte. Meine auswendig gelernte Begrüßungsrede begann folgendermaßen: „Spero che questo volume, ora nelle sue mani, faccia crescere la fama di questo uomo famoso anche nella sua patria". Sie wurde ergänzt von Lucia Buffatti, Kulturreferentin und ständige Dolmetscherin in der Partnerstadt

München, die mich ins Rathaus begleitet hatte. Meine Rede wurde von der Tagespresse in Auszügen gedruckt und als fetter Titel darüber gesetzt: Alessandro, Marchese di Maffei, un volume di Wolfgang Johannes Bekh.

Bröckeln der evangelischen Front

Wenn ich über mein Leben schreibe, kann ich mein Verhältnis zur katholischen Kirche nicht übergehen. Aufgewachsen war ich in einem liberalen Elternhaus mit einem in Dresden geborenen evangelischen Großvater, der seine Söhne, darunter meinen Vater, nach seiner Konfession taufen ließ, was dieser auch bei seinen eigenen Kindern tat. Die evangelische „Front" bröckelte allerdings bereits beim Bruder meines Vaters, unserem Onkel Arnulf, der schon in jüngeren Jahren zur katholischen Kirche übertrat. Mein Vater, der ohnehin kein spannungsfreies Verhältnis zu seinem Bruder hatte, mißbilligte dessen Konversion und besonders dessen testamentarische Anordnung, nicht verbrannt, sondern zur Erde bestattet zu werden: „Ei'grabn hat er si lassn!" spottete er. Dies alles berührte mich kaum. Die Kirche spielte im Leben und Schaffen des jungen Schauspielers und Schriftstellers, um mich fachgerecht auszudrücken, keine „Rolle". Doch langsam und allmählich, je mehr ich mit der Geschichte, Landschaft und Sprache meines Geburtslandes („meines Vaterlandes", wie ich lieber zu sagen pflegte) übereinstimmte, kam es mir unpassend vor, daß ich evangelisch war. Gleichwohl bedurfte es auch nach dem Erwachen dieses Gefühls der Fremdheit in der eigenen Kirche (die mir nach protestantischer Art ohnehin wenig Bekenntnis abverlangt hatte) noch vieler weiterer Jahre, bis ich mich zum Übertritt entschloß.

Wie häufig bei Konvertiten, besonders bei solchen, die sich spät zu einem Konfessionswechsel entschließen, also lange um einen Entschluß gerungen haben, war es auch bei mir: Es wurde mir die römische Kirche zu etwas Heiligem schlechthin, dem ich mich mit Haut und Haaren verbunden fühlte. Deshalb fehlte mir jedes Verständnis für die Grundsätze des progressiven Julius Kardinal Doepfner, der sich des Lobes der AZ (der Münchner Abendzeitung) erfreute, weil er die Kirche Petri rückhaltlos modernisieren wollte und seinem Standpunkt auch beim „Konzil" zum Erfolg zu verhelfen wußte. Ich setzte die Meinung dagegen, daß es an der heiligen Kirche, die ich mir mit Mühen und Qualen als meine eigene errungen hatte, nichts, aber auch gar nichts zu verbessern gebe. Welche Schauer hatten mich durchrieselt, als der einfache Pater Alois Weh in der prächtig stuckierten Unterkirche von Sankt Michael, seines einfachen Ichs gänzlich enthoben, in der goldstarren Casula vor mir stand und sein „Mea culpa, mea culpa, mea maxima culpa" sprach. Und das, was mich selig gemacht hatte, sollte auf einmal nichts mehr wert sein?

Doepfner hatte später den eigenen Standpunkt überprüft und in seiner Einschätzung der Lage der Kirche eine Kehrtwendung vollzogen, wie sie gründlicher, ja radikaler nicht hätte sein können. Der Verfall aller Formen und Riten, zuletzt sogar des Glaubens, den das Konzil nach sich zog (Dr. Panholzer sprach von einem „Schlag ins Wasser"), hatte Doepfners Leben verbittert. Seine Machtlosigkeit gegen die – auch durch eigenes Verschulden – in Gang gekommene Entwicklung setzte seiner Gesundheit ernstlich zu, bis ein Schlaganfall vor der Tür des Erzbischöflichen Palastes seinem Leben ein jähes Ende setzte.

Remigius Geiser, ein humanistisch gebildeter Naturwissenschaftler, den ich bei den Ludi latini im Freisinger Bischofshof kennenlernte, bestätigte meine Vorbehalte. Er saß als Teilnehmer an einer Podiusmdiskussion unter den Zuhörern hinter mir und gab seine Redebeiträge in flüssigem Latein, das allerdings einen leichten bayerischen Beiklang nicht verleugnete. Er begleitete mich als Fahrtgenosse nach Le Barroux in der Provence, wo wir uns mit „vorkonziliarer" Latinität vollsogen, der wir uns bei unseren Spaziergängen durch die Lavendelfelder exzessiv hingaben. Da flogen die Argumente und Gegenargumente – auf lateinisch – nur so hin und her, daß Spaziergänger, deren Weg den unseren kreuzte, uns respektvoll nachblickten. Das südfranzösische Institut, dessen Gäste wir waren, hatte den legendären Erzbischof Marcel Lefebvre zum Gründervater. In Zaitzkofen war ich Lefebvre später persönlich begegnet. Ich bekam von ihm eine Widmung in sein Buch „Lettre ouverte aux catholiques perplexes" geschrieben und konnte mich mit ihm einige Sätze lang unterhalten.

Priesterfreunde

Mehrere Priesterfreunde teilten meine Bedenken gegen die nachkonziliare Entwicklung, so einer der Väter der Münchner Künstlerseelsorge: Monsignore Alois Kirchberger, der mich einmal in Rappoltskirchen besuchte und beim anschließenden Spaziergang auf allen Orgeln der benachbarten Kirchen spielte. Mit Joseph Kardinal Ratzinger, dem späteren Papst Benedikt XVI., wechselte ich viele Briefe. Ratzinger weilte des öfteren im traditionstreuen Kloster Le Barroux. Bei meinem lieben, in Eferding geborenen Waldkirchner Pfarrherrn Wolfgang Renoldner erlebte ich zwar keine klassische tridentinische, aber immerhin eine in der lateinischen Kultsprache zelebrierte Messe. „Am Priestermangel", war seine stehende Redewendung, „ist nicht der Zölibat schuld, sondern die säkularisierte Gesellschaft". Auch Abt, später Altabt Dr. Odilo Lechner vom Benediktinerkloster St. Bonifaz in der Münchner Karlstraße, las, aus Anlaß meiner runden Geburtstage, die lateinische Messe in der Rappoltskirchener Stephanskirche. Damit habe ich allerdings einige Jahre weit vorgegriffen. Ich kehre ins Jahr 1981 zurück und zurück ins Dorf Rappoltskirchen. Immer bedeutet mir die Beschäftigung mit dem Landstrich der Bachquellen, die alle in gleicher Richtung zur tiefer gelegenen Strogn strömen, Beschäftigung mit der Heimat. Alles war Heimat! Heimat bis herauf zu unserem Hund Arco, der so gut apportieren, aufwarten, bitten, Schildwachstehen, über den Stock springen, tanzen und sich totstellen konnte. Heimat bis zu meinem Freund Karl Reimann, dem ich nahe blieb seit unserer ersten Begegnung im Gefangenenlager von Livorno. Heimat, seit mich die unvergeßliche Malerin Angelika Schwenk-Will auf einem Brustbild mit gefalteten Händen in Pastell skizzierte (als Pendant zum Porträt meiner Frau), und seit sie mich in Eitempera mit einer Josefslilie malte (ich mußte mich zuhöchst auf den „Regenbogenweg" stellen, der von unserer Familie so genannt wurde, weil er im Schlußkapitel meines Romans „Sehnsucht läßt alle Dinge blühen", unter einem wunderschönen Regenbogen hindurchführt) und auf den Rücken des Bildes schrieb: „... dann hatte ich das Empfinden, Sie in dieser Farbigkeit und Form anzutreffen – Isen 24. 3. 81"

Die Taufnamen

Hatten wir an unsere eigenen Vornamen gedacht, Wolfgang Johannes und Theresia Cäcilia, oder an die Brüder Asam, die beide auf Doppelnamen getauft waren, Cosmas Damian und Egid Quirin? Genug, wir hatten unserer Erstgeborenen zwei Vornamen gegeben: Veronika Regina, und mußten unseren folgenden Kindern um der Gerechtigkeit willen ebenfalls zwei Namen zubilligen: Martin Anton, Anna Magdalena und Maria Theresia. Wobei wir bei Martin an den Vater meiner Frau gedacht hatten, bei Anton an den unter traurigen Umständen ums Leben gekommenen Bruder meiner

Mutter (als Flieger war er gegen Ende des Ersten Weltkriegs über einem Acker abgestürzt, von einem pflügenden Bauern gerettet worden und mit großflächig verbrannter Haut unter unsäglichen Schmerzen im Spital gestorben). Beim Namen Anna dachten wir an meine Großmutter väterlicherseits, bei Maria an die Großmutter und bei Theresia an die leibliche Mutter meiner Kinder. Genug, jedes dieser Kinder machte uns Freude für zwei. Veronika spielte mehrere Instrumente, Hackbrett, Flöte, Gitarre und Klavier – auf dem Klavier brachte sie es zur Beherrschung schwierigster Chopin-Sonaten –, Martin, der seiner älteren Schwester in der Schule und beim Musizieren nacheiferte, war ein hervorragender Zitherspieler, aber auch erfolgreich auf dem Violoncello. Täglich übte er in unserem großen Zimmer. Seit seinem Wegzug war es hier ungewohnt still geworden. Anna lernte und spielte Orgel (in unserer Kirche), Klavier und Geige (ausgezeichnet sogar), auch Maria war eine tüchtige Geigerin. Meine Gattin schließlich eignete sich auf der Erdinger Musikschule gute Kenntnisse im Gitarrenspiel an, so daß die Familie als wohlklingende Musikgruppe auftreten und mich bei meinen Literaturlesungen zur Freude des Publikums begleiten konnte. Sogar bei Lesungen meiner Turmschreiberfreunde spielte gelegentlich die ganze Familie. Die Unterrichtsstunden dieser fünf gelehrigen Musikschüler rissen freilich ein gewaltiges Loch in meinen Geldbeutel. Aber wenn ich sie dann alle mit Feuereifer musizieren hörte, war ich dankbar und überglücklich.

Bau des Bunkers

Auch beim Bau unseres Bunkers, der sich durch die Jahre 1982 und 1983 hinzog, leitete mich der Gedanke, das Leben unserer Kinder vor drohenden Feindgewalten zu schützen. Sogar die Bibellektüre wies mich in diese Richtung, denn

Christus sprach bei Matthäus – zweimal sogar – vom ewigen Feuer und von der Feuerhölle. Freilich blieb den Rundfunkkollegen meine Beschäftigung mit endzeitlichen Dingen keineswegs verborgen. Sogar meine Sekretärin, die sich gut altbayrisch Aiglstorffer schrieb, hatte in ihrem Lächeln fortan etwas mitleidig Wissendes.

Was ist Heimat?

An meinen freien Tagen gab es wieder Fahrten zu Fritz Meingast, auch nach Zeitzkofen und Schleißheim oder – zusammen mit meinem Sohn Martin – nach Regensburg und Passau. Ich fuhr auch mit Resi ein zweites Mal nach Wolfsgefährt mit Abstechern nach Weimar, Dornburg und Leipzig. Auch nach Südtirol und Verona gingen die Exkursionen, dann mit der ganzen Familie nach Herzogau; dort blieben wir mehrere Tage als Gäste des Leiters der Landpolizei. Zum Dank gestaltete ich, zusammen mit meiner Familie, einen Volksmusikabend. Auch nach Deggendorf ging die Reise. Dazwischen schrieb ich die Rundfunksendung „Drenten hart am Inn", eine Liebeserklärung an das Innviertel. Und mit allen Kindern besuchten wir den Zirkus Krone. Gegen Ende des Jahres machte ich mit meiner Mutter einen Gang ans Grab meines Vaters auf dem Nordfriedhof. Und ich konnte ihr tags darauf, passend zu den Vorweihnachtstagen, mein lila gebundenes Buch „Adventgeschichten" überreichen.

Heimat waren für mich auch Zeitgenossen wie Michael Petzet, Generalkonservator des Bayerischen Landesamts für Denkmalpflege. Petzet half mir, die Schönheiten meiner Geburtsstadt zu bewahren. Heimat war für mich auch der notorisch „grantige" Dichter Eugen Roth, bei dem ich ein- und ausging (zu seinem Leidwesen mit dem Rundfunkmikrofon), den ich im Altersheim an der Blutenburgstraße als

Sterbenden besuchte, der geniale Graphiker Hans Prähofer, in dessen Arbeiten – gleich ob auf Glas oder Papier – stets die Mühldorfer Heimat lebendig blieb, Hans F. Nöhbauer, Schriftsteller und Literaturwissenschaftler, der später in die Gilde der Turmschreiber aufgenommen wurde und meinem eigenen Schaffen immer stärker entgegenwuchs. Auch Franz Kuchlers gedenke ich, des Waldlers, der den Deggendorfer Mundarttag ins Leben rief und Jahr für Jahr zur Deggendorfer „Rauhnacht" lud. Bis ins hohe und höchste Alter hinauf inszenierte er dieses dämonisch grausame Volksschauspiel. Ganz zuletzt, aber nicht als letztem habe ich meinen Dank Franz Xaver Breitenfellner abzustatten, der einst dem blutjungen Benno Hubensteiner – in Mühldorf – zum Schreiben verholfen und schließlich meinen *Apollonius* ans Licht der Öffentlichkeit gebracht hatte. Ich hatte ihn in seinem märchenhaften Haus auf den Farchacher „Lüften" und, nachdem er es gesundheitshalber verlassen mußte, in seiner späten, von Kakteen durchgrünten Klause im Bayerischen Wald besucht. Einmal ist er nach Rappoltskirchen gekommen und hat mir alle seine Bücher mit steiler, wie gedruckt wirkender Handschrift gewidmet – „Der Kronenhirsch", „Drei König im Wald" und seinen unvergeßlichen Roman „Ein Mann steht am Ufer".

Aber ich mache mir nichts vor: Die Menschen, die ich verstehe und die mich verstehen, werden immer weniger. Und die Frage gewinnt an Dringlichkeit: Wird wirklich die Welt ärmer an unverwechselbaren Gestalten oder werde nur ich ärmer am Verständnis des Unverwechselbaren? Noch eines Dichters darf ich nicht vergessen, des Lyrikers Ernst Günter Bleisch, der Monat für Monat in seine „Seerose" lud, erst in die „Neue Post" an der Agnesstraße, dann in die Schwabinger Hildebrandvilla. Ich habe Bleisch tief in meinem Herzen behalten. Und schließlich komme ich zuletzt noch auf Arthur Maximilian Miller zu sprechen, den ich am 9. Mai 1983 in Kornau besuchte.

Arthur Maximilian Miller

Um halb zehn Uhr morgens kam ich bei ihm an, hoch über Oberstdorf, wo er in einem kleinen, schönen Holzhaus lebte, hinter Bäumen ganz versteckt. Ich hatte etliche seiner Bücher mitgebracht. Er gab mir die fehlenden und signierte sie alle. Ich brachte ihm „Sehnsucht", „Tassilonisches Land" und ein Turmschreiberheft. Von ihm erhielt ich das erschütternde Erinnerungsbuch „Mein altes Mindelheim", jene bezwingende Rückschau, die man mit Carossas Kindheitsschilderungen vergleichen kann, das „Haus meiner Kindheit" und den „Sternenbaum", die in seiner Kornauer „Dichterei" entstanden waren. Vor allem hatten es mir seine umfangreichen Briefwechsel mit Peter Dörfler und Joseph Bernhart angetan. Seine schriftlichen Gespräche mit Gertrud von Le Fort waren ein literarisches Monument. Miller zeigte mir auch seine im „Sternenbaum" beschriebenen Schattenspiele, wurde nicht müde, vor mir seine Scherenschnitte, Feder- und Bleistiftzeichnungen aufzublättern.

Lange und angeregt unterhielten wir uns. Eugen Roth sei auch dagewesen, erzählte er mir. Arthur Maximilian Miller war zweiundachtzig Jahre alt. Wir gingen hinüber ins alte Schulhaus, in dem Arthur Maximilian Miller unterrichtet hatte, und betraten die Kapelle von Kornau. Im Dämmer der kleinen Kirche kam er darauf zu sprechen, daß er die Gedanken an Geburt und Tod als wesentlich empfinde, als unsinnig das logische Denken. Der Schnee, erzählte er mir, lag hier winters meterhoch. Er habe es aufgegeben, der weißen Massen mit der Schaufel Herr zu werden. Er versorge sich mit Lebensmitteln für Monate und lasse sich mit seiner Frau einschneien.

Ich fuhr nach langem Abschiednehmen wieder hinab nach Oberstdorf. Dort besichtigte ich das Grab der Dichterin Gertrud von Le Fort und betete für sie. Ich sah auch den leeren Platz zu ihrer Rechten, wo einmal Miller, wie er mir gesagt hatte, liegen sollte. Dann besichtigte ich das von Johann Michael Fischer erbaute Haus, wo Miller von 1942 bis 1965 gewohnt hatte. Die Besitzerin, die eine schöne Le-Fort-Sammlung besaß, schenkte mir ein Autograph, eine von der Dichterin des „Schweißtuchs der Veronika" geschriebene Postkarte.

Mindelheim

Dann fuhr ich nach Kempten, aß dort zu Mittag, machte eine Fußwanderung durch die Stadt und gab mich meinen Erinnerungen hin. Ich fuhr auch nach Memmingen, ging durch alle Gassen und wurde von weit mehr Erinnerungen überwältigt. Dann fuhr ich – im Gedenken an Miller – nach Mindelheim und nächtigte in der „Glocke". Nach einem späten Abendspaziergang las ich in Millers Buch „Mein geliebtes altes Mindelheim". Am darauffolgenden Tag, dem 11. Mai, besichtigte ich das ganze gotische Mindelheim, die Jesuitenkirche, die Kirche der Englischen Fräulein, das Mauritia-Febronia-Gymnasium, das Rathaus, den steinernen Frundsberg, die Mariensäule, die Dreergasse, die „Steinstraße", den „Stern", das Geburtshaus mit dem von Miller beschriebenen Hof, der heute verbaut ist, die Pfarrkirche, den Dörflerturm, die Stadttore, die Imhofgasse, das Stadttheater – alles zusammen ein einziges antikes Wunder. Dann ging die Fahrt weiter nach Türkheim. Ich besichtigte das Schloß, die Kapuziner- und Pfarrkirche. Hier lebte Joseph Bernhart. Und hier war Arthur Maximilian Miller sein häufiger Gast. Arthur Maximilian Miller, den der hochnäsige Brockhaus, wie nicht anders zu erwarten, unterschlägt, ist in meinem Leben, auch lang nach seinem Hinscheiden, lebendig geblieben.

Hymnen an die Kirche

Gertrud von Le Fort

Immer gegenwärtig ist mir das Werk der Dichterin Gertrud von Le Fort. An große Prosatexte wie „Das Schweißtuch der Veronika", „Der Papst aus dem Ghetto", „Die Letzte am Schafott" und „Hymnen an die Kirche" denke ich in Dankbarkeit. Und mich ergreift ein heiliger Zorn, daß das Wort dieser Dichterin ebenso vergessen ist wie das Wort einer anderen Großen, die zuletzt in Linz lebte: Enrica von Handel-Mazzetti.

Diese beiden Dichterinnen gelten mir als eine Summe des Abschieds. Für ihr Vergessensein habe ich nur drei Worte: Verfall eines Volkes. Und seltsam: Diese Dichterinnen identifiziere ich mit einem Ort, wo ich mich gern aufgehalten habe, mit Eichstätts Heiliggeistspital. Und ich denke weiter an den musischen Rechtsanwalt Leo Samberger, Gründer des Münchner Bürgerrats und Retter des Nationaltheaters, der unter den Zuhörern des Cuvilliéstheaters in der ersten Reihe saß, als ich dort mit anderen Turmschreibern las. Mich verdroß nichts angesichts der goldgleißenden Engel Johann Baptist Straubs, die mich umgaben. Ich denke auch noch an Kirchham nächst Schärding, wo mein unglücklicher Jugendfreund Steinbacher im Umgriff des alten Walmdach-Pfarrhofs eine Eigentumswohnanlage gegründet – und verloren hatte.

Geheimnis des Glaubens

Und ich denke, wenn ich mir die Jahre 1981 und 1982 ins Gedächtnis zurückrufe, an den Veroneser Marchesen Alessandro di Maffei, dessen Lebensbeschreibung mich fünftausend Arbeitsstunden und zehntausend Mark Spesen gekostet hatte, eine Summe, die ich von keinem Verleger und keinem Leser erstattet bekam. Aber es dünkt mich, je länger ich an meinem „Maffei" schrieb, als hätte ich aus den Ländern des Halbmondes Tulpen, Hyazinthen, Flieder und – natürlich – Türkenbund mit dem Gepäck des Freiherrn von Maffei nach Bayern hereingeschmuggelt, wo sie nun heimisch wurden.

In den Jahren, als ich mein Buch über Maffei schrieb, lernte ich unermüdlich Latein. Ein liebenswürdiger – noch jugendlicher – Studienrat des Erdinger Gymnasiums gab mir seine Stunden allwöchentlich zu einem recht mäßigen Salär. Sogar die Automarken Audi, Volvo, Dixi und Fiat waren mir seither Verben in der ersten Person. Und ich wußte nun, daß das Nachbardorf Hündlbach nichts mit einem Hündchen zu tun hatte, sondern „Das Dorf des Hunti" bedeutete, hergeleitet von Paganus (der Heide) und Pagus (das Dorf), abgekürzt zu Pa und verbunden mit dem Genitiv Huntili. Ich las auch das dreifache Cur in den Amores des Ovid. Und im Gewölbe der Erdinger Frauenkirche sprang mir eine Sentenz ins Auge: Ego sum panis vivus, qui de caelo descendit – ich bin das lebendige Brot, das vom Himmel herniederstieg.

In diesen Jahren gelangen mir kleine Kabinettstücke der Erzählkunst. Ich nannte sie „Kalendergeschichten", denen sich im Jahr darauf „Adventgeschichten" anschlossen. Es waren adventliche Betrachtungen und Erzählungen, die als numerierte Exemplare mit Schuber erschienen.

Mein Gefühl, diesem Lande zugehörig zu sein, verstärkte sich von Jahr zu Jahr, besonders von dem Tag an, als ich Walter von Cube sagen hörte: „L'histoire bavaroise est un repertoire des moments perdus et des occasions manquées". Mein Abstand von Großpreußen, dem Nationalstaat des Luthertums, des latenten oder offenen Atheismus, der „Jugendweihe" und der „Gegenpäpstin" wuchs von Tag zu Tag.

Umso stärker fühlte ich mich Österreich verbunden, das durch die ungarische Tragödie seine Nationwerdung erfuhr. Und vielleicht, sagte ich mir, war Armut notwendig zur Nationwerdung Bayerns, die verbal bereits Lorenz Westenrieder vollzog. Wir Bayern waren an Geschichte reich und benötigten mehr als die Österreicher in den Zwanzigern eine Heimwehr, die sich dem Kampf auf allen Ebenen verschrieb, nicht nur militärisch, sondern geistig, religiös, naturbezogen, heimattreu wie Dechant Johannes Ludwig (1900 – 1989), Hugo von Preen (1854 – 1947) und Sofie von Preen (1851 – 1930), die an der Kirchhofmauer von Ranshofen bestattet lagen. Wie nah war mir auch die Oberin des Klosters der Servitinnen an der Herzogspitalgasse, die mir ein Ei überreichte, ausgeblasen und buntbemalt mit dem österlichen Halleluja!

Abschied

Meine Münchner Häuserliste vom Jahr 1963 hatte ich damals überschrieben: „Schützenswerte Häuser der Landeshauptstadt München, eine Inventarisation". Diese Liste erschien als Fortsetzung meiner „Denkschrift zur Ergänzung und Sanierung der Münchner Altstadt". Ich hatte meinem Ärger über die Fehlentwicklungen des Wiederaufbaus kräftig Luft gemacht. Münchens und Bayerns Bibliotheken hielten den schmalen Band seitdem vorrätig.

Mit meinem Sohn Martin, der inzwischen ein Alter von fünfzehn Jahren erreicht hatte, unternahm ich, geladen vom bayerischen Pilgerbüro, eine Bahnreise nach Rom. Die Fahrt wurde in den letzten Maiwochen unternommen und brachte uns eindrucksvolle Führungen durch Roms Kirchen und Katakomben. Wenige Jahre später hängte mir Ministerpräsident Franz Josef Strauß im Antiquarium der Münchner Residenz den bayerischen Verdienstorden am weißblauen Band um. Seine dabei gesprochenen Worte bleiben mir unvergeßlich: „Sie machen uns immer so viel Freude ..." (Ob er wußte, wieviel mir an seiner Politik nicht gefiel?) Tags darauf saß ich zwischen meinen Turmschreiberfreunden im Brotzeitstüberl „am Rathauseck" und schlürfte in geselliger Runde blumigen Wein. Es war die Stiftung eines pfälzischen Verehrers altbayerischen Wesens. Er hieß Wetzl. Hausherr war Gustl Feldmeier, Gott hab ihn selig.

Immer wieder fiel mir das Stallengestühl der gotischen Braunauer Pfarrkirche auf, wo ich mich niederließ, die Arme auf den hohen Seitenlehnen, als Beter oder als Bewunderer der Kunstwerke dieses uralten Gotteshauses. Immer wenn ich nach Braunau kam, tat ich es. Am 7. Juli 1983 setzte ich die Fahrt nach Schärding und Ried fort, kam nach Linz und Sankt Florian, schließlich sogar nach Enns, in die alte bayerische Grenzstadt. Am 12. Juli hieß mich Landtagspräsident Franz Heubl willkommen bei einem Empfang im Schloß Schleißheim.

Besonders gern denke ich an meinen Besuch bei dem großen Historiker Max Spindler zurück, der mich in seinem Domizil an der Maria-Theresia-Straße empfing. Er trat auf die mehrstufige Stiege heraus, nachdem ich an seiner Handglocke gezogen hatte, und geleitete mich hinein in sein Reich. Es herrschte Dämmerung dort. Erst allmählich tauchten Reihen, endlose Reihen von Bücherrücken auf. Darüber oder weiter hinten glänzten dunkle Ölbilder, Porträts und Landschaften.

Mit meiner ganzen Familie fuhr ich auch wieder nach Herzogau, wo gelesen, musiziert und gezeichnet wurde. Besonders die schönen Bilder meiner Tochter Veronika, die eine deutliche Begabung für Bleistiftzeichnungen und Aquarellgemälde erkennen ließ, entzückten mich. In Linz besuchte ich Wolfgang Dobesberger, Carl Hans Watzinger und – im Adalbert-Stifter-Museum – den treuen Freund

Johann Lachinger. Zu mir nach Rappoltskirchen kam Joseph Berlinger, der selbst ein Dichter war.

In der Ludwig-Reihe erschienen 1983 meine „Bilder aus Bayern und Österreich", eine Essaysammlung, die ich nach ihrem Eingangskapitel „Tassilonisches Land" nannte. Tassilo, der unglückliche Bayernherrscher und Kirchenstifter, den der zentralistische Nord-Despot Karl (der sogenannte Große) ins Nichts stieß – Bayerns Schicksal seit Jahr und Tag – war mir Vorbild und Ansporn. Lang lagen freilich die Zeiten der so häufig als „Freisinnigkeit" fehlinterpretierten Liberalitas bavarica, der Freigiebigkeit frommer Stifter an die Augustiner Chorherren von Polling zurück. Mit diesem schönen Wort wollten sich die Chorherren beim frommen Kaiser Heinrich II. und bei Herzog Heinrich dem Löwen bedanken. Unermüdlich arbeiteten sie an der Schöpfung hoher Kunstwerke. Sie nannten die Kunst nach Tertullians und Augustini Redewendung (die sich später Adalbert Stifter zu eigen machte) „Wahrheit im Kleide des Reizes".

Das Jahr 1983 war für mich besonders reich an Eindrücken sowohl in Südtirol als in Tölz, in Landshut und in Elbach. Die Tochter des Dichters Eduard Stemplinger gab mir handgeschriebene Zeilen ihres Vaters mit auf den Weg. Ich besuchte alljährlich das Grab meines Vaters auf dem Nordfriedhof, betete in der Alten Kapelle von Regensburg, tanzte mit Resi in der Locanda des Orthopäden Duswald in Zweikirchen und feierte feuchtfröhlich in der Münchner Künstlergesellschaft Allotria.

Die düsteren Zeichen der Zeit übersah ich dabei nicht, suchte in Sankt Englmar nach dem Grab des Waldpropheten, der gesagt hatte: „Der Kriag kimmt! Der Kriag kimmt!", der den „Fahrenden Rauch" (die Dampflokomotive) geahnt hatte, den „weißen Fisch am Himmel" (den Zeppelin) und den „strengen Herrn" (Hitler). Mühlhiasl hatte vorausgesehen, daß die Weiberleut Hosen trügen, daß Wägen ohne Roß und Deichsel übers Land führen, hatte vorausgesehen, daß der Wald einmal ausschaut „wie dem Bettelmann sein Rock" und daß „überall Häuser baut wern, nix wia Häuser! Aber dann wird abgeräumt!"

Von Tag zu Tag wurde die Welt ärmer. Religion, Heimat und Natur waren am Ende. Der Bodenverbrauch und der Verbrauch der Atemluft waren ohne Beispiel. Immer, wenn ich am Grab Walter von Cubes auf dem Tegernseer Friedhof stand, aus rötlichem Tegernseer Marmor der Stein, der Kranz, die Schleife im Giebel und in Bronze der lateinische Sinnspruch, dachte ich an sein Wort: „Wenn die Welt zusammenstürzt, treffen den Mutigen die Trümmer".

Im Gegenlicht

Nach Tag und Jahr tauchte ich noch einmal tief in die Welt meines Vaters ein. Ich nahm Unterricht in der Ölmalerei. Zweimal hielt ich mich je drei Wochen in Geras – hart an der böhmischen Grenze – auf und vervollständigte mein Können. Der erste Aufenthalt im Stift Geras fiel ins Frühjahr 1984. Ich erinnere mich deutlich an den Sohn des Kochs, einen aufgeweckten Buben, dessen liebenswürdige Altklugheit mich bezauberte. Ich kehrte mit einem vollgezeichneten Skizzenblock und einem Stapel von Bildern zurück. Am liebsten wurden mir meine sattfarbigen Gemälde „Sachl", „Klosterteich" und „Hollerblüh".

Mein Zimmer lag an einem kreuzgewölbten Gang über dem Refektorium. Ich betrat das Zimmer durch eine mit kostbaren Edelhölzern eingelegte Tür. Unser Lehrer, ein älterer Herr mit ergrautem Lockenhaar, war ein bekannter Künstler, dessen Blätter und Leinwandarbeiten hohe Preise erzielten. Er wohnte standesgemäß in einer Burg hoch über dem Donautal und schreckte neugierige Besucher, die an der Haustür läuteten – so ging die Rede – von ihrem Vorhaben ab, indem er den Kopf zum Fenster herausstreckte und mit Fistelstimme herunterkeifte: „Der Herr Professor is net dahaam!" Er machte sich seinen Ruhestand auf unterrichtende Weise so abwechslungsreich wie möglich. Tagaus, tagein trug er einen grün paspolierten Schilfleinenanzug und wanderte mit uns Schülern durch den Marktflecken ins Land hinaus. Gern zeichnete er uns vor, wie er sich die Vedute vorstellte, die er zu zeichnen empfahl. Diese Skizzen sollten dann später im Atelier als Vorlagen für Ölgemälde dienen. Einer der Schüler reichte ihm seinen Block zu Demonstrationszwecken, denn der Herr Lehrer hatte nie Zeichenpapier dabei. Der namhafte Künstler füllte den hingereichten Block allmählich Seite für Seite mit erlesenen Graphiken. Schließlich, gegen Ende des Kurses, wurde ihm bewußt, daß er diesem schlauen Adepten mit seinen vielen qualitätsvollen Zeichnungen ein unangemessen wertvolles Geschenk gemacht habe und forderte seine Graphiken mitsamt dem Block zurück. Vergeblich, denn der Schüler erklärte die Zeichnungen, die sich unleugbar auf den Blättern des Schülerblocks angesammelt hatten, für sein Eigentum.

Im selben Jahr erschien bei Pustet an der Regensburger Gutenbergstraße meine Anthologie „Dichter der Heimat". Unter diesem Titel hatte ich zehn Dichterporträts aus Bayern und Österreich zusammengefaßt. Die Dichter Georg Britting, Hans Schatzdorfer, Franz Stelzhamer, Karl Heinrich Waggerl, Martin Greif, Karl Stieler, Hans Carossa, Wilhelm Dieß, Joseph Maria Lutz und Richard Billinger, die ich nach eigenen Rundfunksendungen in chronologisch geordneten Essays vorstellte, hatten Geltung im ganzen deutschen Sprachraum. Sie sollten mir und meinen Lesern beweisen, daß große Dichtung schon immer Heimatdichtung war.

Beim Turmschreiberstammtisch im Torbräu am Isartor erzählte ich von diesem Buch, erstattete auch Bericht über meine Beschäftigung mit dem mittelalterlichen Romanhelden Laurin, erzählte von Ignaz Günthers Verkündigung und Pietà in der Klosterkirche Weyarn. Auch in Rappoltskirchen hatte es eine Fahnenweihe gegeben mit hundert eintreffenden Vereinen, mit gewichtigen Abordnungen und prachtvollen Standarten. Auch den „Fliegenden Holländer" empfand ich mit seinem Pomp als eine Art Fahnenweihe Richard Wagners, zu der ich nach Bayreuth fuhr auf dem Umweg über Rothenburg, Schweinfurt (die Stadt Friedrich Rückerts), Haßfurt und Bamberg. Und nicht mehr auf den Spuren Alexander von Maffeis, sondern König Laurins kam ich nach Verona, Ravenna und Venedig.

Das Jahr 1985 brach an und ich feierte meinen sechzigsten Geburtstag am 14. April. Der Künstler Leo Bäumler aus Wernberg-Köblitz bei Weiden (er wohnte dort im alten Pfarrhof), der von meiner Beschäftigung mit König Laurin wußte, schnitzte mir aus Eichenholz den König im Rosengarten. Verleger Wilhelm Ludwig widmete mir eine Festschrift mit Beiträgen bekannter zeitgenössischer Dichter. Wilhelm Ludwig war ein Verleger, wie es keinen anderen mehr gab. Im selben Jahr erschien in seinem Haus mein Buch „Das dritte Weltgeschehen und seine Folgen für Deutschland", anschließend kam es als Taschenbuch der Esoterikreihe des Knaur Verlages heraus.

Auch mein Briefwechsel mit Joseph Kardinal Ratzinger (ich war ihm bereits mehrmals begegnet) setzte nun ein und sollte auf eine stattliche Reihe handschriftlicher Unikate des späteren Papstes anwachsen. Seine Schrift war winzig; man konnte sie kaum mit bloßem Auge fassen.

Zu meinen schönsten und reichsten Begegnungen zählen diejenigen mit Fritz Haid, einem Aquarellisten von grandioser Vielseitigkeit und Eleganz. Er hatte die entlegensten Winkel seiner Heimatstadt München und so ziemlich sämtliche Provinzen seines Heimatlandes Bayern in vielen tausend Blättern festgehalten. Zwei oder drei Räume seiner altstädtischen Wohnung in der Leonrodstraße waren an allen vier Wänden vom Boden bis zum Plafond mit Bildern und Bildchen vollgepflastert. Hunderte hatte er dem Stadtmuseum gegen eine Pension auf Lebenszeit überlassen, ein rundes Dutzend habe ich ihm zu einem erstaunlich niedrigen Preis abgenommen. Fritz Haid, der große Münchner Künstler, ist plötzlich und unerwartet am 2. Mai 1985 gestorben.

Die Osternacht vom 6. auf den 7. April feierte ich mit meiner Gattin in unserer Pfarrkirche. Am 13. April gedachten wir zum zwanzigsten Mal unseres Hochzeitstages, wenige Tage später saßen wir im kostbar mit Altertümern ausgestatteten Feinkostrestaurant Schwarzwälder als Gäste des Bezirkstagspräsidenten Georg Klimm. Der Rest des Jahres war mit Reisen angefüllt: Nach Westberlin und Ostberlin, nach Charlottenburg und Plötzensee (Stätte grausigster Naziverbrechen), zum Neusiedlersee mit Kind und Kegel, nach Baden, ins Elsaß und für eine Woche nach Paris, die Stadt, die ich seit meinen Jugendjahren immer wieder besucht hatte; ihre architektonische Schönheit genoß ich in vollen Zügen.

In dieser Zeit forschte ich nach der Herkunft unseres raren Ortsnamens Rappoltskirchen und stieß auf die „Rappolten", genannt auch „Rapotonen", von Thaur im Inntal und von Rapoltstein im Elsaß. Rapotonen gab es auch in Niederösterreich, in Tirol, in der Schweiz und im nördlichen Oberbayern.

Im Jahr 1985 – zwanzig Jahre bevor ich diese Zeilen zu Papier bringe – schrieb ich an einen Journalisten der Süddeutschen Zeitung, der bei mir das sprichwörtliche Kraut ausgeschüttet hatte: „Daß ein gebildeter Zeitgenosse wie Sie von München als 'Deutschlands heimlicher Hauptstadt' spricht, halte ich für unangemessen, wenn nicht für ein Armutszeugnis. Auf welches Deutschland bezieht sich Ihre Wortwahl denn als auf das 1871 gegründete und 1945 (nach ganzen 74 Jahren) untergegangene kleindeutsche Großpreußen? Im übrigen mag diese Benennung auf den herablassenden Blickwinkel der Hohenzollernherrscher zurückzuführen sein, denen alles außer Berlin Provinz war, „tiefste" sogar wie dem Rentier Schnaase in Ludwig Thomas Erzählung Altaich. Daß München die Hauptstadt Bayerns ist, eines kulturträchtigen europäischen Staates, dürfte Ihnen nicht von ungefähr entgangen sein. Dieses Ihnen unbekannte Bayern erstreckt sich ja nicht nur bis Passau und Lindau, bis Hof und Aschaffenburg, nein, es schließt die Oberpfalz und Niederbayern ein, ganz Österreich und Böhmen, Prag und Salzburg, das Land des Nibelungenliedes und der Winterreise, reicht an der Donau von Stephanskirche zu Stephanskirche, von Passau bis Wien und bis Gran (Estergom), umfaßt eine zweitausendjährige Reichs- und Weltkultur. Das Muttergottesland ist, nimmt man die Jahrhunderte zusammen, bayerisches, österreichisches, böhmisches Land". Ich habe diesen Brief nicht abgeschickt.

Ruf der Zeichen

Tief beeindruckte mich die am 27. Jänner 1986 eröffnete große Spitzwegausstellung im Kunstverein an der Galeriestraße und im Preysingpalais an der Prannerstraße, die umfangreichste Spitzwegausstellung, die es jemals in München und in einer anderen Stadt gegeben hatte. Irgendwie paßte zu Spitzwegs epochaler Erscheinung mein Laurin, an dem ich „gleichsam dem Spitzweg nebenher" gearbeitet hatte. Die Vollendung dieses poetischen Opus, das im niederbayerischen Haus Dr. Rumps, der mir dazu die Anregung gab, seinen Anfang genommen hatte, fällt ins nämliche Jahr. Auf den Februar dieses Jahres fielen dann auch das Geburtstagsessen für den achtzigjährigen Turmschreiber Hans Hösl im Torbräu, meine erste Lesung im ELK bei Nanette Bald, Leiterin des „Ernsten Lyrikkreises", die Jahreshauptversammlung der Innviertler Künstlergilde in Ried und der wie jedes Jahr gefeierte Aschermittwoch der Künstler in der Münchner Bonifaz-Basilika.

Ein stattliches Nachtmahl gab es beim Wirt in Rappoltskirchen aus Anlaß meines sechzigsten Geburtstages. Auf dem Pressefoto sitze ich vor meinem Teller, meinem Besteck und meinem Glas Wein; mit im Bild sind Staatsminister Hans Zehetmair, Literaturprofessor Dietz-Rüdiger Moser, Ingrid Weltrich und der Komponist Roland Leistner-Mayer. Tags drauf wurde am Höhenweg vor dem steilen Abhang nach Kleinhündlbach die sogenannte „Bekh-Buche" gepflanzt. Im Bild war Bürgermeister Lambert Bart mit dem Spaten in der Hand, neben ihm der Spender des Baums: Helmbrecht von Mengershausen, Vorsitzender der Kreisgruppe des „Bundes Naturschutz in Bayern", dessen langjähriges Mitglied ich war.

Im selben Jahr erschienen unter dem Lektorat von Ernst Krammer-Keck meine „Liebeserklärungen an Bayern und Österreich". Ich wählte als Titel das Programm dieses Buches: „Land hinter dem Limes". Mit „hinter" war keine Richtung – davor oder dahinter –, sondern der seit Römertagen gegen die Feinde der Geschichte gerichtete Wall gemeint, mit anderen Worten: die über Land und Volk gebreitete schützende Hand der Patrona Bavariae, die auch den Ansturm der Heere des Halbmondes zurückweist. Es war das Land, wo ein bildhauerisches Genie wie Johann Baptist Straub sein Werk schafft, wo die mächtige Allerseelendichtung vom Tod und vom Trost entsteht, wo Kanonikus Balthasar Speth eindrucksvolle Reisen mit seinem Freund Johann Georg von Dillis unternimmt, wo sich der Musikhimmel Franz Schuberts auftut, wo der Jugendstilmeister Johann Baptist Schott seine imponierende Architektur ins Land stellt, wo der Königstreue Franz Xaver Maier mutigen Widerstand gegen Hitlers braune Horden leistet, wo die Dichterin Paula Grogger ihr „Grimmingtor" schreibt, wo das Lied „Tauet Himmel den Gerechten" gesungen wird und wo die Gläubigen aus dem „Schwäbischen Krippenparadies" noch nicht verstoßen worden sind.

Ich habe nie einen Zweifel daran gelassen, daß für mich zum „Land hinter dem Limes" mein geliebtes Österreich gehört, wo ich Jahr für Jahr durch den – stillgelegten – Währinger Friedhof streifte, auf dem Alma Goethe, Johann Nestroy und Franz Grillparzer begraben liegen. Sogar Beethoven und Schubert waren hier ursprünglich bestattet gewesen; die alten Grabsteine standen ja noch. Meine Erinnerungen an Wien waren stets lebendig geblieben, auch die Erinnerungen an meine Gänge auf den weit entlegenen Zentralfriedhof. Ich stand still an den Gräbern von Gluck, Brahms, Lanner, Johann Strauß und Hugo Wolf. Und natürlich hatten hier Beethoven und Schubert stattliche Grabdenkmäler bekommen. Später lebte ich in München und in dem nur ein halbes hundert Kilometer entfernten Rappoltskirchen, wo ich nahe den Wohn- und Grabstätten meiner Lieblinge zuhause war: Lachner, Thuille, Rheinberger, Ett, Aiblinger, Reger, Strauss, Orff, Haas, Genzmer und Egk.

Auf meinen Wander- und Pilgerfahrten stand ich eines Tages vor dem Kapuzinerkloster von Eichstätt. Ich suchte die Kirche zum heiligen Kreuz auf, wo anno 1140 im dämmerigen Innern des Gotteshauses das Heilige Grab, ein gewaltiges Bauwerk, errichtet worden war. Es gehörte ehemals zum Schottenkloster, dem späteren Augustiner Chorherrenstift. Erst seit 1623 nahm es die Mitte des Kapuzinerklosters ein. Pater Ingbert Naab, der aufrechte Hitlergegner, der unermüdlich und todesmutig für Fritz Gerlichs Periodikum „Der gerade Weg" schrieb, war Conventuale. Nach abenteuerlicher Flucht in die Schweiz und ins Elsaß starb der Erschöpfte und schwer Erkrankte in Straßburg. Nun lag er – von seinen Irrfahrten heimgekehrt – an der Kirchenmauer begraben. Fast konnte man meinen, wenn man die Gottlosigkeit unserer späten Zeiten bedachte, er habe umsonst gegen die Gottlosigkeit eines durchaus zeitgemäßen Regimes gekämpft. War denn die Sakralsprache nicht aus der abendländischen Liturgie verbannt worden, die jede Religion erst als Religion – religio – auszeichnete, den Buddhismus, den Islam, das Judentum, die Orthodoxie mit ihrem Pali, Altarabisch, Hebräisch und Altslavisch? Hier bei uns gab es keine Sakralsprache mehr, die vom Erklingen des gewaltigen Introitus an lateinisch war. Es war die Sprache der geschichtlichen Kontinuität, die in der katholischen Kirche jedem Gläubigen zu jeder Stunde bewußt und in der Liturgie gegenwärtig war. Ich habe dem todesmutigen Fritz Gerlich und seinem nicht weniger mutigen Freund und Mitarbeiter Ingbert Naab in meinem Buch über die stigmatisierte Therese Neumann von Konnersreuth ein Denkmal zu setzen versucht.

Und nun nahm ich meine vielen Entdeckungsfahrten auf, um die Mitte des Maimonats nach Le Barroux zu den liturgietreuen Benediktinern in die Provence, dann weiter nach Avignon und Nyons, nach Serres, Gap und Embrun (wo ich den größten Teil meines ersten Kriegsjahres verbracht hatte), nach Briançon, Chiomonte, Turin, Pavia und Mailand. Mein Sohn Martin begleitete mich auf diesen Fahrten, die mich auch nach Lindau zu meinem alten Freund und langjährigen Briefpartner Heinrich Abdallah Ludwig führten (der mir eine Büste Kaiser Konstantins hinterließ). Ich nahm und nehme mir noch immer vor, nachdem ich schon einen Teil seiner Briefe in meinem Buch „Tassilonisches Land" veröffentlicht habe, auch seine restlichen vielen Briefe (es sind hunderte mit unglaublich tiefen, weit in Geschichte, Religions- und Sprachkunde eintauchenden Gedanken überfrachtete Lektionen) der Öffentlichkeit vorzulegen.

Im Juni ging es dann auch nach Passau, nach Linz und schließlich nach Arbesbach, wo ich den letzten Erdenspuren meines Jugendfreundes Nikolaus Doranth nachforschte, der dort im April 1945 mit einigen seiner Freunde in der Wiese hinter der Kirche von freigekommenen polnischen Häftlingen des KZ's Aufhausen erschossen worden war. Eine in die Mauer des nächstbesten Gebäudes eingelassene Gedenktafel erinnert an das grausige Ereignis, das in mein Leben so tief eingegriffen hat. Wie hatte ich Nikolaus geliebt und meine Wange an die seine gedrückt, als wir uns nachts nach dem gemeinsamen Theaterspiel in der Maximilianstraße voneinander verabschiedeten, bevor jeder in seine Trambahn stieg und in entgegengesetzter Richtung nachhause fuhr. Wie innig hatte ich mein Gesicht in seinem Schoß geborgen, als wir auf der Hinterbühne des Münchner Residenztheaters unseren Auftritt erwarteten. Und nun war er auf dem Gottesacker von Arbesbach begraben, von dem er später exhumiert und in irgend einen weiter östlich gelegenen Soldatenfriedhof überführt wurde.

Es gab Zusammenkünfte der Ignaz-Günther-Gesellschaft, Versammlungen des Bundes Naturschutz (ich war Schriftführer der Kreisgruppe Erding), Lesungen in der „Seerose". Und schließlich eine Fahrt nach Kremsmünster am Todestag des Herzogs Tassilo. Der Zimmerer Sebastian Haindl brachte uns ein Brett als Stütze für Martins Cello, das bald unverkennbare Spuren des „Stachels" trug. Martin fuhr mit seiner Schwester Anna nach Deggendorf zum altbewährten Mundarttag. Sie sagten dort Gedichte in bairischer Mundart auf. Auch Volksreime, Zitate aus meiner Sammlung „Reserl mit'n Beserl" bezogen sie mit ein.

Ich suchte diese Spuren eines vergangenen Daseins in der ernüchterten Gegenwart vergeblich: Genau beobachtete ich die allgemeine Richtung des Schreckens. Jedermann wollte das Gleiche und haßte das Besondere. Die Erdenspuren der Spanier, Franzosen, Mauren, Römer und Griechen waren Zeugnisse der Ungleichheit, die es nun nicht mehr geben durfte – ich spreche von einer Steigerung des

Schönen, die tödlich ist. Einst lag der Priester während der Allerheiligenlitanei in der Osternacht flach auf dem Boden – wie ein Samenkorn, das in die Erde fällt.

Und am zwölften Juli prasselte in Trudering der Hagel taubeneigroßer Schloßen vom erzürnten Himmel. Er zerschlug das Dach meines – von mir längst verlassenen – Elternhauses, in dem noch meine uralte Mutter wohnte. Er zerschlug die Täfelung, zerbrach die Fenster. Die Spur der Verwüstung, die er hinterließ, auch im Garten, der unter einer halbmeterhohen Eisschicht begraben wurde, trieb meiner Mutter heiße Tränen aus den Augen. Sie stürzte am frühen Morgen, als ich kam und nach dem Rechten sah, aus dem Haus, weinte, klagte und schrie, wollte nicht mehr leben.

Krankheiten

Ich habe mehrere schwere, teilweise lebensgefährliche Krankheiten überstanden. Den Anfang machte im Frühjahr 1966 eine Gallenblasenoperation in der Universitätsklinik an der Nußbaumstraße. Der erste Verdacht lautete auf Herzinsuffizienz. Ich hatte ein veritables Schwert zu schlucken (mit einer Miniaturkamera an der Spitze) und mußte mich erbrechen. „Machen Sie doch keine Geschichten!" raunzte der Arzt. „Auf der Wiesn macht das ein Schwertschlucker zehnmal hintereinander!"

Ich erinnere mich genau, daß ich am Vormittag meiner Einlieferung noch einen Besuch bei unserer alten Tante Marie Feichtner gemacht hatte, von der ich mich verabschiedete, als könnte es für immer sein. Ich sehe noch, wie sie mir aus ihrem Fenster an der Herzogspitalgasse nachwinkt.

Es operierte mich der namhafte Herzchirurg Professor Dr. Rudolf Zenker. Er wohnte draußen in der Harlachinger Hauensteinstraße. Er war Arbeitgeber meiner Frau Theresia, die ich im Vorjahr geheiratet hatte. Wenige Tage vor meiner Operation wurde sie von ihrem ersten Kind entbunden, unserer Tochter Veronika. Ich besuchte sie in der Haasklinik an der Richard-Wagner-Straße. Kurz drauf stattete sie mir einen Gegenbesuch an meinem Krankenlager in der Universitätsklinik ab. Wenige Zimmer von dem meinen entfernt war am Tag vor meiner Operation der bekannte Schauspieler Robert Graf gestorben. Er hatte mir vor seinem Tod noch die Noten eines Liedes aufgeschrieben, das der Marineoffizier Keefer im Schauspiel „Die Meuterei auf der Caine" zu singen hat. (Ich spielte diese Rolle im Stadttheater von Memmingen und sprach sie im Josefstädter Theater vor, ehe ich Wien für immer verließ.) Unmittelbar nach meiner Operation stand plötzlich der Schauspieler und Freund Karl Obermayr an meinem Bett. Er hatte sich den ursprünglichen Operationstermin, der um 24 Stunden verschoben worden war, vorgemerkt. Eben aus der Narkose erwacht, nahm ich ihn nur als blassen Schemen wahr, empfand aber den Schwall sauerstoffreicher Luft, den er mitbrachte, als höchst unangenehm. Er fühlte es, stellte sein Blumenstöckl rasch ab und verabschiedete sich so schnell wie er gekommen war.

Genau erinnere ich mich daran, wie schwer es mir im Sanatorium zu Füßen des Wallbergs fiel, allmählich wieder gehen zu lernen.

Eine weit schwerere Operation mußte ich im Herbst 1997 auf mich nehmen. Kurz nach meiner Einlieferung in die Klinik starb meine Mutter. Resi besuchte mich mit Martin im Herzzentrum an der Lothstraße. Martin gestaltete die Trauerfeier, die wenige Tage vorher in der Erdinger Aussegnungshalle stattgefunden hatte, zum zweiten Mal. Er spielte getragene Weisen auf der Zither. Ich hatte in einer sechseinhalbstündigen Operation fünf Bypässe und eine künstliche Mitralklappe bekommen.

Meine Genesung machte in einer Reha-Klinik am Chiemsee nur langsam Fortschritte. Die endlose Weite des Chiemsees beeindruckte mich. Und ich verstand seinen Übernamen „Bayerisches Meer". Der jenseitige Uferstreifen war unsichtbar. Dampferfahrten machte ich an der Seite meiner Gattin, zuerst nach Frauenchiemsee, wo wir Schritt für Schritt um die Insel wanderten und uns von der Äbtissin durch das Kloster führen ließen. Beim nächsten Besuch meiner Frau ging die Schiffahrt nach Herrenchiemsee. Der hügelig ansteigende Weg zum prachtvollen Königsbau fiel mir schwer. Die Schatzkammer des Zweiten Ludwig beherbergte in einer Glasvitrine die auf dem Titelblatt reich verzierte Partitur der Achten Symphonie von Anton Bruckner. Der Komponist hatte sie vor hundert Jahren dem bewunderten unglücklichen König geschenkt. König Ludwig II. von Bayern war der Widmungsträger.

Besuche bei Joseph Fruth

Schon zweimal war ich im Schloß Fürsteneck, genauer im kleinen Schloßwirtshaus Übernachtungsgast gewesen. Mich trieb es in die Nähe von Joseph Fruth. Nach dem frühmorgendlichen Blick hinunter ins tief hinabgesunkene baumgrüne Tal, aus dem der Schloßberg heraufragt, bin ich dann zur Schloßpforte zurückgegangen, hart vor der ehemaligen Zugbrücke, zur sogenannten „Alten Wache". Der Künstler arbeitete unter dem Blätterdach von Ulmen, Ahornen und Eschen in seinem kleinen Atelier wie ein Besessener. Er tauchte aus einem Berg von Zeichnungen und Sepiablättern auf und begrüßte mich, während er nach vorn ins Eingangszimmer trat, mit seiner unverwechselbar sanften Stimme. Der Lebensfluß des Malers war die schwarze Ilz, die den Fuß des Berges umspülte. Meine Gattin und ich waren am Vortag, bedrängt von hunderten stechbereiter und stechender Staunzen, am grüngesäumten Ufer der Ilz entlanggewandert.

Hier in der Alten Wache hatte Fruth mit seiner Familie – seiner Frau und seinem Sohn Gunter – eine beständige Heimat gefunden. Die Katzen, die im Atelier herumstrichen, die Waldkäuze als nächtliche Fenstergäste, die in zahlreichen Zeichnungen, Hinterglasbildern und Gedichten Fruths immer wiederkehrten, gehörten in seine Welt. Fruth war eng eingesponnen in eine – nur scheinbar – kleine Welt. Er hat keine Reisen gemacht. Einige wenige Kilometer wären für ihn schon weiter gewesen als für die Narren unserer Tage ein schneller „Trip" nach Amerika. Wer ihn sehen wollte, mußte zu ihm kommen.

Das schreckliche Waldsterben einerseits und andererseits die Vertreibung der Dämonen und Waldgeister aus den Geflechten der Natur hat ihn tief bewegt und zu bewegenden Werken angeregt. Der Seher des Waldes – ein zweiter Mühlhiasl – starrte in die Skelette absterbender Bäume. Auch in seinen Augen sah der Wald längst aus „wie dem Bettelmann sein Rock". Fruth hat die Entwurzelung des Menschen, die zerrissenen Fäden seiner Bindung an die Natur, den gesamten Ungeist der Weltzerstörung ebenso dargestellt wie das Kruzifix am Wegrand, am Rande des Waldwegs, das für die Verkehrstoten errichtet worden ist. Er hat sich auch mit dem Danaergeschenk auseinandergesetzt, mit der Gentechnik, mit der Atomenergie. Auf einem seiner Bilder setzt ein riesiges Insekt über drei sich in der Qual krümmende Menschen hinweg. Und Fruth schreibt als Titel darunter: „Die Kleinen werden groß, die Großen werden klein sein".

„Wohin mit uns?" fragt er in einem Hinterglaswerk, wo eine Nixe dem verseuchten Gewässer entflieht. Seine Franziskus-Darstellung ist die großartigste, die ich kenne. Unter dem Titel „Wendezeichen" versammelt er um Franziskus alle Tiere, die er zeitlebens mit überzeugend knappen Strichen gezeichnet hat, Pferde, Ochsen, eine Katze, eine Taube, einen Wolf. „Wir hängen die Psyche, wir hängen das

Verletzliche an einen Starkstrommasten", sagte er zu mir schon, als ich ihn zum erstenmal besuchte. Er deutete dabei auf diese Darstellung: „Das ist die Kreuzigung unserer Zeit". Und er war sich, so schien es aber vermutlich nur, des Doppelsinns dieser Aussage bewußt.

In einer Kurzbiographie zeigt Fruth, wie man sein Wesen auf das Waldwesen zurückführen kann: „... Auf historischem Boden im brauchtumsgesättigten Dorfleben, inmitten von Waldbergen, im gewässerreichen Ohebogen, hatte meine Kindheit eine besondere Prägung. Alte Masken, die schon mit der herbstlichen Dreschersuppe aufkamen, gaben ihr ein magisches Gesicht. Schon der Zustand des Kindes, ich war bis zum dritten Lebensjahr kränklich, trug vielleicht im voraus zu meiner späteren Entwicklung bei..."

Der Volkskundler Reinhard Haller schrieb über den Magier der Farbe: „ ...stillen Widerstand hat er geübt gegen die absolute Herrschaft des Verstandes, gegen alle Verfremdung, Fernsteuerung und Numerierung, gegen die entseelte Virtuosität und technische Perfektion des überzivilisierten Lebens. Fürsteneck war für ihn und seine Familie weder Wagenburg noch Nostalgie. Vielmehr die Ortung der ersten Einordnung in die Gemeinschaft und der daraus erwachsenden Identität. Seine Bilder sind eine Galerie des Zuspruchs und der Hilfe. Mit magisch-personalen und mythisch-symbolischen Bezügen. Archetypen, die tief in unsere Existenz abgesunken sind und in seinen Bildern wieder zur Wirklichkeit erweckt werden ..."

Der Dichter und Maler Fruth hat unter der Entzauberung unserer Welt gelitten wie kaum ein anderer. Er übersetzte sein Leid in das bei ihm immer wiederkehrende beklemmende Bild vom „Tod des Einhorns". Er meinte den Mythos, die uns noch unbekannte Tierart, die ganze Lebensfülle, die wir ausrotten. Er hat seine Angst mit dem dreifachen Pfeil im Herzen des Einhorns versinnbildlicht und darunter geschrieben: „Das Seltene ist am allermeisten bedroht".

Das Fließende, das Wesen des Strömenden kann man kaum besser beschreiben als Joseph Fruth es einmal in einem seiner schönsten Gedichte tat. Fruth hat uns nicht nur mit seinem graphischen Werk, sondern auch mit seinen Dichtungen die Erkenntnis geschenkt, daß ein Bild, ein Gedicht, ein Lied oft – wie Hubert Weinzierl einmal sagte – „mehr bewegen kann als eine politische Demonstration oder ein wissenschaftlicher Kongreß".

Mädchen am Ufer

Schmal blühen auf zarten
Stengeln die Rispen.
Es atmen – verschwistert
das Ufer zu tragen
hinein in den Abend –
die wehenden Gräser.

Ein Antlitz, im Neigen
von nachtdunklen Locken
umwoben, es leuchtet
darin, wie die Seele
der Wälder und Wasser
in goldgrünen Wogen.

Von Anmut getragen,
im Zeichen der Jugend
verschwistert der Wildnis,
dein Mädchenbildnis
am Ufer des Ursprungs.

Die Kälte des Todes

Verlust der Bilder

Joseph Fruths Pinselzeichnung „Alter Jahrmarkt" konnte man wirklich ein Bild nennen. Wie ein einziges reiches Ornament waren von ihm die überquellenden Stände, die gefüllten Körbe, die geschulterten Säcke, die schwankenden Waagschalen, die feilgebotenen Ochsen hintereinander gestaffelt. Mir wurde diese Zeichnung am selben Tag überreicht, als der Papst nach München kam. Es war der 3. Mai 1987. Ich stand weit im Hintergrund, noch außerhalb des Durchgangs in den Herkulessaal, und konnte vom Pontifex, der erhoben am anderen Ende des menschenerfüllten Saales thronte, jede Regung, jede Bewegung verfolgen.

Am 11. Juni machte ich – von Theresia begleitet – eine große Fahrt nach Dijon (das ich schmerzlich wiedererkannte), nach Beaune und Autun – gepriesen sei das kleine Hotel gegenüber dem Bahnhof –, nach Avallon, Parais le Monial, Cluny, Chalons s. Saone. Mit Martin fuhr ich einige Wochen später zur Priesterweihe nach Zaitzkofen. Erhebend war das Bild, wie bald hinter jedem Busch und Strauch vor einem auf niedrigem Hocker sitzenden schwarzgewandeten Pater ein Beichtender kniete. In Regensburg setzte ich Martin bei P. Emmeram ab, wo er eine Woche lang blieb. Auf der Reise zu den Festspielen am Neusiedler See waren alle Kinder dabei, ebenso in Ettal, wo ich mich eine weitere Woche lang aufhielt. Am 30. Oktober wurde im Cuvilliéstheater wie alljährlich der Bayerische Poetentaler verliehen, dieses Jahr an Leo Kammerer, Ottfried Preußler und Karl Heinz Schickhaus, ein festliches Ereignis. Neben Resi saß ich auf einem der rotgepolsterten Sitze der ersten Reihe. Zwölf Tage später feierte Martin – festlich wie alle anderen Familienmitglieder – seinen

Namenstag. Und nun hob für mich eine Serie von Dichterlesungen an, die sich bis Ende Mai des folgenden Jahres hinzog, in Moosburg, Dorfen, Ried, Simbach, Finsing, im Isartorturm, im Kolpinghaus und im Künstlerhaus von München, in Gelting beim Freund Roland Leistner-Mayer und in Deggendorf.

Im Juni kam ich mit Resi nach Urbino, die Stadt Raffaels, und empfing unauslöschliche Eindrücke vom Prunk des Dogenpalastes. Bergauf, bergab wanderten wir zwischen den stuckierten Hausfassaden hin und her und konnten uns nicht sattsehen.

Im August wohnten Dr. Karl Plunger aus Eppan und Michael Rabjohns, der akzentfrei deutsch sprechende junge Amerikaner, bei uns. Höhepunkt des Jahres 1988 war ein Konzert mit Reinhold Buhl, dem bekannten Solocellisten des Münchner Rundfunksymphonieorchesters. Wir ließen ein Programm drucken, auf dem zu lesen war:

Einladung nach Rappoltskirchen

Am Samstag, 29. Okt. 1988, 17.30 Uhr
zur Erquickung der Kunstseele, des Geistes und Leibes

REINHOLD J. BUHL
Solocellist des Symphonieorchesters des Bayer. Rundfunks,
dem Hause im Geiste Cäciliens verbunden,

spielt Musik von
Domenico Gabrielli, Johann Sebastian Bach,
Hans Werner Henze und Max Reger.

Danach ist sicher Zeit für angeregte Gespräche über künstlerische und benachbarte Themen bei einem guten Tropfen.

Theresia Cäcilia und Wolfgang Johannes Bekh

U.A.w.g. baldmöglichst 08084/430

Auf das Deckblatt der Einladung hatte unser Sohn Martin einen Linolschnitt gesetzt. Er zeigte unser Hausportal und eine aus dem Guckfenster im ersten Stock flatternde Rautenfahne, die auf einem ausgesparten Fleck den Buchstaben M (für Martin) trug.

Buhl, den ich beim Essen in der Rundfunkkantine kennengelernt hatte, warf sich in unserem Eck- und Spielzimmer (so genannt nach dem dort häufig frequentierten Klavier) in Schale, einen eleganten Frack, ehe er sich mit seinem altkostbaren venezianischen Instrument im geräumigen hinteren Teil des ehemaligen Schulsaals in Positur setzte.

Dieser Abend bescherte mir und unseren Gästen, die in dichten Reihen saßen, ein unvergeßliches Cello-Solokonzert. Jedes der Werke – das war das besondere an diesem Abend – wurde zweimal gespielt und dazwischen erläuternd über die betreffende Komposition gesprochen. Martin, der nicht nur ein hervorragender Zitherspieler war, sondern in dieser Zeit auch Cello spielen lernte, konnte sich nicht satthören, spitzte die Ohren und sah dem Meister genau auf die Finger.

Zu einem aufregenden musica-viva-Konzert mit der Uraufführung einer Symphonie meines Komponistenfreundes Heinz Winbeck fuhr ich nach München. Das Konzert fand im Herkulessaal der Residenz statt, wo ich den Papst zuoberst einer begeisterten Menschenmenge thronen gesehen hatte. Im selben Jahr gab es Vorträge im Prinzregententheater beim „Kontaktkreis" unter Leitung des Abgeordneten Erich Schosser, dem ich zeitlebens dankbar für das von ihm gegen vielfältigste Widerstände durchgesetzte Denkmalschutzgesetz blieb.

In den Jahren zwischen 1987 und 1990 brachte ich mehrere neue Bücher heraus: Eine Sammlung bairischer Redewendungen unter dem Titel: „Nur da Not koan Schwung lassn" und einen weiteren Band europäischer Seherstimmen, dem ich einen abschreckenden Titel gab: „Am Vorabend der Finsternis". Simone Dattenberger besprach im Münchner Merkur meinen neuen Roman „Laurin – Beschreibung eines Innenraums", die dichterisch freie Gestaltung der Rosengartensage. Weitere Rezensionen dieses Buches verfaßten Gesine Goetz in der Süddeutschen Zeitung und Reinhard Wittmann in der Literaturzeitschrift „Charivari". Ein Kapitel kam im Hörfunk zur Lesung. Dieses Buch ist mir immer eines meiner liebsten geblieben. Um was es mir dabei ging, zeigte schon der Schutzumschlag, die von Alart du Hameel gestaltete Schmuckleiste zu Maurice Maeterlincks Buch „La Sagesse et la Destinée" (Weisheit und Schicksal). Als Motto setzte ich darüber: Abii, excessi, evasi, erupi. Die Farben, die ich in diesem Buch variierte, gehörten den Rosen, dem Blut, dem Feuer.

Über den Brunnenbauer von Freilassing schrieb ich 1990 als Frucht mehrerer Reisen ins Salzburgische und nach Hallein, wo ich mich einen Tag lang mit Maria Freinbichler, einer Tochter Alois Irlmaiers, unterhielt. Im Jahr 1990 stellte ich dann mein Buch „Von Advent bis Lichtmeß" mit Geschichten, Gedichten und Gedanken zur Winter- und Weihnachtszeit zusammen. Erscheinungsort war diesmal die Verlagsanstalt Bayerland in Dachau. Eine Neuausgabe meines Erstlingsromans „Apollonius oder Unterhaltungen mit dem Tod" erschien unter der Redaktion von Angela Sendlinger im Ludwig-Verlag, der von Pfaffenhofen in das Verlagshaus an der Goethestraße übersiedelt war.

Einmal saß dort, als ich eintrat, ein anderer Schriftsteller, ein Dichter sogar, mit Namen August Kühn, der eigentlich Rainer Zwing hieß und mit seinen Arbeiterromanen, etwa „Zeit zum Aufstehn", verdienten Erfolg hatte. Er lud mich in sein bescheidenes Landhaus ein, doch leider hatte ich nicht das Glück, ihn näher kennenzulernen, weil er wenige Wochen später völlig überraschend starb.

Noch einmal durchs Jahr

Der Kreislauf des Jahres 1988 hob an mit einer Lesung im Schloß Fürstenried. Schwer zu begreifen war bei einem Blick aus dem hohen kleinteiligen Saalfenster auf das vom gischtenden Brunnenwasser vernebelte Gartenparterre, daß hier König Otto im heillosen Wahnsinn getobt hatte ...

Dann selige Maitage in Rom und schließlich ein Besuch im Schloß Kalling, das ein Gönner aus München zur alten Pracht wiederhergestellt hatte. Einer Fahrt nach Braunau zum Freund Gottfried Glechner folgte unweigerlich eine weitere Fahrt nach Pramet und Enzenkirchen, wo in seinem Kramerhaus der musische Freund Richard Eichinger emsig werkte, zum Lippacher Sepp in Wesenufer an der Donau, zu Carl Hans Watzinger nach Linz und schließlich zur Passauer Oberhaus-Ausstellung mit Bildwerken von Hans Wimmer. Nach Wien reiste ich um die Monatswende vom Juli auf den August. Ende des Monats fuhr die Familie nach Kiefersfelden zu den Ritterspielen. Einen Gang durch die Pariser Friedhöfe Montparnasse, Montmartre und Père Lachaise unternahm ich in einer sonnigen Oktoberwoche. Herbstferien verbrachte ich in Kaltern am See, schälte „Keschtn", ließ mich von einem Einheimischen über die Laren und Penaten belehren, hörte von den Saulven, Ladinern und Gagen, wanderte durchs Ahrntal nach Sand in Taufers und ging den Bruckweg in Luttach. Im oberösterreichischen Schloß Feldegg las ich als Gast der Familie Hanreich über den Dichter Richard Billinger. Die Bairische Weihnacht gestaltete ich am 16. Dezember nach Waggerls Beispiel in der Erdinger Stadthalle.

Marmorner Schlaf

Dann fuhr ich mit meinem Sohn Martin tief ins Oberösterreichische hinein, genauer gesagt nach Fallholz zu seinem Brieffreund Zechmeister. Er hatte den Buben kennengelernt, indem er eine Briefbotschaft per Luftballon auf die Reise schickte und eines Tages Antwort aus Österreich bekam. Nach einer Pause von vierzehn Tagen fuhr ich mit Martin im Auto quer durch die Schweiz nach Le Barroult in der Provence. Martin saß neben mir auf dem Beifahrersitz und schrieb auf, was ich ihm diktierte. So pflegte ich es immer zu tun, wenn meine Frau neben mir saß. Nun war es der Sohn, der mir bei der Konzeption meines nächsten Buches behilflich war. Um sieben Uhr früh fuhren wir in Rappoltskirchen los. Martin, der seine „religiöse Phase" hatte (ihm konnte es im Haus nicht genug Weihwasserkessel geben), betete einen Rosenkranz nach dem anderen. Und ich betete mit. Um zehn Uhr waren wir in Zürich. Als wir in der Gegend von Olten durch herrliche Laubwälder fuhren, stieß ich ihn heftig an und diktierte: „Olten. Laubwälder". Dieser Zettel überdauerte die Jahre. Und immer, wenn ich ihn zur Hand nahm, stand in den weiten Hallen der Erinnerung diese Fahrt auf, der auch ein Vierzeiler angehörte, den ich meinem Sohn unterwegs – es mag um Lausanne herum gewesen sein – diktierte:

> *Nächtens pocht es an die Türe.*
> *Frag ich bange: Wer ist dort?*
> *Fühl ich's um den Hals wie Schnüre,*
> *möchte fliehn von diesem Ort.*

Einer Flucht glich in der Tat meine Fahrt zur Cote d'Azur, obwohl eigentlich eher Martin Anlaß zur Flucht gehabt hätte, denn ihm war die Kälte des Todes in diesem Jahr nicht weniger als dreimal durch Mark und Bein gegangen. Der Nachbar Johann Schafhauser, der sich „Sturz" schrieb

– wir hatten ihn gut gekannt – erhängte sich an einem Balken seines Dachbodens. Helmut Engel, ein Gleichaltriger, der sich meinem Buben anschloß wie eine Klette und ihn in den Wald mitnahm, setzte sich eines Tages mit seinem an Martins Stelle neu gewonnenen Freund ins Auto, blieb am Eingang ins Holz stehen und leitete mit einem Schlauch die Auspuffgase ins Wageninnere. Als man die beiden leblos fand, hielt Helmut Engel einen Zettel in Händen, eine Art Testament, auf dem zu lesen war, daß die Beiden sich wünschten, im selben Sarg bestattet zu werden. Der Dritte, den Martin verlor, war sein englischer Brieffreund Matthew Denning. Auf geheimnisvolle Weise starb er, als er beim Spiel einen harten Fußballstoß gegen den Oberschenkel erhielt. Viele Briefe hatte Martin von ihm bekommen. Und nun traf ein Brief seiner Mutter bei uns ein. Ich stutzte, als ich auf dem Brief, den ich in Händen hielt, nicht mehr die gewohnte Handschrift von Matthew, sondern die Schrift einer fremden Hand las. Wir saßen auf den Stufen vor der Haustür. Ich überreichte Martin den Brief. Er erbrach ihn und las – ich werde es nie vergessen, wie sein Gesicht vom einen Augenblick auf den andern mit Leichenblässe übergossen wurde.

Laurin

Ich habe das Schicksal Matthews später in meinen Roman „Laurin" aufgenommen und meinen Knabenhelden Matthew auf die Weise seines Vorbildes sterben lassen. Seine Mutter zeigte sich von meinem Werk, das ich ihr geschickt hatte, tief beeindruckt. Sie ließ sich die große Todesszene von einer befreundeten Lehrerin ins Englische übersetzen und trug diese Blätter immer bei sich.

Die Übersetzerin hatte folgende Überschrift gewählt: Extract from the book „Laurin" – dedicated to the authors son Martin in memory of his pen friend Matthew Charles Denning of Kingswood, who died aged 15 yrs 13/4/84.:

Matthias was lying in front of the stand in the trampled grass, holding his left leg. The arrow had hit him below the knee. It was no longer there as it had rebounded off the shinbone, but the iron tip had left a deep gash. It didn't appear broken but the pain must have been terrible because the boy didn't scream but struggled for breath, panted, pumped his lungs full as if they could hold nothing, wheezed badly, grasped for air, panted and puffed. It was a wretched sight.

So fuhr ich also mit einem Todeskundigen bis Le Barroult zu den traditionstreuen Benediktinern, bei denen ich mich schon einmal eine Woche lang aufgehalten hatte (damals mit Remigius Geiser, meinem lateinischen Gesprächspartner). Ich machte Abstecher nach Nimes, Arles, Orange und Avignon, während Martin im Kloster blieb und sich bei der Lavendelernte nützlich machte. Lateinisch wurde freilich bei diesem Aufenthalt nicht gesprochen, dafür umso mehr französisch. Und es ging bei den Gesprächen, die Martin mit gleichaltrigen Gästen in französischer Sprache führte, um die alte römische Kirche, vor allem um Erzbischof Lefebvre. Dies war in einem traditionstreuen Haus naheliegend. Martin machte mir jedenfalls Hoffnung, er könnte meine unter Qualen gewonnene kirchliche Haltung teilen.

Herbert Rosendorfer

Nach Rappoltskirchen heimgekehrt, hatte ich eine folgenschwere Auseinandersetzung mit dem Schriftsteller Herbert Rosendorfer. In einer namhaften literarischen Zeitschrift hatte er sich in herabsetzender Weise über die alte Kirche ausgelassen. Was mich aber am allermeisten erboste, war seine Behauptung, daß die Sprache von Hersbruck und Lauf echt fränkisch sei. Und er führte Fitzgerald Kusz als Beispiel an. Dabei ist sie oberpfälzisch wie sie oberpfälzischer nicht sein könnte, wo doch schon der Oberpfälzer Johann Nepomuk Ringseis gar die Nürnberger Mundart dem Altbairisch-Oberpfälzischen zugeordnet hatte.

Ich schrieb sofort einen Leserbrief für dasselbe Blatt, in dem ich mich heftig von Rosendorfer distanzierte. Vielleicht tat ich es bei einem Mann, mit dem ich stets harmoniert hatte, allzu heftig. Jedenfalls unterdrückte Kurt Wilhelm, neuer Vorsitzender der Münchner Turmschreiber, diesen Brief und legte mir wenig später sogar nahe, mich um eine Verständigung zu bemühen. Auch Rosendorfer war Turmschreiber. Und Wilhelm duldete kein Zerwürfnis zwischen Turmschreibern. Ich sah es ein und schrieb also einen eher humorvollen als zerknirschten Entschuldigungsbrief an Rosendorfer. Vielleicht hätte ich wirklich „in Sack und Asche", womöglich auf Knien vor Rosendorfer erscheinen sollen, um seine Vergebung zu erlangen. Er schrieb mir unverblümt – als habe ich mir eine Majestätsbeleidigung zuschulden kommen lassen – er erwarte von mir eine „totale" Entschuldigung. Zu dieser kam es begreiflicherweise nicht, da ich mein „Vergehen" nicht so verzeihlich wie der Gekränkte fand. So blieb unser Verhältnis – eine Ausnahme in meinem Verhältnis zu Schriftstellerkollegen – gespannt bis frostig und hat sich nie wieder normalisiert. Rosendorfer half kräftig nach, indem er sich weigerte, noch einmal mit mir gemeinsam auf einer Bühne zu stehen, ja sogar jeder zufälligen Begegnung mit mir auswich. Im Prinzregententheater ging er mir wirklich aus dem Weg. Und im Ismaninger Fernsehstudio weigerte er sich, mit mir zusammen vor das Publikum zu treten. Ich mußte mich, solang er da war, in der Kantine verstecken.

An Reisen mangelte es im kommenden Jahr nicht, etwa zu Lesungen nach Plattling (ins Bürgerspital), in den Bründlhof nach Wartenberg, nach Köblitz, Dingolfing und

Regensburg, nach Ismaning, Burgharting, Aichach, Landau, Petershausen, Altötting, Ramersdorf, Eichenau, Grafing, Kirchheim, Algasing, in die Münchner Kleine Komödie, ins Ludwig-Thoma-Haus (die „Tuften"), in die Münchner Kirche Sankt Bonifaz, nach Vohburg, Ried und Schwand.

Carl Amery hat angerufen ...

Am 19. April hatte mich Carl Amery angerufen und um zehn Zeilen gebeten. Thema: Die ökologische Problematik. Am 21. April rief ich zurück und kündigte meine Zeilen an. Ich schrieb auch wirklich und hörte mich wenig später von Amery in einem Vortrag zitiert. Zwischenzeitlich folgten Fahrten zu Roland Leistner-Mayer, der damals noch in Gilching wohnte, zu Irmgard Schmoll von Eisenwerth nach Osternberg und Carola Glechner nach Braunau, zum Wolfgangsee mit Veronika und Martin. Der Bub rutscht auf einem abschüssigen, mit Rieselgeröll bedeckten Asphaltweg aus und schürft sich das Knie blutig. Im Ischler Krankenhaus wird er genäht. Statt nun zum Quartier zurückzufahren, besuche ich mit beiden Kindern das Bergwerk von Hallstadt, werde auf der Rückfahrt von einer die Kurve schneidenden Autofahrerin mit Wucht gerammt, bin manöverierunfähig und muß einen Leihwagen für die Fahrt zu meinem Quartier nehmen. Frau Schnitzer, die Vermieterin, schlägt vor Schreck die sprichwörtlichen Hände über dem Kopf zusammen.

Wochen später fahre ich mit Resi nach Marienbad und Karlsbad, anschließend nach Waldkirchen zum jungen, sehr geselligen Landwirt Gatterbauer und zu Pfarrer Renoldner. Ohne Begleitung geht es nach Florenz, San Gimigniano, Orvieto, Rom, Ravenna, Mestre und Venedig, dann drei Tage nach Wesenufer zum Lippacher Sepp, schließlich zu Reinhard Haller nach Frauenau, zu Robert Link nach

Waldhäuser, zum Verleger Stecher nach Grafenau, zu den Stifter-Gedenkstätten von Lackenhäuser und an den Plöckensteinsee. Der Blick fällt von den Urwaldhöhen steil zum tief unten liegenden dunklen Wasserspiegel ab.

Ich fahre zum Turmschreiberstammtisch in die „Hundskugel", zu einer Lesung in die Kleine Komödie, nach Köchlham zum Hunderennen, zum Zirkus Krone nach München, zum Schwedenspiel nach Erding, zu einer Kundgebung gegen die zerstörerische A 94 nach Dorfen, zu Besprechnungen mit Landrat Weinhuber, Graf Soden und Hans Unterreitmeier, zu Veronikas „Aussegnungsfeier" (sie tritt ihre erste Arbeitsstelle als Kirchliche Gemeindereferentin in Moosburg an), zur Präsentation meines Irlmaier-Buches in der Residenz-Bücherstube und zu einer Schloßführung nach Regensburg als Vorbereitung meines Thurn-und-Taxis-Romans „Des geheimen Reiches Mitte".

Der Priester als Opfer

Es war davon die Rede, daß Martin und ich auf unserer Fahrt nach Le Barroult im Automobil den Rosenkranz beteten. Kaum waren wir mitten im Hochwald aus unserer Thalheimer Straße in die Bundesstraße eingebogen, hob er zu beten an, mit einer Dringlichkeit und Ernsthaftigkeit, daß ich geradezu in den Strom des Gebets, der stundenlang anhielt, hinein- und mitgerissen wurde.

Unterwegs zu einer Priesterschaft von ungeahnter Innigkeit und Beharrlichkeit fing er an, ganz allgemein über das Priestertum zu sprechen, so daß ich heftig wie nie zuvor den Wunsch mit ihm teilte, er möge einst Priester werden. Er hatte mir ja auch von seiner Radfahrt nach Britannien geschrieben, die ihn quer durch Frankreich zur Mutter seines verstorbenen Brieffreundes Matthew, also mitten durch ein Land voller Kirchen (gleichsam von Kirche zu

Kirche) geführt hatte. Martin hatte mir in mehreren dicht aufeinander folgenden Briefen geschrieben, daß er sich, als er unserem alten Pfarrer einmal ministrierte, schlagartig an dessen Stelle die heilige Messe zelebrieren gesehen habe. „Der Priester" sprach er nun auf unserer Fahrt, „geht aus der Zeit in die Ewigkeit, aus dem Tod ins Leben. Er bringt sich selbst zum Opfer dar". In französischen Kirchen hatte er bei Gottesdiensten die Fürbitten gesprochen. Die geistlichen Herren achteten den jungen Menschen, der seine Zukunft als Kleriker sah.

Ich hatte auf dieser gemeinsamen Fahrt so deutlich wie nie zuvor empfunden, daß mein Sohn Martin sich selbst auf dem Weg zum Priestertum sah. Und er leitete seinen Weg von der Liebe her, wenn er sagte: „Es gibt keine größere Liebe, als sein Leben zu geben für jene, die man liebt". Die Mauern (mußte ich unwillkürlich denken) – die Hostie, der Tabernakel – die unverzichtbarer Schutz für die einzige, heilige, apostolische Kirche sind, werden scheinbar – aber eben nur scheinbar – dünner durch den Geist des Gebetes. Und Martin sprach auf dieser Fahrt, wie ich ihn bisher noch nie sprechen gehört hatte: „Die Kirche muß sich von denen trennen, die kein Weihepriestertum wollen. Von eben diesen verweltlichten kirchlichen Kräften werden oft junge Menschen daran gehindert, Priester zu werden".

Ich mußte meinem Sohn recht geben, denn Christus war es ja, der gesagt hatte: Das ist *mein* Leib. *Ich* spreche dich von deinen Sünden los. Ebenso spricht jeder Priester in der Person Christi, das ist Gottes, wenn er sagt: „Ich darf, ich kann, ich muß – um der Person Christi willen".

Martin gestand mir auf dieser Fahrt – als Konsequenz des vorangegangenen Gesprächs, gleichsam als Tupfen auf dem i – und wurde nicht müde, davon zu erzählen, daß er Thomas Kempens vier Bände von der Nachfolge Christi als Dünndruckausgabe der Herder-Bücherei erworben und gelesen habe. Als wir schon lang auf dem heiligen Berg von

Le Barroult, einer baumlosen Höhe, angekommen waren, wo hinter hohen Gerüsten die Mauern immer noch in die Höhe wuchsen, fand er sich bald ins Gespräch mit einem der dortigen jungen Priester vertieft, mit dem er sich – da dieser des Deutschen nicht mächtig war – in französischer Sprache und schließlich sogar auf lateinisch unterhielt, was dieser gern und flüssig tat. Martin, der eine hervorragende Abiturnote in Latein heimgebracht hatte (worin seine Schwestern ihm nicht nachstanden), sagte: „Die heilige Messe ist stete Erneuerung des Opfers auf Kalvaria. Doch leider machen wir, gerade in der Pfarrei, aus der ich komme, die Erfahrung, daß in der nachkonziliaren Kirche alles erlaubt ist, ausgenommen die alte römische Messe". Der junge Priester nickte zustimmend: „Um der Gerechtigkeit willen muß ich sagen: Genau genommen sind wir hier Gefolgsleute von Dom Gérard, der diese gewaltige Kultstätte aus dem Nichts des kahlen Berges Stein auf Stein errichtete, denn wie kann man den Glauben weitergeben, wenn man nicht voll des Glaubens ist".

Lösung vom Vater

Ich habe nie herausgebracht, was meinen Sohn von dieser ehedem so deutlich zur Schau getragenen kirchlichen Haltung abgebracht haben könnte. Wenn es der bestürzende und alle Maße der Jahrhunderte sprengende Bodenverbrauch der Konsumgesellschaft gewesen wäre, der von uns beiden unterschiedlich gedeutet wurde, so hätte ich es vielleicht noch verstehen können, denn dies war ja eine Haltung, die mit einer linken politischen Richtung noch zu erklären gewesen wäre. Nein, der Natur- und Artenschutz war es keineswegs, der uns von Tag zu Tag, seit er im Priesterseminar lebte, mehr trennte. Angefangen hatte es mit seiner veränderten, von den väterlichen Leitgedanken abweichenden Haltung schon früher. Martins Wandlung war ein schleichender Prozeß, den ich viel eher schon als ganz natürliche Loslösung von der vielleicht allzu beherrschenden väterlichen Weltanschauung hätte zu begreifen lernen sollen. Mein Eintreten für die alte Kirche war ja so heftig, so unbedingt und so intolerant, wie das nur bei Konvertiten vorzukommen pflegt. So linksliberal mein Weltbild einmal gewesen war, so bewahrend war es inzwischen geworden, für einen jungen, stürmenden, ungefestigten Menschen wie meinen Sohn eher ein Greuel als ein nachahmenswertes Beispiel.

So fragte ich ihn eines Tages unumwunden, woher denn seine Abneigung, ja sein Haß gegen die Sprache der Kirche komme, das Latein? Ich erhielt keine Antwort, sondern ein vielsagendes oder nichtssagendes Schulterzucken. Ich blieb beim Thema und erinnerte ihn daran, daß er doch einmal Pfarrer werden und in seiner Heimatpfarrei tätig sein wollte. Gelte das alles nichts mehr?

Martins Wut über manches Gestottere unseres alten Pfarrers bei der Präfation, die dieser – selten genug, höchstens zweimal im Jahr – auf lateinisch las, gab sich immer deutlicher nicht als Wut über das Stottern, sondern über das Latein zu erkennen, das er in der Kirche überhaupt nicht mehr hören wollte.

Er legte das „Komm-mit"-Heft mit einem Interview des Paters Recktenwald von der Petrusbruderschaft, der sich einig mit Rom und dem Vatikan äußerte (kirchentreuer konnte man schlechterdings nicht sein) achtlos und ungelesen beiseite. Und das, obwohl dieses Heft lauter Zitate von Kardinal Ratzinger, ja von Papst Johannes Paul enthielt. Er wollte dieses Heft nicht lesen, weil die darin vertretene Haltung nicht progressiv war. Deutlich sagte er es mir: „Ich habe früher ein anderes Priesterideal gehabt".

Unübersehbar war ja, daß der Papst und der Präfekt der Glaubenskongregation die Zerstörung der krichlichen

Kontinuität vermeiden und die Gleichberechtigung der klassischen Meßliturgie neben der modernen durchsetzen wollten. Unübersehbar war aber auch die Angst vieler Bischöfe vor den Tücken der Zeit und vor der neuheidnischen Presse, war ihre im Gegensatz zu den Aposteln und Evangelisten bekundete Feigheit.

Martin lehnte nicht nur die alte Messe ab, er billigte nicht einmal die neue Messe, wenn sie lateinisch zelebriert wurde. Er schwamm wie ein toter Fisch mit dem Strom der linken Theologen, der „Jugendbewegten", der „Ökumenisten" und aller Spalter seit Luther, Calvin und Döllinger. Ihren Nachbetern waren ja die Bewahrer um Lefebvre und Recktenwald ein Greuel. Dazu paßte, daß ihm meine Arbeit über den glaubenstreuen Brunnenbauer Alois Irlmaier gründlich mißfiel. Er lehnte auch Don Gobbi und die marianische Priesterbewegung ab. Von Erik Ritter Kühnelt-Leddin ganz zu schweigen, dem es nicht hätte passieren können, die französische Revolution mit Demokratie zu verwechseln.

Hatte ich es wirklich verdient – fragte ich mich –, daß er mir diesen unsagbaren Schmerz bereitete? Was hatte ich denn falsch gemacht im Gegensatz zu Speckbacher und Ettelt, wo der Sohn dem Vater folgte? Wohin ich mich auch umsah, immer folgte der Sohn dem Vater (nicht nur bei Handwerksmeistern), warum gab es in meinem Fall diese Schwierigkeiten? Ich hatte ihn doch nie zu etwas gezwungen.

Das war eben der Irrtum: Mein Sohn – der ja auch andere Argumente hörte – hatte sich bei mir nie frei gefühlt. Und gewiß schüttete ich nun das sprichwörtliche Kind mit dem Bad aus, wenn ich trotzig sagte: „Lieber gar kein Geistlicher als ein modernistischer". Ich hatte Angst vor Martins Entwicklung und fragte mich, ob ich sie auch noch finanziell unterstützen sollte. Denn: Wie kam ich dazu, „Toleranz" gegenüber einer intoleranten kirchlichen Entwicklung zu üben? „Toleranz" gegenüber denen, die mich am liebsten losgehabt und von jeder öffentlichen Äußerung ausgeschaltet hätten, die den Priesterberuf, die priesterlichen Gelübde, die Priesterkleidung, den Zölibat und die lateinische Sakralsprache lächerlich machten? „Toleranz" gegenüber dem Kulturkampf Bismarcks, gegenüber dem militanten Protestantismus, der nichts anderes im Sinn hatte als eine Schwächung des katholischen Standpunkts? Eine Normalisierung meines Verhältnisses zum eigenen Sohn konnte ich mir nicht mehr vorstellen.

Am 26. Dezember 1989, am Stefanitag, fuhr Martin fast fluchtartig nach München, verließ nach dem Christbaum-Anzünden blitzschnell sein Elternhaus und ließ sich nicht einmal auf den Omnibus bringen.

Ich schrieb meinem alten Freund, dem Bildhauer Leo Bäumler, nach Wernstein, der, wie ich schon lange wußte, den Wahn unserer Zeit wie kaum ein anderer durchschaute. Er antwortete mir sofort. Sein Brief war aber nur ein schwacher Trost nach der Enttäuschung, die mir der eigene Sohn bereitet hatte. „Der Wahn der Zeit begann mit dem Wahn des Wilhelminischen Kaiserreichs", schrieb er, „begann mit den wahnsinnigen Materialschlachten des Ersten Weltkriegs" und ging weiter mit „dem Wahn der Menschheitsbeglückung in der Sowjetunion, dem Fortschritts- und Profitwahn der Kapitalisten und dem Rassenwahn der Deutschnationalen. Der Wahnsinn hörte auch noch lange nicht auf beim jüngsten deutschen Einheitswahn von 1989. Jeden anderen Wahn übertraf schließlich der Wahn vom Fortschritt ohne Ende, von einer Kirche ohne Priester, ohne Kreuz, ohne Ornat, ohne gebeugtes Knie, ohne gefaltete Hände, einer Kirche ohne Kirchensprache, einer sprachlosen Kirche".

Später habe ich mir allein die Schuld an den Mißverständnissen zwischen mir und meinem Sohn gegeben.

Exclamationen und Friedhofstränen

Gammelsdorf zum zweiten Mal

Eines Tages flatterte mir eine Einladung ins Haus. Beim Blick auf den Absender wußte ich gleich: Das war mein Vettermann, der Dichter Georg Lohmeier. Zunächst ein wenig mysteriös berührte mich der Text seiner Einladung: „Bayerisches Patriotentreffen in Gammelsdorf zur Erinnerung an die Schlacht bei Gammelsdorf am 9. November 1313". Und als Überschrift las ich fett gedruckt: „Gammelsdorfer Exclamationen!" Ich wußte: Bezüge zur heutigen bayerischen Wirklichkeit gab es übergenug. Ich schrieb also, worum der Absender mich gebeten hatte: Einen Redebeitrag. Zunächst einmal kam Lohmeier persönlich zu mir nach Rappoltskirchen – ich seh ihn heute noch, wie er schräg vor unserer Gartentür, einen breitkrempigen dunkelgrünen Hut auf dem Kopf, aus dem Auto stieg. Er trat durch die Haustür ein, setzte sich und las das Manuskript meiner Rede aufmerksam durch. Er war einverstanden.

Dann also traf ich – am 18. Jänner (Lohmeier benützte immer die altbayerisch-österreichische Benennung des Monats) – in Gammelsdorf beim Kirchammer-Wirt ein und verfügte mich stante pede in den ersten Stock, wo der Saal schon brechend voll Menschen war. (Ich habe übrigens nie verstanden, warum Lohmeier das Gedenken an die berühmte Schlacht vom 9. November auf den 18. Jänner verlegt hatte.) Auch viel Presse war da, sogar der Hörfunk und das Fernsehen waren gekommen. Gut beobachtete ich allerdings, daß die Journaille bemüht war, ihren Konsumenten ein lächerliches Bayernbild zu bieten, wo eben ein Klamauk wie dieser hier gerade recht war. Eine seriöse bayerische Selbstdarstellung, das durfte einfach nicht sein! Lohmeier tat freilich nichts gegen eine solche Tendenz der gesamten Berichterstattung, ließ zu, daß ihn die boshafte Pressemeute mit Vorliebe hinter dem Zerrspiegel des Bierglases ins Bild rückte.

Ich habe vergessen, daß der bereits erwähnte Dallmayr-Chef und Pferdenarr Hermann Randlkofer, der ein glühender Bayer war, die Kosten für den Druck meiner Rede und ihrer zweihundertfachen Vervielfältigung übernommen hatte. Die Blätter gingen im Saal reißend weg. Und anschließend kam die riesige Gesellschaft zum überwiegenden Teil unten in der Gaststube zusammen. Die Leute erdrückten sich schier, so eng war es. Hellmuth Kirchammer, mein Rundfunkvorgesetzter, Verwandter des Wirts, hatte mir gegenüber Platz genommen und beanstandete meinen Rednerton, den er „fanatisierend" nannte. Redakteur Alois Fink, der neben ihm saß, ging sogar so weit (was mich besonders verdroß), eine Parallele zu Hitlers Parteitagsreden zu ziehen. Ich ließ mich aber nicht irr machen, zumal die große Abordnung, die mit wehenden Fahnen und prachtvoll gestickten Standarten aus dem Bayerischen Wald gekommen war, mir Mut zusprach.

Meine zweite Gammelsdorfer Rede im Jahr darauf, ebenfalls am 18. Jänner, schlug noch heftiger ein. Der Applaus wollte kein Ende nehmen. Anschließend beim Wirt führte ich ein langes Gespräch mit Otto Wiesheu, der zum zweiten Mal gekommen war und mir Mut machte. Auch beim dritten Mal – wieder am 18. Jänner – war Wiesheu da. Und ich wurde von den begeisterten Zuhörern schier auf den Schultern getragen.

Nun geschah aber ein unvorhergesehenes Unglück: Meine Gammelsdorfer Exclamationen sollten zum vierten Mal mit einem Text ins Land hinausgehen, der mir besonders am Herzen lag. Ich nannte meine Rede: „Kreuth und kein

Ende". Dabei bezog ich mich auf das von Franz Josef Strauß in Wildbad Kreuth verkündete Ende der Fraktionsgemeinschaft von CSU und CDU, das ich als ersten Schritt zur Wiederherstellung der bayerischen Souveränität empfand. Als meine Rede längst geschrieben und vom Freund Randlkofer vervielfältigt worden war, rief Lohmeier mich in meinem Rundfunkbüro an und sagte kleinlaut: „Wolfgang, ich hoffe Du hast nichts dagegen, wenn Du Deine Rede heuer nicht halten kannst". Ich wollte wissen, warum. Lohmeier drückte herum und ließ die Katze schließlich aus dem Sack: „Du weißt ja, daß jedes Jahr außer uns beiden ein Vertreter von Presse oder Politik ein Co-Referat hält. Für heuer habe ich den Hauptabteilungsleiter Josef Ottmar Zöller engagiert. Er macht mit Freuden mit. Du weißt, daß er leitender Redakteur der Bayernredaktion ist …" Ich dachte: Nachtigall, ich hör dir trapsen! Hauptabnehmer von Lohmeiers Rundfunkbeiträgen war nämlich die Abteilung des besagten Josef Ottmar Zöller. „Ja und der Zöller", fuhr Lohmeier fort, „hat mir ins Gesicht hinein gesagt, er halt' seine Rede nur, wenn der Bekh nicht spricht! Was bleibt mir anderes übrig, als ihm nachzugeben?!" Vergeblich versuchte ich, Lohmeier klar zu machen, daß meine Rede schon geschrieben sei, ja daß der Text bereits gedruckt vorliege, vervielfältigt sei und aus Aktualitätsgründen keineswegs verschoben werden könne. Lohmeier ließ nicht locker. Am Ende des Gesprächs tat ich so, als würde ich nachgeben, hatte aber vor, meine Rede, die nicht umsonst geschrieben und gedruckt worden sein sollte, auf andere Weise unters Volk zu bringen. Wie ich wußte, war außer Zöller auch Otto Wiesheu, der aufstrebende Politiker aus den Reihen der Jungen Union, gebeten worden, eine Rede zu halten. Ich rief Otto Wiesheu also an, zu dem ich ein herzliches, ja geradezu freundschaftliches Verhältnis gewonnen hatte. Er kam sofort in mein Rundfunkbüro, wo ich ihm meinen Plan entwickelte. Er solle, bat ich ihn, am

Ende seiner Rede wörtlich ungefähr Folgendes sagen: „Unser Freund Bekh, der sonst jedes Jahr an dieser Stelle seine Rede hält, ist heuer – aus was für Gründen immer – verhindert, seine Rede zu halten. Aber sie liegt wie jedes Jahr gedruckt vor und wird jetzt verteilt". Dies war der vereinbarte Startschuß für meinen Moosburger Freund Alto Schwaiger, mit dem größten Packen der Redeexemplare unters Volk zu stürzen und auf jedem Tisch einen Stoß abzulegen. Zwei Freunde Schwaigers halfen ihm dabei an den übrigen Tischen. Lohmeier sprang, kaum daß Wiesheu ausgeredet hatte, wie von der Tarantel gestochen, von seinem Platz auf und schrie: „Wird nicht verteilt!!" Da war aber das in seinen Augen unfaßbare Unglück bereits geschehen.

Tags darauf rief mich Lohmeier im Rundfunk an und sagte wörtlich: „Du bist ein Riesenschweinehund! Du bist ein ganz gemeiner Kerl!" Und legte auf. Es dauerte Jahre, bis unsere Beziehung sich wieder normalisierte und am Ende sogar eine herzliche wurde.

Mit Otto Wiesheu, dem späteren Wirtschaftsminister, blieb ich in dauerhafter Verbindung. Mehrmals besuchte er mich in Rappoltskirchen.

Waldfriedhof

Wenn einer etwas über Hanns Vogel sagen wollte, müßte er weit ausholen. Ich faßte mich bei seiner Beerdigung auf dem Münchner Waldfriedhof dennoch kurz. Als Turmschreiber hatte ich einen Turmschreiber zu würdigen, allerdings einen besonderen. Einen, der ein Schüler des legendären Theaterprofessors Arthur Kutscher war. Seinen Übernamen „Kulturvogel" hatte er sich als Seele des Kulturreferats der Landeshauptstadt München redlich erworben.

Er leitete die Vorbereitungen zur Münchner 800-Jahr-Feier und gestaltete alljährlich die Münchner Faschingszüge. Der sogenannte „Brezenreiter" bei der Heiliggeistkirche ging wie andere kulturelle Glanzlichter Münchens auf seine Anregung zurück, so daß ihn Peter Paul Althaus zum „Feste-Ober-Arrangierer" ernannte. Als langjähriger Vorsitzender des Münchner Tierschutzvereins ermöglichte er darüber hinaus den Bau des Ignaz-Perner-Tierheims in München-Riem. Zum „Kulturvogel" gesellte sich ein zweiter Ehrenname: Hanns von Assisi.

Vogel gründete die inzwischen berühmte Autorengruppe der Turmschreiber. Er leitete sie zwei Jahrzehnte lang. Er machte den linken Isartorturm zu Münchens kulturellem Mittelpunkt. Links meint hier beileibe keine politische Richtung, sondern die Seite des Tors, wenn man von draußen kommt. Vogel war ein Wiederbeleber des Altmünchner „Sitzfaschings" und Postbote holzschnittartig gedruckter Mundart-Einladungen. Als wahre Seele und Mutter der Turmschreiber konnte man Hanns Vogels angetraute Frau Betty bezeichnen, ein Original nicht weniger als ihr musischer Gatte. Wenn sich die Mauern des Volkssänger-Stüberls zuoberst im Isartor vor drangvoller Enge nach außen zu wölben begannen, fand sie immer noch ein Plätzchen für Zuspätgekommene.

Und vorn an der Rostra, sprich am Turmschreiberkutschbock, standen die Dichter Schlange, zum Teil bedeutende Dichter. Wer dort alles gelesen hat, es ist kaum zu glauben. Ich kann hier nur wenige Namen nennen: Ernst Hoferichter, Benno Hubensteiner, Joseph Maria Lutz, Eugen Roth, Karl Spengler, Herbert Schneider, Leopold Ahlsen, Georg Lohmeier, Franz Xaver Breitenfellner, Carl Oskar Renner, Kurt Wilhelm, der Hausherr Hannes König und natürlich Hanns Vogel selbst. Denn auch als Schriftsteller blieb er ein Unverwechselbarer, wenn er gleichwohl für die anderen mit dem „Schuberl-Teller" (laut Schmeller: dem Teller zum Anhäufeln der Münzen) herumging und die Enge noch enger machte.

Daß ich's jetzt doch sage: Auch als Schriftsteller blieb er ein Unverwechselbarer. Was er über die Münchner Handwerker und Volkssänger schrieb, seine „Erinnerungen an die Schwanthaler Höh", Gedichtbände wie „Zeit lassn, Leit", „Leben und leben lassn", „A weni staad, a weni lusti" und Bühnenstücke wie „Das wundersame Fatschenkindl", „Der bayerische Herodes" und das „Bayerische Krippenspiel" können klassisch genannt werden.

Eine Episode zum Schmunzeln sei nicht verhehlt: Als Oskar Maria Graf seinen ersten Nachkriegsbesuch in München machte, waren es nicht etwa die rötlichen Stadträte, die sich des rötlichen Dichters annahmen, nein, es war der als stockschwarz verschriene Hanns Vogel, der dem Emigranten Oskar Maria Graf beistand. Als ihm Graf, der tagaus, tagein in der kurzen speckigen Lederhose herumlief, sein Leid klagte: „De woin mi mit meiner Lederhosn net auf die Bühne vom Cuvilliéstheater lassn", bestärkte ihn Vogel in seinem Vorhaben: „Selbstverständlich gehen Sie in der Lederhose auf die Bühne, Herr Graf! Wär ja noch schöner!" Vielleicht ging es dem Kulturvogel auch durch den Kopf, daß besagter Oskar Maria Graf mit seinem Roman „Das Leben meiner Mutter" ein Stück Weltliteratur geschrieben hatte. Graf bedankte sich jedenfalls und stand abends in der kurzen Lederhose auf den Brettern, die die Welt bedeuten. Kein Roter, sondern ein Schwarzer hatte das fertiggebracht.

Und noch etwas hat Hanns Vogel fertiggebracht, nämlich daß alljährlich seit den Tagen seines Wirkens an drei oder vier verdiente Bayern der Poetentaler verliehen wird, der so heißt, weil er keineswegs nur *an* Poeten, sondern weil er *von* Poeten verliehen wird. Was nicht heißen soll, daß nicht auch Dichter den Bayerischen Poetentaler bekommen konnten, etwa die Dichterin Marieluise Fleißer. Sie bekam ihn selbstverständlich. Und Carl Orff hatte zum Dank einen Rezitationsabend im bis auf den letzten Platz besetzten Künstlerhaus gegeben. Die Verleihung des Bayerischen Pour le merite im Münchner Künstlerhaus – vorher jahrelang im Cuvilliéstheater – mit Festreden und festlicher Volksmusik war zu einem kulturellen Jour fixe geworden. Eines kann man jedenfalls mit Sicherheit behaupten: Ohne daß es Hanns Vogel gegeben hat, würde München viel ärmer sein! Und es ist anzunehmen, daß er jetzt aus dem weißblauen Olymp herunterlächelt und uns ein bißl tröstet, daß es in seiner schönen bayerischen Heimat nicht mehr ganz so schön und nicht mehr ganz so bayerisch ist, wie er in seinen Büchern behauptet hat.

Laß Dir für alles Dank sagen, Hanns Vogel, was Du für uns Zurückgebliebene getan hast, herzlichen Dank!

Entdeckungen

Freiburg im Breisgau

Mein Sohn kehrte nach seinem Freijahr, das Priesteramtskandidaten zur leichteren Entscheidungsfindung eingeräumt wurde (er leistete es im spanischen Salamanca ab), nicht mehr ins Priesterseminar zurück, sondern setzte sein Studium an der Ludwig Maximilians Universität fort. Er wurde Gymnasiallehrer für Französisch und Latein. Seine Militärzeit verbrachte er im caritativen Zivildienst, pflegte aufopferungsvoll körperlich und geistig leidende Spitalsinsassen.

Das entscheidende Kapitel meines Romans über den Regensburger Südflügel – „Sehnsucht läßt alle Dinge blühen" – überschrieb ich: „Pour Veronique" und übergab meiner ältesten Tochter, nachdem das Buch bei Ludwig erschienen war, ein Freiexemplar. Wie es zu dieser Widmung kam? Sehr oft, wenn ich in meinem großen Arbeitszimmer am Schreibtisch saß und gegen die Tür hinblickte, kam Veronika durch diese Tür herein und fragte mich etwas. Besonders oft stellte sie mir ihre Fragen, als ich an diesem Kapitel schrieb, schaute mir auch das eine oder andere Mal neugierig über die Schulter, so daß es schließlich zu dieser Überschrift kam.

Auf der Fahrt nach Freiburg zu Frau Barbara Pieske, einer Tochter des bedeutenden Bildhauers Richard Engelmann, der vor den braunen Herrenmenschen aus dem nazistisch verseuchten Weimar in den Süden geflohen war und sich hier versteckt gehalten hatte, kam ich, bevor die Nacht einbrach, nach St. Peter auf den Höhen des Schwarzwaldes. Resi begleitete mich. Wir bewunderten die Herrlichkeiten der barocken Stiftskirche, aßen zu Abend – ich ließ mir einen köstlichen Kalbskopf mit Sauce

Vinaigrette schmecken – und schliefen sorglos in die Nacht hinein.

Der Anblick Freiburgs, nachdem wir von den Schwarzwaldhöhen ins weite grüne Tal hinuntergerollt waren, verblüffte und begeisterte mich. Als ich zuletzt hier gewesen war – mit einem Aufnahmegerät bei Professor Bender im Institut für Grenzgebiete der Parapsychologie, den ich für meine Rundfunksendung „Baierische Hellseher vom Mühlhiasl bis zum Irlmaier" befragte – hatte mich die Trümmerwüste rund ums ausgebrannte Münster erschüttert. Nun sah ich, was der Wiederaufbau vermocht hatte: Eine minutiöse Wiederherstellung aller, auch der kleinsten und unbedeutendsten Häuser im Rund um das Münster. Alle Dächer, Gaupen und Gewölbe waren aus dem Nichts wiedererstanden. Das Kleinsteinpflaster holperte unter den Füßen, das Regenwasser gluckste in den Abwasserrinnen. Im Innern der sandsteinroten Mauern des Münsters umfing den Eintretenden undurchdringlicher Dämmer, der erst allmählich die goldglänzenden kirchlichen Kunstwerke hervortreten ließ. Auch Glasmalereien glühten aus dem Dunkel. Und ich dachte mit Schrecken an das ernüchternd protestantisch-helle Ulmer Münster. Freiburgs Katholizität war mit Händen zu greifen.

Frau Pieske empfing uns in ihren Zimmern, die – damals noch – mit Bronzebildwerken ihres Vaters, des lang verstorbenen Bildhauers Richard Engelmann angefüllt waren: In gläsernen Vitrinen versteht sich. Und ich faßte spontan den Entschluß, eine Monographie über dieses bildhauerische Genie zu schreiben. Im nächsten Jahr kam es dazu.

Bei der Beschreibung unserer Rückfahrt mit weitem Blick auf die hinter dem Bodensee ansteigende überschneite Alpenkette fällt es mir wieder ein: Noch einmal hatte ich 1958 Frau Locher in der Memminger Badgasse besucht, wo ich früher gewohnt hatte. Auf der Anrichte war immer noch – hinter einem Glasschutz – meine Porträtphotographie gestanden. Und Frau Locher erzählte mir, meine Tochter Jutta, gerade einmal drei Jahre alt, sei vor dem Bild gestanden, habe darauf hingedeutet und gesagt: „Das ist mein Papa! Das ist mein Papa!"

Der Lektor Heinz Puknus

Inzwischen war Heinz Puknus, Lektor des Bayerland-Verlages, mein Lektor geworden. Ich saß einmal neben ihm auf einer Parkbank mit Blick auf die Alte Pinakothek und mußte von ihm hören, wie sehr er es bedauere, daß Wugg Retzers unter dem Titel „Der Stier von Pocking" zusammengefaßte Erzählungen im Süddeutschen Verlag und nicht im Bayerland Verlag – also bei ihm – erschienen waren. Immer wieder war ich mit Puknus im Nebenzimmer eines kleinen – unweit vom legendären Schelling-Salon gelegenen – Schwabinger Kaffeehauses gesessen und hatte die von ihm vorgeschlagenen Änderungen und Verbesserungen meiner Buchtexte erörtert und erwogen. Ich sprach mit dem gebürtigen Berliner – ein rührend illusionistisches Unterfangen – auch über meine Sammlung bairischer Sprichwörter und Redewendungen, die ich unter dem Titel „Nur da Nout koan Schwung lassn" zusammengefaßt hatte.

Meine „Hellseher"-Bücher entsprachen eher seiner im Grunde dunklen Wesensart. Ihre Titel „Am Vorabend der Finsternis" und „Alois Irlmaier, der Brunnenbauer von Freilassing" waren geradezu nach seinem Herzen. Besonders lieb sind ihm, zunächst aber mir selbst meine Adventgeschichten geworden, die von einem Hauch Kindheitserinnerungen an das Fest aller Feste umweht waren. Daß mir diese Betrachtungen und Erzählungen so nahe sind, liegt vor allem an dem reizvollen Buchschmuck von Bernhard Kühlewein. Dieses Buch, in dem ich über die baierische Adventmusik, über den Brauch des Christkindlanschießens im Erdinger Holzland, über den auf unserer heimischen Krippe glänzenden Stern von Bethlehem und über das adventliche Kerzenlicht geschrieben hatte, ist Benno Hubensteiners liebstes Buch geworden, der mich einmal zutraulich den „Einschichtvater" von Rappoltskichen genannt hatte. Auch in diesem Buch hatte ich meines toten Vaters gedacht und von meiner Erschütterung über den Beamten im Krankenhaus-Empfangszimmer geschrieben, der mich über den Unterschied zwischen „Nachlaß" und „Rücklaß" belehren zu müssen meinte. Die kaltbarsche Stimme des Beamten riß mich aus meinen Gedanken: Welchen Anzug wir dem Toten anlegen lassen wollten, welches Hemd, welche Krawatte?

Meine später vom Bayerlandverlag übernommenen Bücher waren ursprünglich beim Pfaffenhofener Verleger Wilhelm Ludwig erschienen und von dessen Lektor Ernst Krammer-Keck liebevoll betreut worden. Ich sehe mich heute noch dem jovialen Verleger Ludwig gegenüber sitzen, eine duftende Importe zwischen den Fingern und ein Glas Cognak an den Lippen.

Just in den Tagen, als ich von meinem gestorbenen Vater Abschied nahm, geschah es, daß ich ihn wiederfand, als mir nämlich unter seinen zurückgelassenen Schriftsachen ein kleines Bildchen in die Hände fiel, das ihn als Kind zeigte. Vor einer kahlen Wand hatte sich der schöne Knabe aufgebaut. Mit schwarzglänzenden hohen Schnürstiefeln hob er sich vom Bretterboden ab, der wie eine Verlängerung des Zimmerbodens wirkte, auf dem ich ihm gegenüber stand. Eine dunkelblausamtene Pluderhose trug er, eine ebensolche samtene, pludrige Matrosenmütze mit herabhängenden Bändern hielt er in der halb verborgenen linken Hand. Aus dem hochgeschlossenen graublauen Pullover tauchte ein Gesicht auf, in dessen Mundwinkeln sich ein längst vergangenes Lächeln eingenistet zu haben schien. Die bräunlichen Augen blickten den Betrachter weitgeöffnet und mit

Leben vortäuschenden Glanzlichtern an, die Ohren waren halb unter dem langen lockigen Haar verborgen. Es war mir, als würde ich mein eigenes Kinderbild betrachten, denn gewisse Familien-Ähnlichkeiten fielen mir in dem abwartend auf mich gerichteten Blick des Knaben auf.

Im rechten oberen Eck des Bildes, einer Photographie des alten, längst verschollenen Gemäldes, konnte ich die Signatur lesen: A. Schröder Mn. Also war es mein Großvater gewesen, der seinen Sohn, meinen späteren Vater, mit dem unverkennbaren Strich der Münchner Schule gemalt hatte. So war das also: Kaum war mein Vater im hohen Alter und gezeichnet vom letzten Leiden gestorben, stellte er sich mir wieder in strahlender Jugend dar. Ich mußte dieses Bildnis, ob ich wollte oder nicht, mit dem Advent, in dem ich es empfangen hatte, in Zusammenhang bringen.

Hortus conclusus

Vergeßt des Waldes König nicht, Laurin!
Franz von Pocci

Ein Buch, das weder im Ludwig Verlag, noch im Lektorat von Heinz Puknus erschien, hieß „Laurin" (ich habe es bereits erwähnt). Es hatte den vielsagenden Untertitel „Beschreibung eines Innenraums". Vielleicht war es für den Bayerland Verlag allzu schwere Kost. Jedenfalls war mir das Warten auf sein Erscheinen eine zu harte Geduldsprobe. So biß ich in den sauren Apfel und bezahlte den Druck aus eigener Tasche. Das heißt: Einen Verlag hatte das Buch schon, aber die Kosten des Drucks wurden mir aufgebürdet. Und als der Verleger dieses Ein-Mann-Betriebes – namens Walter Berger – wenig später starb, saß ich mit den hohen Stößen der ganzen Auflage da.

Gleichwohl stehe ich zu diesem Buch und halte es für eines meiner besten. Es ist ein Phantasy-Text von hermetischem Reiz, ist in einer Landschaft der literarisch nicht neuen „Marmorklippen" angesiedelt. Laurins Rosengarten ist ein Fest der Farben rot und grün, züngelnder Jugendstilflorismus, ein Felsenpalast voll Schimmer und Schein. Am Schluß bricht die große Zerstörung des als abendländische Kultur deutbaren Innenraums und seiner Schätze herein. Laurin, „der erste Naturschützer", versinkt mit seinem Zauberreich im Berg.

Die Handlung des in klerikales Lila gebundenen Buches lehnt sich an die Geschichte des Königs Laurin im Sagenkreis um Dietrich von Bern an. Der Tassilo- und Dornröschenstoff ist verwandt. Aussagen über Eros und Jagd, Jugend und Kirche, Tod und Vergänglichkeit, Blume und Blut, Gebet und Auferstehung werden von den Chiffren der Sagenfiguren transportiert; hinter jedem Geheimnis tun sich neue Geheimnisse auf. Und aus dem Rot der Rosen, des Blutes, des Feuers steht mein Held auf, ein Jüngling, den der Pfeil des abgrundbösen Silvinus tödlich trifft. Matthew, der Brieffreund meines Sohnes Martin, der einen ähnlichen Tod erlitten hatte, regte mich zu einem Text der Trauer an. Matthews Mutter schickte uns, wie bereits erwähnt, eines Tages das Todeskapitel meines Buches in englischer Übersetzung.

Maschinenbaumeister und Altertumssammler

In meiner Nähe, einer noch ländlichen Gegend, wohnte der Herr Schraml, früher Maschinenbaumeister bei der Augustinerbrauerei in der Landsberger Straße. Von Maschinen merkte man seinem ländlichen Anwesen in Vorderbaumberg allerdings nichts an, im Gegenteil, es machte den Eindruck eines Altertumsmuseums, war vom Keller bis unters Dach vollgestopft mit wertvollen Möbeln und Gemälden.

Wenn ich Schraml besuchte, hatte ich die tiefe Senke von Maria-Thalheim zu durchqueren, aus der nur die Turmzwiebel ragte, als wäre die ganze übrige Kirche im Boden versunken. Dann ging es wieder aufwärts und neuerdings zu Tal, das hieß in ein weitgestrecktes Nachbartal hinab, wo aus dem Grün eines Obstbaumgartens dem Herrn Schraml sein Refugium hervorschimmerte. Wenn man schließlich näher kam, stellte sich heraus, daß Eisen in überschwenglichem Maß als Baumaterial verwendet worden war. An reichgeschmiedeten Gittern war nirgends gespart worden. Eisen gab es, wohin auch das Auge sich verirrte. Und im Nebengebäude wurden an einer professionellen Esse Schmiedeeisen-Funken versprüht. Wenn einen aber der Herr Schraml in seinem Anwesen herumführte, strich er mit Fingerspitzen über die Intarsien seiner alten Möbel und rühmte mit geschürzten Lippen die Feinheiten dieser hochkünstlerischen Arbeiten. Überhaupt war „fein" eines von Schramls Lieblingswörtern. Schon lang bevor er in den Ruhestand trat, hielt er sich am liebsten in den Lagern und Rumpelkammern der Münchner Antiquitätenhändler auf und häufte seine ersteigerten Wertstücke in dem eigens zu diesem Zweck erworbenen Landhaus an. Er hauste inmitten kostbarster bürgerlicher und adliger Ausstattungstücke, mußte dem Gebäude sogar einen Seitenflügel ins Gartengrün hinaus anfügen, den er gleichfalls bis unters Dach mit Wertstücken der Möbelbaukunst anfüllte. Ich habe dem Herrn Schraml in meinem später zu Papier gebrachten Roman „Sehnsucht läßt alle Dinge blühen" ein Denkmal zu setzen versucht. Dank schuldete ich ihm jedenfalls für die Unverwechselbarkeiten, mit denen er mein Leben bereicherte. Eines langen Lebensabends hatte er sich leider nicht zu erfreuen. Seine Gattin folgte ihm bald in den Tod und in das Grab auf dem Nordfriedhof. In meiner Wohnung erinnern einige erlesene Biedermeiermöbel an ihn, die er mir schenkte, weil sie ihm bei weitem nicht alt genug waren.

Und noch andere Gegenstände erinnern mich an ihn, nämlich ein rundes Dutzend feiner Aquarelle und Sepiazeichnungen, die mir sein Freund Fritz Haid, häufiger Gast auf Schramls ländlichem Ansitz, spottbillig verkaufte.

Ein bayerischer Olymp

Besonders gern erinnere ich mich an die Gastereien im Textilhaus „Beck am Rathauseck", die Gustl Feldmeier als spiritus rector alljährlich „einberief". Der Anlaß war so altbayerisch nahrhaft wie er altbayerischer und nahrhafter nicht hätte sein können: Der Hausherr lud nämlich zu einem gut gebräunten Kitzbraten als kulinarischem Höhepunkt, mit einer jahreszeitgerechten Kräutlsuppe als Auftakt und einer echten bayerischen Creme, wie sie vom Leibkoch Kurfürst Max Emanuels nicht echter hätte zubereitet sein können, als Ausklang. An langer Präsidiumstafel saßen der urmünchnerische Polizeipräsident Manfred Schreiber, der ewig grantelnde Staatsschauspieler Willy Rösner, dialektkundig, aber auch unvergeßlicher König Lear des Brunnenhoftheaters, und inmitten der Hausherr, der von einer ellenlangen Papierrolle die Speisenfolge herunterlas. Wie gern hätte ich ihn auch jetzt vom Erkerfenster an der Burggasse auf die unten tanzenden Schäffler heruntergrüßen gesehen, hörte ihn allerdings doch noch weit lieber im Oberstock seines Hauses die lange Speisenfolge herunterbeten.

Manchmal saß außer Rösner ein zweiter veritabler Staatsschauspieler, begnadeter Sprecher von Ludwig Thomas „Heiliger Nacht", Hans Reinhard Müller, an der Präsidiumstafel. Und niemals durfte der Herr Stadtpfarrer von Sankt Peter, Monsignore Max Zistl, fehlen. Als Gast war man hier in München zuhaus, und München war hier zuhaus.

Einmal war ich unter den ersten Gästen eingetroffen, aber einer war schon vor mir dagewesen: Staatsminster Dr. Alois Hundhammer. Er trat mit einem steinernen Keferloher auf mich zu, stieß mit mir an, tat einen kräftigen Zug, wischte sich den „Foam" aus dem bereits graumelierten Knebelbart und sagte bedeutungsschwer: „Braunes Bier ist gut für den Magen. Ich trinke nur braunes Bier". Ludwig Hollweck, Leiter und Mehrer der Monacensia, der auch schon da war, nickte zustimmend und Hanns König, Schöpfer des Valentin-Musäums im linken Isartorturm, pflichtete ihm bei. Nach und nach trudelten sie alle ein, die diesen Abend Jahr für Jahr zu einer Art Artus-Tafelrunde machten, der Historiker und glänzende Stilist Benno Hubensteiner, dessen Antipode Karl Bosl, der volkstümliche Erzähler und Reimer Michl Ehbauer, der Turmschreiber-Präsident Hanns Vogel, der musische Rechtsanwalt und Sohn des gleichnamigen berühmten Malers Leo Samberger, der „Volksmusikpapst" Wastl Fanderl, der Zeichner, Schriftsteller, Rundfunkplauderer und Heimatpfleger Paul Ernst Rattelmüller und Münchens Chronist Karl Spengler, der es in seinen vielen Bänden meisterhaft verstand, die Vergangenheit zur Gegenwart zu erwecken.

Aber auch an Dichterinnen fehlte es nicht beim Feldmeier Gustl, das mußte man lobend von ihm sagen: daß es weder die längst in den bayerischen Dichter-Olymp aufgerückte Lena Christ, noch die Lyrikerin Ruth Schaumann sein konnten, war nicht seine Schuld, aber Marie-Luise Fleißer, Therese Bauer-Peißenberg und Maria Zierer-Steinmüller waren da und machten die erlesene Gästerunde erst vollkommen. Kurz: Es war ein bayerischer Poetenhimmel, den auch Frau Musica verschönte und verklärte. Die Erben des legendären Kiem-Pauli, die Waakirchner und die Riederinger sangen, auch die Geschwister Röpfl und die Fischbachauerinnen stimmten in den musikalischen Jubel ein, den Weine vom unteren Main und von der bayerischen

Pfalz, vor allem aber die klassischen Münchner Biere zu einem unvergeßlichen Erlebnis machten. Zum guten Schluß gab es auch noch einen schwarzen Mokka und für die Herren eine gute „Importe".

Inzwischen sind sie alle, alle heimgegangen und haben ein ärmeres München zurückgelassen.

Die Bildhauerin Anna Edbauer

Als ich einige Wochen zur Kur im Wallbergsanatorium verbrachte, hörte ich einen Einheimischen von der Bildhauerin Anna Edbauer reden. „Das ist eine Besondere", sagte der Schreiner Sepp Wagenbichler, bei dem ich auf dem Weg nach Egern täglich vorbeikam. „Die sammelt Kräuter und kennt bis aufs i-Tüpferl genau ihre Heilwirkung. Sie streicht von früh bis spät in den Wäldern herum".

Ich versprach mir eine Abwechslung in der Waldeinsamkeit und machte mich daher auf den Weg nach Brunnbichl, der Tiroler Grenze zu, wo sie, wie ich hörte, in der Einschicht hauste. Ihr Bruder – auch er ein Schreiner –, dem das geräumige Holzhaus gehörte, hatte seine Werkstatt in einem vom Wohnhaus abstrebenden Gebäuderiegel untergebracht. Im Oberstock wohnte die Nandl, wie ich sie bald zu nennen lernte.

Eine bedenklich schwankende, hühnersteigen-ähnliche Stiege führte unter einem eigenen schmalen Regendach bis zur kleinen, verkratzten und abgenützten Wohnungstür hinauf. Die Tür hatte ein vergittertes Fenster. Im Gitter steckte ein Papierblock, in den man sich mit einem neben der Tür baumelnden Bleistiftstummel eintragen konnte. Ich probierte mich zunächst mit der Klingel, einer Art Metallriegel, den man kräftig „umreibn" mußte, bemerkbar zu machen. Jämmerlich schallte die Glocke im Innern des Hauses. Lange rührte sich drinnen nichts. Endlich drehte sich ein Schlüssel im Schloß und jemand öffnete die Tür. Die „Nandl" stand vor mir, ein Weibsbild mittleren, eher schon betagten Alters, nicht mager, eher schon leicht beleibt, in der Werkstattkleidung einer Bildhauerin, zumindest einer Handwerkerin. Sie ließ mich eintreten. Zur Rechten stand eine Tür in den Hintergrund offen, wo es vor einer deckenhohen Bücherwand eine alte Nußbaumbettstatt gab, links ging es in die Werkstatt. Die Fensterseite war von einer Hobelbank eingenommen, im Fall der Nandl mußte man von einer Schnitzbank sprechen. Halb fertige Gliedmaßen lagen auf der von Schnitzspänen übersäten Holzfläche herum, auf Wandkonsolen standen Holzköpfe mit halb geöffneten Augen und täuschend geschnitzten Haarsträhnen. Auch Engelsfiguren mit eigenhändig von der Nandl vergoldeten Flügeln waren darunter.

Ich bin bei der Nandl von diesem Tag an häufig ein- und ausgegangen, bin ihr auf einem schmalen Hocker („Stockerl" pflegte sie zu sagen) Modell gesessen, während sie an der Schnitzbank einem groben Stück Holz Leben einhauchte, vulgo an meinem immer ähnlicher werdenden Kopf werkelte und schnitzte, und habe unten in der neben dem Stall gelegenen Küche mit ihr Kaffee getrunken. Man kam, ehe man über eine schrägstehende Leiter hinunterstieg, an hohen, bis unters Dach mit fertig geschnitzten Leibern und Köpfen gefüllten Stellagen vorbei.

Ich bin zur Nandl immer wieder gekommen, bin mit ihr in den Wald gegangen, habe gut beobachten können, daß die tiefgläubige Frau, die einmal auf kircheneifrige Weise progressiv gewesen war, im Lauf der Jahre, in denen wir befreundet waren, immer konservativer und mir darin auf verblüffende Weise ähnlich wurde. Sie hat meine Familie in Rappoltskirchen mit ihrem kleinen Auto, in dem vom Rückspiegel immer ein Rosenkranz baumelte, öfters besucht. Immer wenn sie zu ihrer Schwester fuhr, die Nonne in einem niederbayerischen Kloster war, kam sie bei uns vorbei. Sie hatte ein stilles, fast wortkarges Wesen, aber, so wenig Worte sie auch machte, es war immer genug, ja sogar alles gesagt. Schließlich bekam ich von der Nandl, nachdem ich ihr jedes Jahr eines meiner Bücher gewidmet hatte, eine feine Statue der „Kleinen" Theresia von Lisieux geschnitzt. Es ist eine lächelnde Heilige unter ihren Händen geworden. Mit der Rechten streckt sie dem Betrachter das Kreuz entgegen, mit der Linken hält sie das vor dem Ordenskleid herabwallende Skapulier leicht empor. Von oben bis unten entsprießen dem Kleid üppige Rosenblüten.

Die Jahre entschwinden

Alles hat sich auf der Welt verändert

Theresia Eibl, die ich von der Einöde Kieblberg im niederbayerischen Hügelland in eine nicht unproblematische Ehe heimholte, war stets eine eifrige Korrektorin meiner schriftstellerischen Arbeiten. Heftige Bedenken hatte sie allerdings gegen eine Fortsetzung der Autobiographie nach dem Abschluß des dritten Bandes. Theresia meinte, meine Lebensgeschichte sei in den bisher, im Lauf eines vollen Jahrzehnts erschienenen Romanen (Laurin, Sehnsucht, Des geheimen Reiches Mitte) ausführlich genug dargestellt. So hatte ich etwa in meiner Romantrilogie „Die Herzogspitalgasse" das Leben unserer Tante Marie (betont auf der ersten Silbe), wenn ich sie hier auch Crescentia (Kreszenz) nannte, minutiös beschrieben. Auch beanstandete meine Frau, daß ich unsere älteste Tochter Veronika nicht hinreichend und unsere jüngeren Kinder Anna und Maria so gut wie überhaupt nicht erwähnt hatte.

Eben stoße ich im ungeordneten Papierstapel meiner Vorstudien und Entwürfe auf eine Notiz meiner Frau, die sie nach einem Telephongespräch mit unserem Sohn zu Papier brachte. Ich habe diese in ihrer so sauberen und klaren Handschrift abgefaßten Zeilen ausgeschnitten und zur späteren Verwertung aufgehoben:

> *„Martin hat angerufen aus Salamanca.*
> *Es geht ihm gut und er ist begeistert.*
> *Viele Grüße."*

Ich behaupte: Alles hatte sich auf der Welt geändert, seit mein Sohn aus dem spanischen Salamanca heimgekehrt war. Nun tauchten in meinen schriftlichen Äußerungen Bedenken gegen die Zukunft auf. Ich schrieb in meinen Taschenkalendern, Tagebuchblättern und sonstigen Aufzeichnungen von immer härteren Hitzeperioden und immer stärkeren Regengüssen. Alles steigerte sich ins Extreme. Ich gab den Treibhausgasen der Industrie und einer immer allgemeineren Motorisierung des öffentlichen Lebens die Schuld an der unverkennbaren Veränderung des Klimas. Ich fragte mich: Wo sind die Maikäfer geblieben, auch die weißen Maikäfer oder die Junikäfer, das Scharbockskraut und alle ehedem so reiche Flora, von der zur „Einfalt" verkommenen ehemaligen Vielfalt der Schmetterlinge zu schweigen.

Das ganze Unglück war ja, daß der Mensch nicht mehr mit bloßen Händen oder mit Hilfe des Pferdes ums Überleben kämpfen mußte, sondern Maschinen erfand, mit denen er die Geschenke der Natur tausendmal schneller als ehedem erschöpfen und vernichten konnte. Daß er sich dabei selbst mit-vernichtete, begriff er erst hinterher, dann aber war es für sein Überleben zu spät.

Es herrschte unter den Bauern, sofern sie ihren Grundbesitz noch nicht verpachtet oder verkauft hatten, also immer noch einen Teil der heimischen Landschaft verwalteten, die Meinung, jedermann könne mit seinem Grund und Boden machen, was er will. Aufklärungsvorträge der Naturschützer hatten keinen Erfolg.

Jahrmillionen brauchten etwa die Sandbuckel des Erdinger Holzlandes, um zu entstehen – der neuzeitlichen Mensch räumte mit ihnen in einem einzigen Jahr oder höchstens in zwei Jahren auf. Allein in der Pfarrei Rappoltskirchen wurden innerhalb von achtzehn Jahren fünf riesige Sandberge abgetragen. Alles mußte flach und eben sein. Wo man hinschaute: Raubbau an der Schöpfung, Naturzerstörung. Ehedem gab es im Erdinger Holzland keine Fabriken, sondern Bauern und Handwerker. Gesinde und Gesellen. Jetzt gab es keine Bauern, keine Priester und keine Mönche mehr. Dafür Industrie und Wohlstand, Autos und Autobahnen.

Unter den Stichworten Fortschritt, Großflughafen, Zuzug und Bauwut lieferten sich die Einheimischen plattem Nützlichkeitsdenken aus. Und kein Politiker wußte, was die Expansion anrichtete. Eine hirn- und verantwortungslose „Gebietsreform" zerstörte den Rest.

Ein Fest, nach München zu kommen

Es war für mich immer ein Fest, nach München zu kommen, knapp oberhalb des Marienplatzes (daher der Name „Petersbergl") in die Kirche des Apostelfürsten einzutreten und am Altar der heiligen Mundita zu beten. Dies tat ich bereits lange vor meiner Konversion, dies war sogar meine Vorbereitung auf den Übertritt zur Kirche Petri. Es war der Altar der Dienstboten, wo ich kniete. Empfand ich mich doch selbst als einen Dienstboten der Dichtkunst im Dienst an meinen Mitmenschen. Und wenn ich von der Kanzel, denn hier predigte der Geistliche noch vom „Predigtstuhl" (wie man in Altbayern zur Kirchenkanzel sagt), wenn ich von der Kanzel eine Sentenz des Thomas von Aquin vernahm, der von der „Pulchritudo, splendor veritatis", der Schönheit als Spiegel der Wahrheit gesprochen hatte, so stand mein Entschluß fester als je zuvor, katholisch zu werden.

Es waren immer besonders viele Italiener und Spanier, die ich neben mir und um mich herum beten sah und beten hörte. Die Kirche kennt ja keine Ausländer. Wie auch die Kunst keine Ausländer kennt, obwohl das flandrische Büffet, das ich von meinen Eltern zur Aufstellung im eigenen Haus erhielt, aus Antwerpen stammte. Mein Großvater, der Maler der Prinzregentenzeit, hatte es von seinem Studienaufenthalt im Lande des großen Rubens mitgebracht.

Bis 1891, nahezu zwölfhundert Jahre lang, war Altenerding die eigentliche Pfarrei, eine auf Herzog Tassilo zurückgehende Pfarrei. Die Stethaimer-Kirche von Erding war nur

Filiale. In solchen Zeiträumen mußte denken lernen, wer sich mit der Geschichte befaßte. Und mit Geschichte beschäftigte ich mich immerfort, wenn ich die Feder übers Papier führte, ganz gleich, ob es Tassilo der Dritte war, über den ich am Fuße des Wallbergs schrieb, genauer in Trinis, dessen rätselhafter Name mir für alle Zeiten mit dem Schicksal dieses großen bayerischen Herrschers verbunden bleibt. Deshalb ließ ich auch auf den Schutzumschlag meines Buches „Tassilonisches Land" wohlbedacht den Tassilokelch setzen, den in ihrer Schatzkammer die Mönche von Kremsmünster verwahren, das einmal eine heilige Stätte Bayerns war. Ich hatte dieses Tassilo-Kapitel in einem kleinen Zimmer des Wallbergsanatoriums geschrieben und mich auf Bayerns immerwährende Unterwerfung bezogen, an der sich seit dem achten Jahrhundert, als Tassilo sich Karl, dem sogenannten Großen, unterwerfen mußte, so gut wie nichts geändert hatte. Das war 1979. Mein Buch erschien erst 1983; so lang hatte es gedauert, bis mein Verleger sich für den Stoff erwärmen konnte.

Es war aus dem deutschen Bewußtsein längst gelöscht, was Bayerns großer Kurfürst Maximilian I. für die Rettung des Abendlandes vor den schwedischen – und Bayerns Kurfürst Max Emanuel – der „Blaue König" – vor den brandschatzenden türkischen Horden geleistet hatte. Warum ich mich um solche politischen Unfälle überhaupt kümmerte, die nördlich des Mains ganz anders eingeschätzt wurden? Weil ich fand und finde, daß es geschichtslose Kunst nicht gibt.

Schicksale und Bücher

Ich zähle die Titel meiner Buchveröffentlichungen von 1991 bis 1995 her. Zunächst muß ein Roman genannt werden: Des geheimen Reiches Mitte oder Der Südflügel, ein Roman über das Leben des fiktiven Kunsthistorikers Heinrich Holunder, der die Geschichte des Thurn- und Taxisschlosses erforscht. Er wird Ernte des Todes wie Peeperkorn in Thomas Manns großer Erzählung „Der Zauberberg", wie Siegfried in Richard Wagners „Götterdämmerung". Holunders Krankheit ist Sühne für eine schwarze Tat. Im Innersten eines Zauberschlosses entwickelt sich ein Kriminalroman. Der Leser fiebert der Festnahme des Täters entgegen. Doch Holunders Krankheit, der Lungenkrebs, Gleichnis für eine verfaulende Welt, richtet schneller als ein irdischer Richter.

Bald folgten weitere Buchtitel: Im Erdinger Land, Unvergleichliches München, Traumstadt Schwabing und Alexander von Maffei. Das Buch über den gebürtigen Veroneser, der als Freund Max Emanuels alle Schlachten des Ancien Régime erduldet und ausgefochten hat, wurde mir zu einem farbigen Bild der Alten Welt. Ich war, um dieses großräumig angelegte Buch schreiben zu können, tausend Kilometer weit nach Belgrad gefahren. Über die kolossale Breite des Donaustroms war ich zunächst heftig erschrocken. Das andere Ufer war so weit entfernt, als stünde man am Ufer eines gewaltigen Sees.

In dieses Buch spielten schon wie in alle folgenden Bücher Mozart und Schubert hinein, die ich verehrte wie kaum einen Künstler der Vergangenheit. Es war eine Verehrung, die sich ins Unermeßliche bei Anton Bruckner steigerte. Ihm galt ein späteres meiner Werke. Der Volksschullehrer Weiß von Hörsching, der Magister Zenetti von Enns, der Musiklehrer Aßmaier von Wien, der Kontrapunktlehrer Sechter von Wien, das Musikervorbild Kitzler von Linz – es waren wichtige Stationen auf dem Weg des lernenden Bruckner. Viele Beziehungen spielten in diese große Biographie hinein und verwoben sich zu einem Geflecht. Die Schichten der Lebensalter Bruckners und seiner Zeitgenossen lagen übereinander, all meine Liebe zu Österreich und Altbayern ging in dieses Buch ein, zu Stifter, zu Stelzhamer, zu Carossa, zu Billinger.

Und endlich kam ich bei Therese Neumann an, die ich nach ihrer Geburts- und Wirkungsstätte „Therese von Konnersreuth" nannte, einer Frau, die ganz Empfängerin und offen war, erklärte Gegnerin Hitlers, Künderin einer anderen Zeit, bedeutend wie Cäcilia, wie Katharina von Siena, wie Teresa von Avila. Die katholische Kirche sei eine Männerkirche, sagen Unwissende. Ihrem Verstand ist verschlossen, daß diese Kirche eine Kirche der Frauen ist, der heiligen und heiligmäßigen Frauen. Eine davon war die „Resl". Ihrem Porträt fügte ich die Porträts vieler ihrer Zeitgenossen an, Porträts des bayerischen Edelmannes und Redakteurs der Münchner Neuesten Nachrichten Erwein von Aretin, des Priesters, Schriftstellers und von den Nazis durch halb Europa verfolgten Ordensmannes Ingbert Naab, des Buchautors und Biographen Johannes Steiner, des Eichstätter Professors Franz Xaver Wutz und vor allem des mutigen Blutzeugen Fritz Gerlich, Schriftleiters des „Geraden Wegs", der als erster das Leben Therese Neumanns aufzeichnete und sein eigenes Leben für die Wahrheit opferte. Es war das abenteuerliche Leben eines vom unaufhörlichen Fortschritt der Menschheit überzeugten „Progressiven", eines Glaubenslosen, der durch Therese Neumann zum Glauben fand. Ihm an die Seite stellte ich das Porträt einer anderen großen Frau der katholischen Kirche, der Konvertitin und Märtyrerin Edith Stein. Auch sie gehörte zu den Verehrern der Konnersreuther Resl.

Ich habe Gerlichs Wohnung in der Richard-Wagner-Straße 27 im ersten Stock mit Ausblick auf die Gabelsberger Straße besucht, bin bei fremden Leuten, die zufällig dort wohnten, verkehrt, habe die Gräber von Wutz und Naab in Eichstätt aufgesucht, habe mir die Erschießung Gerlichs beim Kommandanturgebäude des ehemaligen Konzentrationslagers Dachau in ihren gräßlichen Einzelheiten vorgestellt. Ich besuchte auch den Ehrenhain auf dem Friedhof am Perlacher Forst, wo Gerlichs Asche zusammen mit der Asche vieler anderer Opfer des „Dritten Reichs" bestattet worden war. Ich suchte Aretins Grab in Münchsdorf auf. Im Blick auf die Vorausgegangenen lebte ich mein Leben im Zeichen des Abschieds.

Von der biographischen Würdigung Anton Bruckners war es schließlich zur Lebens- und Werkbeschreibung Gustav Mahlers nicht mehr weit. Veranlaßt wurde diese Arbeit auf zweifache Weise: Einmal war mir Mahler in seinem Werk und als Mensch von Jahr zu Jahr vertrauter geworden. Hinzu kam, daß Dr. Karl Plunger, ein guter Freund aus Eppan in Südtirol, mich geradezu beschwörend um dieses Buch bat. Er hatte freilich mehr das Kirchdorf Toblach, genauer den Weiler Altschluderbach, also Mahlers letzte Lebensjahre im Sinn. Doch wollte mir diese Beschränkung auf drei oder vier Jahre nicht gelingen. Der Stoff weitete und weitete sich, bis er den Umfang eines dickleibigen Bandes erreichte.

Daneben trat ich immer noch für die Münchner Heimatpflege ein. Viel hatte ich zum Schutz des Stadtbildes erreicht. Je weiter aber die Zeit fortschritt, umso schwieriger wurde es, die letzten schweren Wunden, die der Krieg geschlagen hatte, zu heilen, etwa dem angeblich „mündigen Bürger" den Anblick des unsinnig bruchstückhaften Siegestors zu ersparen, das städtebaulich unverzichtbare Tor auf seiner Südseite endlich zu vollenden, den Wiederaufbau des gleichfalls von König Ludwig I. seiner Heimatstadt geschenkten Odeons, des unvergleichlichen klassizistischen Konzertsaals, einen Schritt weiter zu bringen, den Münchner Marstall von seinem Ruinendasein zu erlösen (die städtbauliche Schande Münchens wäre in Wien ein Ding der Unmöglichkeit gewesen), das eigentliche Herz der Altstadt, den sogenannten Marienhof, baulich zu schließen und den immer noch fehlenden vierten Pylon an der Ludwigsbrücke endlich wiederherzustellen.

Die Vorausgegangenen

*Maria Romanino, Peter Vogel, Erich Bohrer,
Walter von Cube, Marcel Lefebvre, Benno Hubensteiner,
Hermann Randlkofer, Anna Edbauer*

Als Kernstück einer Ausstellung wichtiger Dokumente, Graphiken und Fotographien der Münchner Turmschreiber im Alten Rathaus, an der auch der inzwischen gegründete Turmschreiber-Verlag mit einer Ausstellung seiner Bücher, einer stattlichen Reihe schöner Belletristikbände, teilnahm, zeigte ich zwanzig eigene Bleistift-, Kohle- und Federzeichnungen. Dargestellt waren die wichtigsten Stationen meines Lebens und meiner Laufbahn als Schauspieler in den Jahren 1943 bis 1992: Embrun, Geras, Wörishofen, Trudering, Kirchham, Rappoltskirchen, Paris und Wien, immer wieder Wien. In einer eigenen Vitrine wurden meine jüngst erschienenen Bücher gezeigt: Eine neue Ausgabe meiner Anthologie „Reserl mit'n Beserl", die zweite Auflage meiner Biographie der Therese Neumann mit dem nun gewählten Untertitel: „Die Herausforderung Satans". Dazu ein in Wartenberg erschienenes Buch über den Bildhauer Richard Engelmann, ferner die Bücher „Alte bayerische Erde" (Hans Mayrs schönste Wanderbilder), „Im Erdinger Land" (Gesicht einer Heimat) und „Bayerische Hellseher" (ein Taschenbuch). Beigegeben war eine Fotographie des Regensburger Thurn- und Taxis-Schlosses, genauer des neoklassizistischen Südflügels als Schauplatz meines Romans über „Des geheimen Reiches Mitte". Ich hatte mir die Sorge um den eigenen Sohn vom Leib geschrieben, indem ich das Bild eines jungen Mannes zeichnete, den ich Jacob Fechter nannte. Er war durch alle An"fechtungen" einer säkularisierten Welt hindurch zum Ziel des geläuterten Daseins eines Priesters der römischen Kirche gegangen. Lokalität war das Tabakwarengeschäft am Eck der Dreikronengasse, Hauptperson die bildhübsche Tochter des Inhabers: Maria Romanino. Ihre Grabplatte findet der Besucher der alten Reichsstadt – unpassenderweise in Bahnhofsnähe – an der Friedhofsmauer. Ein Päcklein Liebesbriefe der Verstorbenen, die ihr Hab und Gut der Kirche vermacht hatte, erhielt ich vom Archivar des bischöflichen Ordinariats zur getreulichen Verwendung. Ich verwandelte den Empfänger dieser Briefe, einen für meine Geschichte unbedeutenden Zahnarzt, in den fiktiven Professor der Kunstgeschichte Heinrich Holunder, dessen Steckenpferd die Erforschung des Südflügels war. So schloß sich ein Kreis. Rezensionen des Werks erschienen im Regensburger Wochenblatt, im Münchner Merkur, in der Nürnberger Zeitung, in der Süddeutschen Zeitung und im kunsthistorischen Almanach „Charivari". Dort hatte Reinhard Wittmann meine Arbeit gewürdigt. Beigegeben waren meine in Broschüren und Sonderdrucken belegten Reden, dazu die Auflistung meiner Veröffentlichungen, sozusagen ein kleiner Kürschner.

Zu den Einzelbildnissen der Nachkriegs-Jahrzehnte, die hier dargestellt werden sollen, gehört auch das Bildnis meiner Rundfunkkollegin Ingeborg Hoffmann, Gattin des berühmten Kinderbuchautors Michael Ende, die im Grab ihres vorausgegangenen Ehemanns an der Cestiuspyramide in Rom ihre letzte Ruhe fand. Peter Vogel, Sohn meines langjährigen Freundes Rudolf Vogel, mit dem ich – gerade einmal elf Jahre alt – auf den Brettern des Prinzregententheaters gestanden war, Peter Vogel, der ein rundes Jahrzehnt nach meinen Wiener Erfolgen Bühnenrollen in der Donaumetropole spielte, ausgerechnet im Josephstädter Theater, wo ich vorgesprochen hatte, Peter Vogel machte seinem Leben selbst ein Ende, als ich längst ein gesichertes Fortkommen als Sprecher des Bayerischen Rundfunks und erste Erfolge mit meinen Buchveröffentlichungen hatte. Nun liegt ein Foto vor mir auf dem Schreibtisch, vom Erdinger Anzeiger am 3. Juli 1991 nach Nick Vogels Tod veröffentlicht. Der jüngere Sohn Peter Vogels war wenige Tage vorher, kaum vierundzwanzig Jahre alt, bei einem Armeeangriff auf den Flughafen von Laibach (Ljubljana) in seinem Auto beschossen worden – das augenblicklich in Flammen stand – und bei lebendigem Leib verbrannt. Sein Vater Peter Vogel hatte bereits dreizehn Jahre früher seinem Leben ein Ende gesetzt. (Er hatte im Hotel „Franz" an der Währinger Straße ein Einzelzimmer genommen und sich vergiftet.) Der Burgschauspielerin Gertraud Jesserer, die ich 1956 als bildhübsche Anfängerin im Theater der Courage bei Stella Kadmon kennengelernt hatte, war nur ihr älterer Sohn Michael geblieben. Alles hing mit allem zusammen.

Auf einem weiteren Bildnis blickt mich Erich Bohrer an, Münchner Rechtsanwalt und Chefredakteur der von ihm neu ins Leben gerufenen patriotischen Zeitung „Das bayerische Vaterland". Johann Baptist Sigl war ihr erster Gründer gewesen. Er hatte in den Anfangsjahren des 1871 etablierten („sporenklirrenden") Bismarckreichs die bayerischen Gemüter gewaltig erhitzt. In den schrecklichen zwölf braunen Jahren war diese Zeitung natürlich verboten gewesen. Bohrer tat es nun Sigl nach. Die politische Stimmung war ja patriotisch wie schon lange nicht mehr. Die Bayernpartei mit Ludwig Max Lallinger an der Spitze, nicht minder Helmut Kalkbrenners Bayerische Staatspartei feierten – vorübergehend – Triumphe. Es war die Zeit, als ich der Bayernpartei beitrat und für Bohrers Zeitung wöchentlich neue hitzige Beiträge lieferte. Doch leider zog der in nächster Nähe meiner Schwabinger Wohnung an der Blütenstraße – nämlich als Sohn eines Metzgermeisters von der Schellingstraße – aufgewachsene Franz Josef Strauß, ein politisches Genie, die öffentliche Meinung auf die deutschnationale Seite, was freilich seinem bajuwarisch-kräftigen Gehabe nicht recht entsprach, das ihm die angestrebte norddeutsche Karriere versalzte. Nahezu täglich stiefelte ich zu

Bohrers Kanzlei im gotischen Eilleshaus an der Westseite des Max-Joseph-Platzes hinauf. In seinen späten Lebensjahren war er als Folge aufreibender Kämpfe mit der CSU nur noch ein Schatten seiner selbst. In seiner letzten Kanzlei auf der Südseite des Tals, nahe beim Isartor, ist er mir als ein von der (für Bayern enttäuschenden) Wirklichkeit niedergedrückter blaßgesichtiger nervöser Stotterer in Erinnerung. Viel zu früh ist Erich Bohrer gestorben.

Walter von Cube, Programmdirektor und heimlicher Intendant des Bayerischen Rundfunks, entstammte einer uralten baltischen Familie. Scheu wich ich ihm aus, wenn er mir – wohlbeleibt; er hatte ein Jahresabonnement im Hotel Vier Jahreszeiten – mit einer kurzen Pfeife im Mund und blaue Wölklein ausstoßend, auf dem Korridor im ersten Stock entgegenkam. Es läßt sich denken, wie mir zumute war, als er mich eines Tages in sein Büro bitten ließ. Ich schlich mehr als ich ging zu ihm hinein und blieb ihm gegenüber, weit entfernt von seinem Schreibtisch, dicht an der Tür stehen. Freundlich lächelnd bot er mir einen Sessel ihm gegenüber am Schreibtisch an. Ich trat näher und setzte mich, wie mir geheißen war. Da schob sich eine hohe, großblättrige Stechpalme, die ich zuerst nicht bemerkt hatte, in meine Sicht auf das Antlitz des hohen Vorgesetzten. Er hatte vor sich ein aufgeschlagenes Buch liegen. Und erst jetzt erkannte ich, daß es mein Erstlingsroman „Apollonius Guglweid" war. Cube fing gleich von dem Buch zu reden an, es drängte ihn dazu. Er legte seine Pfeife in den Aschenbecher, damit er blättern, wohl auch gestikulieren konnte, und sagte, wie gut er mein Buch finde. Besonders hatte es ihm der Gedanke angetan, sagte er mit seiner satten, dröhnenden Stimme, daß mein Held – die Ichperson Florian Waldner – sich mit dem Tod unterhält. „Unterhaltungen mit dem Tod" war der Untertitel des Buches. Ich hatte ihn nicht mehr ändern können, obwohl mir Frau Idamarie Schweitzer, Inhaberin der Residenzbücherstube, gleichsam drohend an den Kopf geworfen hatte, ein Buch mit so einem Titel – gab sie zu bedenken – lasse sich nicht verkaufen. Cube wurde nicht müde, diese und jene Passage meiner Romanerzählung zu loben. Mir war sein dick aufgetragenes Lob geradezu peinlich, so daß ich mich vom Stuhl erhob und mich verabschieden wollte. Es schien mir einfach nicht schicklich, so pralles Lob einzuheimsen, vielleicht befürchtete ich auch, daß am Ende doch ein „Wenn" und „Aber" folgen könnte, so beeilte ich mich, davonzukommen, doch Cube hielt mich auf, deutete auf den Sessel und fuhr fort: „Was ich noch sagen wollte ..."

Nicht anders urteilte Wolfram Dieterich, Leiter der Literarischen Abteilung. Auch ihn sah ich über den Schreibtisch und mein aufgeschlagenes Buch gebeugt; er blickte mich erstaunt an, deutete in die Zeilen und sagte kopfschüttelnd: „Da stimmt alles! Da stimmt einfach alles!" Ich ließ es mir nicht nehmen, daß Cube mit ihm gesprochen haben mußte und sich der Untergebene dem befehlsartigen Lob seines Vorgesetzten wohl oder übel angeschlossen hatte. Kurz darauf ging jedenfalls das erste Kapitel meines Buches, gesprochen von Fritz Straßner, über den Sender.

Cube starb auf seinem Landsitz bei Oberriet im Kanton Sankt Gallen, auf den er sich gern zurückzog. Ihm war die Schweiz besonders lieb geworden, seit seine in geschliffenen Essays gepriesenen wahren Heimaten Österreich und Bayern sich allzu willig der Moderne oder was man dafür hielt verschrieben hatten. Im Garten seines Schweizer Exils ist er gestorben. Das Gärtner-Ehepaar fand ihn eines Vormittags tot, vom Liegestuhl geglitten, im Gras.

Nicht minder exotisch als Cube wirkte auf mich ein hoher Geistlicher, der mir schon lang zur Legende geworden war: Marcel Lefebvre, Erzbischof von Dakar, Generaloberer der Internationalen Priesterbruderschaft des Hl. Pius X. In Zaitzkofen hatte ich gelegentlich aus meinen Büchern rezitiert, einmal war ich sogar zum Essen im Refektorium der

Mönche geladen und saß zwischen hohen Würdenträgern des Priesterseminars. Jahr für Jahr kam ich zur Priesterweihe nach Zaitzkofen, saß – nach dem an anderer Stelle geschilderten Beichtritus – mitten unter den atemlos lauschenden Gläubigen, während oben der Erzbischof seine lateinischen Meßtexte sprach. Immer trat ich im Anschluß auf Lefebvre zu und sprach mit ihm über die Möglichkeit einer Einigung mit Rom, reichte ihm hin und wieder eines seiner Bücher und ließ es mir von ihm signieren. Die Priesterbruderschaft blühte nach dem Tod ihres Gründers weiter und erhielt Zulauf aus allen Himmelsrichtungen.

Auch Benno Hubensteiner, der von mir verehrte Verfasser der „Bayerischen Geschichte" ließ uns trauernd zurück, als er im Anschluß an eine Podiumsdiskussion im Münchner Gasteig, seinen Mantel an der Garderobe in Empfang nehmend, jäh zusammenbrach. Auch der Kehlkopfschnitt eines augenblicklich herbeigerufenen Arztes konnte ihn nicht mehr retten. Sein Begräbnis auf dem hoch gelegenen Gottesacker von St. Veit – zu meiner Verwunderung in einer schlichten Holzkiste – wurde von Tausenden verfolgt. Ich schickte ihm drei Spritzer Weihwasser hinab.

Hubensteiner war von der ebenfalls längst heimgegangenen Generation der Kapsreiter, Carossa, Watzinger und Schatzdorfer. Als ich für das Jahrbuch der Innviertler Künstlergilde einen Nachruf auf den „Hans von Piesenham" verfaßt hatte – es war der Text meiner Grabrede – schrieb mir Hubensteiner, meine „schönen Worte" für Schatzdorfer hätten ihn fast an Billinger, den Dichter der „Rauhnacht", erinnert. Wie schmerzlich empfinde ich es, daß sie alle, alle, auch Schatzdorfer und Billinger, mich in einer immer kälter werdenden Welt zurückgelassen haben.

Und noch einen muß ich leider zu den Heimgegangenen, zu den Vorausgegangenen rechnen: Hermann Randlkofer, einen vornehmen Herrn, für den das Wort „Patrizier" eigens erfunden zu sein schien, Inhaber des traditionsreichen Delikatessengeschäftes Dallmayr in der Dienerstraße. Er hatte den ehemaligen Pfarrhof in Maria Thalheim erworben und von Meisterhand im ursprünglichen, barocken Stil restaurieren lassen. Er stellte sich in den Stall fünf reinrassige Lipizzaner und fuhr, wie es ihm zukam, vierspännig über Land. Unser Kardinal Ratzinger, als er in Maria Thalheim im Freien die Messe las, wurde sogar fünfspännig von der südlichen Wald-Anhöhe zu Tal gefahren. Kutscher war Hermann Randlkofer.

Auch meine vielgeliebte Nandl Edbauer, die Bildhauerin, ging in den bayerischen Olymp ein. Sie ist als Opfer eines Auto-Unfalls gestorben und in Kreuth begraben worden. (Auf dem Friedhof, wo bereits der Kiem Pauli lag.) Ein volles Jahr lang war ihre Wohnung in Brunnbichl polizeilich gesperrt. Schließlich zog eine fremde Frau ein. Von den Vermietern waren die Räume geschmackvoll restauriert worden. Die Nandl hätte sich soviel Komfort nie und nimmer gegönnt.

Das letzte Kapitel

Menschen

Wehmütig denke ich an das Rappoltskirchener Haus zurück, als ob ich es schon verlassen hätte – "Jetz muaß i aus mein' Haus", heißt es ja im Volkslied. Auch an meine Kinder denke ich zurück, mit denen ich als rezitierender Dichter über Land gezogen bin. Es versteht sich, daß es bei meinen Lesungen auf die passende Musik ankam. Veronika spielte Hackbrett, Martin Zither, Anna Geige, Maria zweite Geige, Resi Gitarre. Außer der Jüngsten beherrschten alle Kinder zwei Instrumente: Veronika war eine hervorragende Pianistin; gut erinnere ich mich daran, wie flüssig ihr Beethovens Waldsteinsonate von den Fingern perlte. Sogar auf der Konzertflöte übte sie sich. Martin spielte Cello, Anna sowohl Klavier als auch die Orgel in der Dorfkirche.

Veronika studierte Religionspädagogik und war gewandt in allen Künsten. Sie spielte nicht nur drei Instrumente, sondern malte auch Landschaften und Porträts, schrieb eine flüssige Prosa. Sie hatte Unglück mit ihren Bindungen. Nach der Trennung von ihrem ersten Gatten starb ihr zweiter Ehemann Stefan Mergenthal bereits ein Jahr nach der Trauung. Hochzeitsmahl und Trauermahl gab es in den Landgasthäusern von Feldkirchen und Endlhausen. Die Gäste waren dieselben. Veronika ist eine tüchtige und vielseitige Journalistin geworden; sie schreibt für mehrere Zeitungen.

Martin ist Studienrat für Latein und Französisch am Dantegymnasium in München; er lebt in unserer Münchner Wohnung an der Auenstraße, nahe dem Isarufer, und ist oft bei uns in Rappoltskirchen zu Gast. Er steht unserer Familie so nahe, wie ich es in seinen Sturm- und Drangjahren es nicht für möglich gehalten hätte.

Anna, die den Beruf der Krankenschwester erlernt hat und in Dorfen ausübt, wohnt nach dem gründlichen Umbau unseres Hauses in einer eigenen Wohnung unter dem Dach. Ein hübsches Zimmer gehört ihrem Sohn, unserem Enkel Thomas, einem liebenswürdigen und gelehrigen Buben, dem die Schule viel Freude macht. Unvergeßlich ist mir eine Einladung in den Saal der Krankenschwesternschule. Unsere Tochter Anna, selbst eine frisch gebackene Krankenschwester, entwickelte ungeahnte kabarettistische Fähigkeiten, als sie coram publico die Verabschiedung ihrer Mitschwestern in den Beruf witzig und redegewandt „moderierte".

Maria, das jüngste unserer Kinder, heiratete nach ihrem in Weihenstephan abgeschlossenen Studium der Landschaftspflege Hans Pfanzelt, einen Hoferben im Erdinger Hügelland. Sie haben drei Kinder: Maximilian, Paulina und Emilia. Daß ihr Hof keine Wegstunde von unserem Schulhaus entfernt in den Feldern liegt, hat für uns alle den Vorteil, daß die drei „aushäusigen" Enkel uns häufig besuchen.

Meine Mutter, die über hundert Jahre alt wurde, erlebte die Geburt ihrer Urenkel nicht mehr. Ihrem Vater, dem Postingenieur Joseph Baumann, waren mehrere wichtige Erfindungen geglückt, darunter die Franko-Stempelmaschine, ohne die heute ein Postverkehr größerer Firmen und Fabriken undenkbar ist. Geboren in Regensburg, verbrachte sie ihre Kindheit, den Versetzungen ihres Vaters folgend, fast jährlich an verschiedenen Orten: in Bamberg, in Berlin, schließlich in München, wo die Wohnungen ebenfalls rasch hintereinander wechselten, in der Bismarckstraße, in der Victoriastraße, in der Kaiserstraße, zuletzt in der Hohenzollernstraße, immer jedenfalls in Schwabing. Einen schrecklichen Einschnitt bedeutete für sie der frühe Tod ihres Vaters am 19. Februar 1920. Er saß bei seinem gewöhnlichen Frühschoppen im Schellingsalon und sank plötzlich leblos vom Stuhl; ein Schlaganfall hatte seinem Leben ein

Ende gemacht. Zwei Jahre lang wohnte seine Tochter Henni mit ihrer Mutter Eugenie in der Borstei, ab 1927 im eben fertig gewordenen Truderinger Haus.

Sie verbrachte ein langes Leben in Trudering. Als wir meine Mutter nach Erding abholten, weil es für sie gefährlich zu werden drohte, mit fünfundneunzig Jahren allein in dem großen Truderinger Haus zu leben – es war im Früjahr 1994 –, blickte sie vom Autofenster aus lang und starr auf das Haus ihres Lebens zurück, als wüßte sie, daß sie es nicht wiedersehen werde. Wichtig war uns, daß sie nicht mehr allein war und wir sie jeden Tag besuchen konnten. Sicherheitshalber hatten wir ihr erzählt, daß sie jederzeit in ihr Haus heimkehren könne, daß sie nur vorübergehend abgeholt werde. Als Hauptgrund gaben wir an, daß Frau Gerteis, die Zugehfrau, zu alt und erschöpft sei, um sie weiter zu versorgen. Haus und Garten, so beruhigten wir sie, gehörten ihr nach wie vor. Unser Sohn Martin übernehme sowohl die Pflege des Gartens, als die Reinigung des Hauses. Unser Erdinger Hausarzt werde sie mitversorgen. Jedenfalls sei es nötig, daß sie in Erding wohne, damit wir sie täglich besuchen könnten. Auch dürfe sie in Zukunft nicht mehr allein sein. Wir hatten im Erdinger Altersheim ein schönes Zimmer für sie reservieren lassen, das wir mit wesentlichen Teilen ihres Mobiliars und vielen schönen Bildern aus dem Truderinger Bestand einrichteten. Hier hatte sie ihre tägliche Pflege und ärztliche Versorgung. Anfangs kam sie noch in die Kantine des Hauses, später, als ihre Kräfte schwanden, wurde ihr das Essen aufs Zimmer gebracht. Sie rührte es zuletzt kaum noch an.

Ich besuchte meine Mutter so oft es mir nur möglich war und las ihr Geschichten vor, die sie Wort für Wort auswendig konnte. Ich sang ihr Lieder aus ihrer Kinderzeit vor. Sie konnte sämtliche Strophen der alten Lieder und Gedichte singen und sprechen. Immer wenn ich stockte, sang oder sprach sie weiter. Es war für mich erschütternd, meine Kindheit an der Seite meiner Mutter ein zweites Mal zu erleben.

Fröhlich feierten wir im Saal des Altersheims mit allen Freunden und Verwandten ihren hundertsten Geburtstag, auf den sie nur noch hingelebt zu haben schien. Sie nahm sogar einige Gabeln voll von ihrer geliebten Giraffentorte, die wir für sie beim Hofzuckerbäcker Erbshäuser in der Münchner Fürstenstraße bestellt hatten.

Meine Mutter verabschiedete sich für immer, kaum daß ich zu einer schweren Operation ins Herzzentrum an der Lothstraße eingeliefert worden war. Ich konnte ihr nicht das letzte Geleit geben. Einen kleinen Trost bedeutete es für mich, daß Resi in der Münchner Krankenhauskapelle bei einem ihrer Besuche den Trauergottesdienst für meine Mutter mit allen Texten rezitierte und unser Sohn Martin seine musikalischen Zwischenspiele auf der Zither wiederholte.

In diesen Tagen war es, daß ich eine Todesanzeige der Schauspielerin Nora Minor las, die mit dem Schauspieler Lallinger verheiratet gewesen war. Von den sechzig zurückliegenden Jahren her, als ich im Prinzregententheater den „Bürschl" gespielt hatte, war sie mir bekannt gewesen und eine stete Erinnerung an die Kinderzeit geblieben.

Ein anderer Todesfall, kaum wenige Wochen später, berührte mich dringender: Simon Weinhuber, Bauer von Holzstrogn, Landtagsabgeordneter, Altlandrat, Mitbegründer der Bayernpartei, war im Alter von siebenundsiebzig Jahren gestorben. Wenige Tage vor seinem Tod war ich noch an seinem Krankenbett im Erdinger Kreiskrankenhaus gestanden und hatte mit ihm unserer langjährigen freundschaftlichen Verbindung gedacht. Er war bei mir in Rappoltskirchen zu Gast gewesen. Ich hatte ihn auch einmal im Ausstragsstüberl von Holzstrogn besucht, wo er mir für einen Zeitungsartikel alle Einzelheiten des Niedergangs der Bayernpartei in die Feder diktierte. Bei der Landkreiswallfahrt in Maria Thalheim bin ich unter einem sonnigen Himmel an seiner Seite gesessen. Bis er am 24. Juni 1991, am Tag Johanni des Täufers, seine letzte Rede im Erdinger Kreistag hielt, eine flammende wie eh und je, war er immer wieder am Rednerpult gestanden. Jahr für Jahr hörte ich ihn auf der Generalversammlung der Raiffeisenbank in Maria Thalheim rednerisch gegen die Zeitläufte donnern. Er war eine unvergleichliche Figur auf der politischen Bühne des Erdinger Landes. Einen Politiker seines Formats und mit seinem Charisma suchte man nach seinem Heimgang vergeblich. Weinhuber hatte die ersten Demonstrationen gegen den geplanten Großflughafen im Erdinger Moos geleitet. Für seine brillante Redekunst war er berühmt. Mit einer Leidenschaft und Wortgewalt, die nach ihm keiner mehr erreichte, kämpfte er gegen seine politischen Gegner, vor allem aus den Reihen der CSU. Die Größe Simon Weinhubers offenbarte sich im unvergänglichen Erbe, das er seiner Nachwelt hinterließ, der Gewißheit nämlich, daß Politik nicht nur das Schachern und Taktieren um Posten und Macht sei. Er verkörperte einen Politiker, der noch Visionen hatte und seinem Land durch alle Schlachten und Niederlagen hindurch treu blieb. Seinen Traum von einem unabhängigen freien Bayern als Gewähr für Frieden, Wohlstand und Würde seiner Menschen hat er nie verraten – weder zu einem politischen, noch zu einem persönlichen Vorteil. Er lehrte die CSU das Fürchten, die noch Jahre, nachdem sie die Bayernpartei zugrunde gerichtet hatte, alle Mühe aufbieten mußte, Weinhuber die Macht abzuringen. An einem bitterkalten Tag im November stand ich an seiner Grube in Walpertskirchen – gleich an der Apsis – und mußte denken, daß dieser Aufrechte wirklich niemals besiegt worden war, daß er den Kampf um seine Unbestechlichkeit gewonnen hatte. Ich setzte ihm dann – so gut ich konnte – in meinem Erinnerungsband „Selbstbildnis mit Windrad" ein Denkmal.

Still sind sie alle gegangen. Da war einmal der Maler Walter Schulz-Matan, mit dem ich in Zürich nobel zu Mittag gespeist hatte. Vermutlich nur aus Begeisterung für den jungen Bewunderer lud ihn der namhafte Maler zum Essen ein und ehrte ihn mit einem Eintrag ins Tagebuch. Walter Schulz-Matan starb in seinem südschweizerischem Domizil Seewies.

Dann denke ich an Monsignore Konrad Miller, Stadtpfarrer von Heilig Geist, mit dem ich mich in regelmäßigen Abständen traf und bei Weißwurst, Weißbier und Brezel über die kirchlichen Zeitläufte diskutierte.

Ich denke an den vergeistigten Kleriker Audomar Scheuermann, der einen Stock über Miller wohnte und mir immer wieder Briefe der Zuneigung schickte. Ich denke an Werner Bald, Leiter des Künstlerkreises „Katakombe" und seine treue Ehefrau Nanette, bei denen ich im Rhaetenhaus an der Luisenstraße inmitten begeisterter Schwabinger saß, manchmal auch auf das Podium stieg, wo sonst beide „Vorsitzende" ihre merkwürdigen Späße trieben und Werner Bald seine unvermeidlichen schwarzen Gedichte zelebrierte – alles ist dahin; das unwiderruflich letzte Katakombenjahr schrieb man anno 1996, dann war Schluß.

Schon früher war das Ende des malerischen Genius Fritz Haid gekommen. Wie oft hab ich ihn in seiner kleinen Wohnung an der Leonrodstraße besucht und seine tausend – oder waren es zweitausend? – kleinen und kleinsten Bilder bewundert, Ölbilder, Aquarelle und Sepiazeichnungen, winzige duftige Kabinettstücke, mit denen die Wände buchstäblich von der Sockelleiste bis zur Hohlkehle tapeziert waren. Ein Dutzend oder mehr dieser Bildchen hat er mir für ein Spottgeld verkauft. Die Landeshauptstadt München setzte ihm für die vielen Bilder, die er dem Stadtmuseum vermachte, eine Leibrente auf Lebenszeit aus.

Als letzter dieser Reihe verließ uns der Maler, Grafiker und Schriftsteller Hans Prähofer, der in Mühldorf aufgewachsen war, Metzger hätte werden sollen, dann aber lieber den Menschen Freude mit seinen Gemälden machte und sogar ein vielbeachteter Schriftsteller wurde. Mit seiner „Drachenschaukel" eiferte er der „Blechtrommel" von Günter Grass nach und stellte meinem Apollonius Guglweid ein Beispiel der literarischen Moderne gegenüber. Im Wirtshaus zum „Blauen Bock" am Sebastiansplatz – ich sehe ihn heute noch in der getäfelten Gaststube vor dem Eckpfeiler sitzen – fragte er mich: „Hast' mei Drachenschaukl scho glesn? I hab fei dein' Guglhupf aa scho glesn!" Wie verschwindend schmal war dieser Schacht auf dem Ostfriedhof, in den der Sarg Prähofers lautlos glitt! Ich hielt eine kurze Grabrede, während hinter mir die Schriftsteller Leopold Ahlsen, Robert Naegele und Herbert Schneider standen. Später auf dem Weg ins Speiselokal „Brecherspitz" hörte ich von einem, der Resi und mich begleitete, ich hätte „bewegend von Creationen und Schöpfern" gesprochen.

Mit vielen Schöpfern war ich auf meinem Lebensweg zusammengetroffen, etwa mit Ludwig Ferdinand Deller, dem Bildhauer aus Forstinning, der 1992 meiner von ihm aus Kunststein gegossenen Büste das Turmschreiber-Emblem (den stilisierten Isartorturm) hinzufügte, später mit dem tschechischen Lyriker Iwan Slavik, in dessen romantischem Gartenhaus – in einem von unten bis oben mit Büchern gefüllten Salon – wir auf dem Weg nach Prag Station machten (wir durften sogar unser Automobil in seiner Wellblech-Garage unterstellen, während wir die Eisenbahn zur Fahrt in die Moldau-Metropole benutzten), oder mit Kurt Wilhelm, dem Turmschreiber-Vorsitzenden und Regisseur, dem ich im Rundfunk gleich nach dem Krieg zum ersten Mal begegnet war.

An dieser Stelle muß ich den Essayisten und hervorragenden Stilisten Wilhelm Lukas Kristl, den Herausgeber der Werke Heinrich Lautensacks noch einmal erwähnen, weil er mich gemocht hat und ich ihn mochte.

Ein besonderes Gedenken verdienen Georg und Liselotte Hanreich, die in einem alten Schloßgemäuer an der ehemaligen bayerischen Grenze östlich von Ried lebten und regelmäßig Dichter – darunter auch mich – zur Präsentation ihrer Werke luden. Ich hatte dort meine Autobiographie und mein Buch über Anton Bruckner aus der Taufe gehoben. Dann denke ich an den Literaturprofessor Dietz-Rüdiger Moser, dessen Großvater von Semlin bei Belgrad gekommen und nach Berlin ausgewandert war. Von der Spree übersiedelte schließlich der Enkel nach München und gründete die Fachzeitschrift „Literatur in Bayern".

Elf meiner Bücher erschienen im Ludwig Verlag, fünf weitere Bücher wurden von Ernst Krammer-Keck, Ludwigs bisherigem Lektor und Verlagsleiter, im Turmschreiber Verlag betreut.

Klaus Kiermeier, Inhaber des Bayerlandverlages, verdient ein eigenes Wort. Unter der Leitung seines Lektors Heinz Puknus und dessen Nachfolgerin Astrid Schäfer erschienen die meisten meiner Bücher, allerdings nicht meine voluminösen Romane. Bernhard Kellhammer, der Restaurator, der sich in ein gewagt an den Berghang gelehntes Haus bei Passau zurückgezogen hatte, empfing uns gern zu Besuch. Ich denke auch an Michael Rabjohns, den jungen Amerikaner, dem ich nach seinem Bayern-Aufenthalt immer wieder Briefe in die Vereinigten Staaten schickte (er antwortete in flüssigem Deutsch) und an Christoph Walter, den jungen Literaturwissenschaftler, der schon einer anderen Generation angehörte.

Orte

*Ach, daß ich dich so spät erkannte
du hochgelobte Schönheit du!*

Angelus Silesius

Aus den Vergangenheitsnebeln steigen immer wieder Orte auf, wo ich die Dichter ihre Werke lesen hörte – und wo ich selbst las, beim Tukankreis, der im Regina-Palast-Hotel zusammentraf, in einem Saal, wo ich sonst durch die Faschingsnächte getobt war. Später wurde der Sitz des Tukankreises ins Spatenhaus am Max-Joseph-Platz verlegt. Stiller ging es in der Jugendstilvilla zu, die Gabriel von Seidl vor hundert Jahren in Schwabing erbaut hatte. Mir läuft es kalt über den Buckel, wenn ich daran denke, daß dieses kostbare Bauwerk nur mit Müh und Not vor dem Abbruch bewahrt werden konnte. Im Clubzimmer traf sich jahrelang Münchens dichterische Elite. Ebenso viele Lesungen gab es im hoch über Renate Richters Residenzbücherstube gelegenen Saal, aus dessen Fenster man den Kaiserhof der Residenz überblicken konnte. In der neobarocken Monacensia an der Maria-Theresia-Straße las ich ebenso gern und erlebte die Lesungen anderer bewunderter Schriftsteller. Wie auf dem Freiburger Münsterplatz war in München die katholische Welt und katholische Schönheit am Isarhochufer immer noch mit Händen zu greifen. Ach, stünde noch das Odeon in seiner alten Pracht, wo ich, bevor die Stuckdecken, Säulen und Lüster dieses klassizistischen Konzertsaals in Trümmer sanken, Heinrich George Anekdoten von Kleist rezitieren hörte! Ach, stünde noch der kolossale Saal des Marstalls hinter dem wiederaufgebauten Prunk der Maximilianstraße, stünde noch das Roman-Mayr-Haus, wo ich meine Phonetiklehrerin Elisabeth Sulger-Gebing Mörikes Novelle „Mozart auf der Reise nach Prag" rezitieren hörte, stünde noch die Bonifazbasilika mit ihrer doppelten Säulen-Enfilade, stünde noch das alte Volkstheater an der Josefspitalstraße und wie alle andere städtebauliche Schönheit dieses unvergleichlichen Ortes, der München hieß, das wiederhergestellte Siegestor! Gäbe es noch das alte Säulenportal der Hauptpost und die von ihrer Granitwüsten-Verschandelung befreite Dom*frei*heit!

Und ich denke an die „Soafa", das liebenswürdige Wirtshaus in Dorfen, wo ich den Sohn der unvergessenen Sophie Peschke über seine verstorbene Mutter reden hörte: In Dorfen war sie das Baron-Sopherl. So wurde sie liebenswürdig sogar noch dann begrüßt, wenn sie in den fünfziger Jahren einen Laden betrat. In dieser Anrede lebte das Andenken an ihren Vater, Ludwig Freiherrn von Schatte fort, der fünfzehn Jahre lang im Amtsgericht von Dorfen bedienstet war. Was dieses „Sopherl" betraf, so wurde es am 21. September 1914 im ersten Stock dieses Gasthauses, der „Soafa" eben, geboren. Dort logierte besagter Freiherr von Schatte. Wenn dem Baron-Sopherl später aus Freude oder vor Kummer die Tränen kamen, entschuldigte sie sich gern mit diesem ihrem Geburtshaus hart an der vorbeiströmenden Isen: „I hab halt nah am Wasser'baut". Sommernachtsträume wurden, als aus dem Sopherl ein bildhübsches, heiratsfähiges Madl geworden war, in „venezianischen Nächten" wahr – in bengalisch erleuchteten Kähnen auf der Isen. An der „Soafa" vorbeigleitend deutete dem Sopherl seine Mutter zum Fenster hinauf, hinter dem „d'-Soph" geboren worden war. Freiherr von Schatte aber ergänzte bayerisch grantelnd, wie oft er seinen Schafkopf in diesem Wirtshaus zu ebener Erde unterbrochen habe, weil er über die Stiege hinaufeilen mußte, um seine nach ihm weinende Tochter zu beruhigen.

Von Maria-Thalheim gekommen, wo das „Baron-Sopherl" nun wohnte, hatte sie die heilige Messe in Rappoltskirchen oft besucht und war an der Hand ihres Gatten mit Trippelschritten über die Friedhofstiege heruntergetänzelt. Sie ist gestorben wie die ganze alte Zeit der Dorfener Freiherren.

Zuletzt erwartete man von ihr, daß sie nach Eisenach übersiedele, wo ihr Sohn eine günstige Immobilie erworben hatte. Aber sie lebte nicht mehr lange. Nun ruht sie auf dem Dorfener Friedhof, hoch auf dem Berg über der Stadt, an der Erdinger Straße, unter einem hellen Marmorgrabstein, ganz nahe am Leichenhaus. Der Dichter Josef Martin Bauer schläft in nächster Nähe den ewigen Schlaf. Die „Soafa" bleibt mir ein Ort des Verweilens, sooft ich nach Dorfen komme. Ich stehe dann an der Brückenmauer, lehne mich an die Statue des Brückenheiligen Nepomuk und blicke zu diesem Haus hinüber, an dem der Zahn der Zeit sichtbar genagt hat. Ich empfinde diesen Ort als eine Stätte der Freude und des Jammers.

Um in die Vergangenheit schweifen zu können, bedurfte es von je in meinem Leben eines Ortes wie des Rappoltskirchener Salettls. Dort habe ich nach der Übernahme des Truderinger Erbes das alte viermastige Schiff aufgehängt, das früher an der Decke des Truderinger Ateliers gehangen war. Dieses Schiff hat eine eigene Geschichte: Mein Großvater hat es auf den meisten seiner Gemälde verewigt. Mein Vater übernahm das Schiff, malte es in seinen eigenen Bildern. Mit seinem Bug, seiner Rahe, seinen Masten und Segeln, seinen Tauen und Rudern, seinem Anker schließlich ist es ein köstliches Malobjekt.

Noch malerischer war alle Jahre die Hubertus-Andacht zu Füßen der Kapelle auf dem Schirmberg, tief im Wald, mitten im Hügelland mit weitem Ausblick auf Wipfel und Wiesen. Ein halbes Dutzend Parforcehorn-Bläser ließ einen mehrstimmigen Choral erschallen, die gesamte Jägerschaft mit farbigen Bändern an den Hüten war angetreten, die Hunde der Jäger hechelten. Dann traf sich die Jagdgesellschaft beim Wirt unten im Dorf. Hätte man immer noch das achtzehnte Jahrhundert geschrieben, wäre eine Brühe mit

Marknockerln auf den Tisch gekommen, dazu Rheinwein. Anschließend überbackenes Fischragout mit Pilzen und Muscheln, dann ein Bratenfilet mit viel Gemüse und rotem Bordeaux, gefolgt von den üblichen Entremets: Himbeercreme mit Schlagrahm und Löffelbiscuit, dazu Champagner. Und als krönender Abschluß Obst, Konfekt, Tragant, Kaffee oder Südwein. Man saß aber im angebrochenen 21. Jahrhundert beim Wirt von Riding. Darum wurden zünftige Hauberlinge und Rehragout in großen runden Schüsseln gereicht. Dazu gab es Getränke nach Wahl. Im Hof standen die Automobile Stoßstange an Stoßstange; kein einziger Gast war zu Pferd gekommen. Die Hälfte der Volkskultur war längst museal. Es gab zwar die alten Lieder noch, aber sie gehörten in den Rundfunk: „D' Fuhrleit soin wartn, ham ja Zeit, ham krumpe Rößlan, fahrn net weit".

Bücher

Mein Buch „Richtiges Bayerisch", das mit Willen des Bruckmann Verlages gleich zwei Untertitel mit auf den Weg bekommen hatte: „Handbuch der bayerischen Hochsprache" und „Streitschrift gegen Sprachverderber", erreichte mit vier Auflagen den Status eines „Longsellers". Dabei hatte alles gegen den Willen der Gattin des Verlagsleiters, einer Berlinerin, begonnen, die als äußerstes Zugeständnis die Bezeichnung des Buches als „Streitschrift" in Kauf nahm. Ein spitzfindig-humorvolles Vorwort von Franz Josef Strauß trug nicht unwesentlich zum Erfolg des Buches bei. Ein Gespräch mit dem „Landesvater" im Bayerischen Fernsehen tat ein übriges. Der Anlaß zu diesem Buch war freilich ein dringender. Vorausgegangen war eine „Missionstour" durch die bayerischen Lande und ein Sonderdruck über die „Bayerische Speisenkarte". Das Bruckmann-Buch war dann erst der dritte Schritt. Bei jeder neuen Auflage schwoll das Werk um drei bis vier Druckbogen an. Und ich flocht immer wieder neue Kapitel ein, die zum Teil recht griffige Überschriften trugen: Das Dirndlgewand, die Blattern, die Stadt hat Gassen, Weib und Frau, der Duden ist nicht bayernfreundlich, der Hiatus, Stier gegen Bulle, das arrivierte Krautwickerl, der gute Schlagrahm, Semmel gegen Brötchen, die Orange ist nicht apfelsinenfarben.

Weil ich es offenbar nicht lassen konnte, mich mit der Obrigkeit anzulegen, verfaßte ich auch noch eine „Denkschrift zur Sanierung der Münchner Altstadt". Es war ein Sonderdruck und ich verdiente keinen Pfennig damit. Ich schrieb das Buch nur eben „mal" so, weil ich mich auf meinen als Heimatpfleger unternommenen Spaziergängen durch die geschändete Münchner Altstadt schier krankgeärgert hatte. Dafür hatte ich mit einem anderen Buch über meine vielgeliebte Vaterstadt wirklichen Erfolg, der sich in mehreren Auflagen niederschlug. Ich legte das Buch als Wanderung durch die Münchner Stadtbezirke an, der Maler Josef Wahl gab ihm wunderschöne Bilder. Ich unternahm, wie ich mich im Vorwort ausdrückte, „einen Spaziergang zu kleinen Paradiesen". Zwischen Asamkirche, Odeonsplatz und Prinzregententheater, von Schwabing übers Lehel bis zur Au durchstreifte ich zusammen mit Josef Wahl die „kleinen Paradiese", die es noch oder wieder gab, eben Münchens Winkel und Gassen.

Die Stunde des ersten Bandes meiner Erinnerungen schlug im Herbst 1993. Ich wagte mich zurück bis in die Anfänge des Jahrhunderts, berichtete über den Lebenslauf meiner Eltern, soweit ich ihn aus ihren Erzählungen kannte.

Es galt in die Welt des Kindheitszaubers einzutauchen, in die Welt eines Münchner Theaterkinds, in die Welt voller Freund- und Liebschaften, schließlich in die Welt unerhörten Kriegsgrauens, dem ich gegen alle Wahrscheinlichkeit mit heiler Haut entkam. Ich nannte dieses Buch „Ein

Grabmal für Emanuel", weil es meine durch unendlich lange Briefe und Antwortbriefe dokumentierte Zuneigung zu diesem unverwechselbaren Menschen schilderte, der nicht wie ich das Glück gehabt hatte, dem grausamen Kriegsgeschehen heil zu entkommen, sondern irgendwo im fernsten Ostpreußen sein Grab fand. In einer langen „Schützenreihe" durch das Kasernentor schwankend, so wird er mir immer in Erinnerung bleiben. Ich blickte ihm aus dem Fenster des Krankenbaus nach (eitrige Mandelentzündung hinderte mich daran, mitmarschieren zu müssen) und wußte nicht, daß all unsere Begegnungen, all unsere Gespräche, all unsere Briefe in diesem durch das Tor dem Tode Entgegenschreitenden ein Ende fanden.

Ich gedachte im selben Buch meiner ebenfalls ums Leben gekommenen Jugendliebe Sonja. Sie hatte sich vom Balkon ihres Elternhauses in Ichenhausen gestürzt und war im Ulmer Krankenhaus von einem Nazi-Arzt mit dem „Segen" der Euthanasie bekannt gemacht worden. Er hatte ihr die Todesspritze gegeben. Gleichwohl widmete ich dieses Buch meiner Mutter, die mir das Leben geschenkt hatte, und gab ihm als Leitspruch ein Zitat aus der „Unsichtbaren Loge" des geliebten Jean Paul auf den Weg: „Die Erinnerung ist das einzige Paradies, aus dem wir nicht vertrieben werden können".

Auch meine „Adventgeschichten" sind im Grunde Kindheitserinnerungen. Die Erzählung über den Tod meines Vaters steht im Mittelpunkt. Mit einem Buch „Von Advent bis Lichtmeß" griff ich das Thema des Advents noch einmal auf, durchschritt sogar das altbayerische Jahr mit seinen Bräuchen und Sehnsüchten, ging der Entstehung des Weihnachtsliedes „Tauet Himmel den Gerechten" von Norbert Hauner nach und gab meinem Buch den verheißungsvollen Untertitel: Geschichten, Gedichte und Gedanken zur Winters- und Weihnachtszeit.

Die Reihe meiner Bücher über das geliebte München setzte ich mit einem Band über die „Traumstadt Schwabing" fort. Ich bezeichnete meinen Text als „Gang durch Jahre und Straßen". Einen Großteil der Erinnerungen meiner Mutter an ihre Schwabinger Zeit als beliebte Sekretärin der Bayerischen Akademie der Bildenden Künste fügte ich meinen Worten bei. Wie gern hätte ich die ganzen ungekürzten, in zwei dicken Wachstuchheften engzeilig niedergeschriebenen Erinnerungen meiner Mutter veröffentlicht! Es wollte mir trotz wiederholter Versuche nicht gelingen. Überhaupt machte ich die Erfahrung, daß es mir von Jahr zu Jahr schwerer fiel, ein Buch auf den Weg zum Leser zu bringen. Einerseits mochte das an der angesichts unserer Fernsehwirklichkeit erschreckend geschwundenen Anzahl von Buchlesern, andererseits an der von Jahr zu Jahr höher schwellenden Flut von Buchveröffentlichungen liegen. Es fiel immer schwerer, einen Verleger zu finden.

Zwar gelang mir mit meinem Buch „Rund um München" ein Erfolg. Es handelte sich um eine Art Entdeckungsreise ins Münchner Umland, um kulturhistorische Wanderfahrten zu Baudenkmälern und zu den Menschen, die dort lebten. Mit meinem Buch über „Andechs, den heiligen Berg", stieß ich sogar in eine sogenannte Marktlücke, doch es war mir Jahre hindurch unmöglich, einen Verlag für meine voluminöse Romantrilogie „Max Joseph-Platz" zu finden. Da half es wenig, daß man dieses Werk für eines jener damals arg ins Kraut schießenden München-Bücher (wahre Bavaricissimi) halten konnte. Schon die Einleitung verriet ja, daß man es mit einem besonders schwierigen Grad von Belletristik zu tun hatte. Ich schrieb in Erinnerung an meinen Großonkel, einen weißhaarigen alten Herrn, den ich als Kind an der Hand meiner Mutter in einer mit alten Möbeln überfrachteten Wohnung der Herrnstraße besucht hatte. Ich beschrieb das Leben eines Kinderarztes, dem die jugendliche Geliebte, das überaus liebreizende Mädchen, an einer unheilbaren Krankheit wegstirbt. Erschütternde Szenen im Josefinum streifen ans Unerträgliche. Ich schrieb über das Leben eines Heilkundigen, der sich – um nur vergessen zu können – im fernen China mit heimtückischen Krankheitserregern der europäischen Moderne herumschlägt, gegen die es in der uralten chinesischen Medizin kein Heilmittel gibt. Von den Schrecken der chinesischen Revolution wird er nach Indien vertrieben, entkommt auch der Hölle von Bombay nur, um zur weit schlimmeren Hölle von Verdun verdammt zu werden. Als Patient eines Münchner Lazaretts lernt er dort eine Krankenschwester kennen, die ihm das Weiterleben möglich macht. Aber auch die Stunden mit dieser Frau in einem Altstadthaus an der Herrnstraße haben ihr Alltagsgrau und ihre Trübseligkeit. Der Bogen wird in jedem Satz dieses Buches vom Damals zum Jetzt gespannt.

Als müßte ich mir die Möglichkeit des Weiterleben-Könnens beweisen, schrieb ich nun mein Buch „Vom Glück der Erinnerung", nämlich der Erinnerung an Dichter, die ich hatte kennenlernen dürfen. Als Rundfunkredakteur war es mir gelungen, eine Sendereihe mit hundert Porträts bayerischer Dichter durchzusetzen. Die Texte bestanden aus Originalaufnahmen der Dichterstimmen und aus Lesungen bedeutender Schauspieler. Der Erzählertext, in dem es nicht an Deutungen und Erklärungen fehlte, bildete den Rahmen jeder Sendung. Ein letztes Drittel wurde von der Musik bestritten, von Volksmusik und sinfonischer Musik aus der Landschaft des Dichters. Zehn der gesendeten Dichterporträts stammten von mir selbst und bildeten den Grundstock eines eigenen Buches.

Der Weg war nun frei für meine romantische Dichtung „Die geschlossene Anstalt". Den Anstoß hatte die Erinnerung an Onkel Ernst gegeben, den ältesten Bruder meiner Mutter, der aus dem Ersten Weltkrieg mit einer Hirnverletzung heimgekommen war. Ich hatte ihn in der Heil- und Pflegeanstalt Eglfing oft besucht und unauslöschliche Eindrücke von seinem Leben als Korbflechter und nicht minder von seinen schwadronierenden Erzählungen gewonnen. Mein Onkel Ernst Baumann war ein vorzüglicher Zeichner gewesen. Die meisten seiner in Bereiche des Phantastischen vordringenden Graphiken waren auf mich gekommen. Ich benützte sie zur Illustration meines Textes und rahmte die Titel mit Schmuckleisten des von Maurice Maeterlinck hochgeschätzten Graphikers Alart du Hameel. Schon das erste Kapitel meines Buches läßt mich heute noch aufhorchen: Der Jugendstilpalast. Die folgenden Kapitel trugen geradezu verrückte Titel: Napoleons Hut, Reservelazarett Wartenberg, Der Schwan als Wahrzeichen des Königs, Die Nachtschwester von San Giacomo, Hubertuskapelle in Riding, Pygmalions Abschied, Alles Entstehende ist ein Vergehendes, Heimkehr, Der wiedergefundene Gegenstand.

Das Kapitel über die Nachtschwester von San Giacomo bedarf einer Erklärung. Mein letzter Aufenthalt in der Ewigen Stadt wurde von einer Herzattacke überschattet. Von der Piazza Navona wurde ich, da ich keinen Schritt mehr gehen konnte, mit einem Sanka ins Ospedale San Giacomo gebracht, wo mir die Nachtschwester zum unverhofften Trost wurde. Ich wagte nicht, sie nach ihrem Namen zu fragen. Daher nannte ich sie in meinen Gedanken immer „Leda".

Ich setzte darauf, daß ein Stoff, der sich vor meinen Augen wie unter einem Zwang entwickelte, auch den Leser bezwingen kann. Zeiten, in denen man die nordische Rasse für Religion, Terror für Kult und Jungsein für verdienstvoll hielt, zerrannen und vergingen. So könnten uns Rückblicke in die Vergangenheit, könnte uns die Hoffnung auf eine bessere Zukunft, könnte uns die Verneinung der Möglichkeit menschlichen Fortschritts auf die Güte einer verstehenden Gottheit hoffen lassen.

Schon lange war die Musik des Meisters von Ansfelden eine Begleiterin meines Lebens gewesen. Vier Jahre hindurch fesselte mich die Arbeit an meinem Buch „Anton

Bruckner – Biographie eines Unzeitgemäßen". Verlagsleiter Walter Fritzsche hatte das Manuskript als willkommene Lektüre auf dem Nachttisch liegen. Mitten im nächtlichen Lesen (er pflegte immer einen Packen von zehn bis zwanzig Seiten mit ins Bett zu nehmen) konnte es vorkommen, daß er die an seiner Seite schlummernde Gattin weckte und ihr die Stelle, die ihn begeistert hatte, vorlas. Das Buch erschien bei Gustav Lübbe in Bergisch Gladbach. Ich widmete es meiner Frau wie jedes vorausgegangene Buch und schrieb in ihr Exemplar: „Ein Leben ohne Musik wäre ein halbes Leben". Wenige Seiten später stand in der Druckfassung das schöne Wort von Sergiu Celibidache: „Daß es Bruckner gegeben hat, ist für mich das größte Geschenk Gottes".

Nicht viel später wurde der erste Federstrich an einer zweiten, kaum weniger umfangreichen Musiker-Biographie getan: Gustav Mahler oder Die letzten Dinge. Das Buch erschien im Wiener Amalthea-Verlag. Es war mein letztes großes Werk. Dem Freund Karl Plunger in Eppan wurde es zugeeignet. Er war es gewesen, der mir dieses Buch abverlangt hatte. Danach kam nur noch diese bruchstückhafte und mir schwer von der Feder gehende Arbeit am vierten Band meiner Autobiographie, der die Jahre 1969 bis 2005 umfaßt. Ich nenne ihn: Festhalten und loslassen.

Danach sind nur noch drei unveröffentlichte Werke zu erwähnen, die Romane „Heckenrosenspaliere" und „Nachtfalter", sowie meine Anthologie „Nachrufe auf die Zukunft". Ich gab diesem Buch den herausfordernden Untertitel: „Wer schweigt, scheint zuzustimmen" und sprach von „Letzten Essays". Um was es mir ging, drücken schon die scheinbar widersprüchlichen einzelnen Abschnitte aus: Verteidigung der Nähe – Die Tiefe ist außen – Die bayerische Lustigkeit und andere traurige Dinge – Münchens verwirkte Wirklichkeit – Noch ist Bayern nicht verloren – Landschaften der Erinnerung – Johanna Kupelwieser rettet einen Schubertwalzer – Auch das Dunkel hat sein Licht – Nach innen geht der Weg, der geheimnisvolle – Ohne Vergangenheit keine Zukunft.

Dieses letzte Wort könnte über meinem Schaffen und über meinem Leben stehen.

Ein gewisses Leuchten
Epilog

*Es ist mir leid, ich bin betrübt
daß ich so spät geliebt.*

Angelus Silesius

Auf Spurensuche
Gemälde und Skulpturen

In Antwerpen bin ich auf den Spuren meines Großvaters, des Malers, der dort studiert hatte, gewandelt. Ich habe schließlich auch das eng bemessene Rathauszimmer gefunden, das er gemalt hat; es hängt bei mir vor einer weinroten Barocktapete. Von der Dresdener Notarkanzlei meines Urgroßvaters ist nichts geblieben. Die schauerlichste Bombennacht des Zweiten Weltkriegs hat eine der schönsten Altstädte, die es in Europa gab, ausradiert. Gut, daß ich wenigstens das Gemälde dieser recht bescheidenen altväterischen Notarkanzlei besitze. Meines Großvaters prächtiges Selbstbildnis vom Jahr 1914 („Als ich sechzig Jahre alt war" wie er hinschrieb), an der Staffelei sitzend mit Palette und Pinseln, beherrscht eine Wand meines Arbeitszimmers. Er blickt scharf durch die Gläser eines Zwickers, hat eine Schildkappe auf dem Kopf und einen blendend weißen Stehkragen um den Hals. Alles tut er entgegengesetzt-seitig. Daß er in einen Spiegel blickt, ist offenkundig: Obwohl er Rechtshänder ist, hält er in der Linken den Dachshaarpinsel und hat auf dem rechten Arm die Palette liegen mit aufgedrückten Farbsträngen. Der Sessel, auf dem er sitzt, steht heute in meiner Bibliothek.

Das gewaltige Ölporträt seiner reich gekleideten Gattin Anna, auf dem Sofa sitzend und einen ausgezogenen Handschuh in der Rechten haltend, begleitet den treppauf in den Oberstock Schreitenden. Auf einem anderen, wesentlich kleinerformatigen und intimeren Gemälde, das an den Genremaler Wilhelm Leibl erinnert, steht meine Großmutter von Sonnenlicht umflossen vor dem geöffneten Fenster eines gut bürgerlichen Zimmers irgendwo in der Sommerfrische; es muß in Bad Reichenhall gewesen sein. Privatbilder malte mein Großvater grundsätzlich nicht im städtischen Atelier an der Adalbertstraße, sondern in einem der verschiedenen oberbayerischen Feriendomizile, sei es in Reichenhall, Bad Heilbrunn, Peißenberg oder Hohenkammer, etwa ein Bild seiner Gattin beim Schmetterlingsfangen – sie stülpt einen breitkrempigen Filzhut über den kleinen Flatterling – oder Porträts der Söhne Carl und Arnulf. Sogar auf zwei überlebensgroßen Kostümbildern hielt er die Söhne fest, Carl als Jäger mit Flinte und Hund, Arnulf, den Schauspieler, in einer Singspielrolle mit Spitzenhandschuhen und Allongeperücke. Dann gibt es das 1886 gemalte Kostümbild einer Laute spielenden Mutter und ihres zum Saitenspiel anmutig tanzenden kleinen Mädchens. Die Stoffstrukturen sind so täuschend gemalt, sei es Leinen oder Seide, daß man am liebsten hineingreifen möchte. Dieses Bild war von meinem Großvater nach England verkauft worden und hatte deshalb eine englische Bezeichnung – First steps – bekommen. Ich ersteigerte es bei Sotheby am Odeonsplatz. Auf die Rückseite klebte ich einen Zettel mit der Aufschrift: 1886 durch Agent Paulus an Kunsthändler Teacock in London für umgerechnet 375 Mark verkauft. Am 23. Juni 1997 für DM 6.800 plus Aufpreis von DM 3.600 ersteigert.

Das bestechendste Gemälde meines Großvaters war das Kinderporträt meines Vaters. Der zweijährige blondhaarige, blauäugige Bub, dem ein scharlachroter Kittel von den Schultern bis auf den Boden fällt, deutet auf ein geschnitztes Schaukelpferd mit Schwanz und Ohren, Geschirr und Sattel, das vor ihm auf einem geflochtenen Korbstuhl steht.

In Händen hält er einen Kasperl; es ist der berühmte Pocci-Kasperl mit Spitzenkragen, Zipfelhaube und gewaltiger, schnapsgeröteter Nase. Auch ein Stapel farbenfroher Kinderbücher häuft sich auf dem Stuhl. Der Bub, der freudestrahlend seine Schätze zeigt, hat es bei der Eröffnung des „Hauses der Deutschen Kunst" im Jahr 1937 dem Führer angetan. Dieser kaufte es meinem Großvater ab, der es eigentlich meinem Vater versprochen hat („Du bekommst dieses Bild später einmal!"). Hitler stellte das Kinderbild meines Vaters im Rauchsalon des Führerbaus am Königsplatz (von den Nazis in „Königlicher Platz" umbenannt) zur Schau. Meinem Vater gelang es, dieses Kinderbild vor dem Ende des „Tausendjährigen Reichs" im Tausch gegen „ein gleich großes und gleich wertvolles Bild" zurückzuerhalten. Mein damals zwölfjähriger Bruder war es, der 1943 (während mein Vater und ich an verschiedenen Fronten im „Feld" standen) das wertvolle Bild, zusammengerollt, den schweren Rahmen um den Hals gehängt, retten konnte. Zusammen mit meiner Mutter lief er, was er konnte, durch die in Trümmern liegende Stadt, bedroht von einem neuerlichen Bombenangriff, zum Starnberger Bahnhof und kam unbeschadet nach Fischen am Ammersee, wo die beiden – in Trudering „ausgebombt" – im alten Schulhaus untergekommen waren. Heute hängt das wunderschöne Bild bei mir im Stiegenhaus. Das Original des alten hölzernen Pferdes habe ich recht und schlecht an der Wand befestigt, seine vier Räder starren in die Luft.

Ganz in der Nähe hängt ein Gemälde aus dem Besitz meines Vaters. Es zeigt seine Gattin, meine Mutter, wie er sie 1923 gemalt hatte, zwei Jahre vor meiner Geburt. Eine stattliche Zahl anderer Bilder meines Vaters hängt in Rappoltskirchen, das Bild seiner Gattin beim Nähen in der ersten Wohnung an der Hohenzollernstraße, ein lebensgroßes Gemälde seiner Schwägerin Fridl mit Fuchsschwanz und mein Kinderporträt mit blondgelockten, auf die Schultern fallenden Haaren. Dazu Kakteen, eine blühende Aloe und eine Truderinger Waldlandschaft.

In meinem Arbeitszimmer hängt ein überlebensgroßes, bis zur Stuckdecke hinaufreichendes Damenbildnis, für das mein Großvater im Jahre 1905 die Goldmedaille der Münchner Künstlergesellschaft bekommen hatte. Meine Großmutter, die dunkeläugige Niederbayerin, steht vor dem Hintergrund eines barocken Landschafts-Gobelins und legt ihre linke Hand auf die Armlehne eines Polstersessels, dessen andere Lehne durch ein darüber geworfenes Seidentuch schimmert.

Um noch von einigen meiner verschiedenen Gips-Abgüsse zu reden: Ich legte von jeher Wert auf die Büste Kaiser Augusti, einen Abguß nach dem Original der Münchner Glyptothek, und eine Büste Kaiser Konstantins, der das römische Reich christlich gemacht hatte. Besonders ans Herz gewachsen ist mir eine Büste meiner Mutter, zur Zeit ihrer Tätigkeit in der Akademie von einem der dortigen Lehrer geschaffen, dem das bildhübsche Mädchen, das meine Mutter gewesen war, besonders gefallen hatte.

Der alte Freund Walther Gabler hat mich in seinem Rieder Atelier in der erneuerten Dachauer Tracht gemalt. Meine Frau Theresia malte er im lichtblauen Dirndlgewand. Dem alten Schwerenöter, der ein Freund weiblicher Schönheit war, gelang das Porträt meiner Frau besser als das meine. Der Malerin Angelika Schwenk-Will standen wir beide Modell zu duftigen Rötelzeichnungen. Eine Berglandschaft mit Hirtin und Schafen von Carl Millner und eine Pferdestudie des Erdinger Malers Franz Xaver Stahl vervollständigten meine kleine Galerie. An der weinrot tapezierten Wand des Mittelzimmers hängen die Totenmasken des Malers Louis Hofbauer, des Dichters Richard Billinger und des Bildhauers Hans Wimmer. Von Wimmer stammt die Federzeichnung eines südtiroler Brunnens. Der berühmte Bildhauer hatte mir diese Zeichnung zum Dank für einen

Bericht über seinen Richard-Strauss-Brunnen im Münchner Stadtanzeiger geschickt. In der Nachbarschaft von Wimmers Zeichnung habe ich die lavierte Federzeichnung einer römischen Landschaft von Georg Dillis plaziert.

Auf der Kommode unseres Schlafzimmers stehen die Bustellifiguren der vier Jahreszeiten aus der Nymphenburger Porzellanmanufaktur, der Frühling mit Blumen, der Sommer mit Getreidegarben, der Herbst mit einem Weinfaß, der Winter mit einem Kanonenöflein, an dem sich ein allegorischer Putto die Hände wärmt.

Der Dichter Theodor Renzl, gebürtig aus Handenberg im Innviertel, aber dann seßhaft in Salzburg, hatte mir so viel von seinem Schulfreund Thomas Bernhard erzählt, den er nicht mochte, daß ich einmal in den Flachgau, Richtung Hallstatt, fuhr und mir seinen Vierseithof ansah. Da fragt man sich schon, dachte ich, wieso er sich einen so riesigen Vierseithof zum Wohnen erkor. Höchstens ein Fünftel dieses gewaltigen Bauwerks war nämlich bewohnbar und bewohnt. Die ausgedienten bäuerlichen Baulichkeiten, Stadel, Stallungen, Tenne und Heuboden waren ungenützt und unnütz. Gleichwohl konnte ich Bernhard, meinen Dichterkollegen, verstehen, denn auch mich zog es ja zu allerlei ähnlich Unnützem, zu Grabkreuzen, Wirtshausschildern, Sonnenuhren, hölzernen Bauernhöfen, Ställen, Misthäufen, wie es sie im Erdinger Land immer weniger gab.

Als ich erst vierzehn Jahre alt war, ging ich im Münchner Nationaltheater gleichsam ein und aus. Ich trug als Herzog Gottfried einen Goldreif um die Stirn. Ohne mich konnte der Schlußvorhang über Wagners Lohengrin nicht fallen. Ich wurde von Trude Eipperle, die Lohengrins Gemahlin Elsa spielte, vom Schelde-Ufer herab und König Heinrich im Eichenhain zugeführt, der mir mit väterlicher Geste über das Blondhaar strich, das freilich nur eine Perücke war. Der begnadete Sänger Julius Patzak war mein Lohengrin. Richard Wagners betörende Geigen flirrten.

Das mystische Bildnis des Märchenkönigs schimmerte aus der Königsloge. Als ich zwanzig Jahre alt war, gab es von diesem prachtvollen rotseidenen und goldgleißenden Opernhaus nur noch brandgeschwärzte Trümmer. Mir ist der entsetzliche Blick in den Abgrund des Bühnenhauses unvergeßlich.

Die Zahl sieben

Wie das Christentum durch die sakramentalen Mittel von Taufe und Firmung den Untergang der antiken Kulturwelt überwand, wird es auch die neuzeitliche Zerstörung des Abendlandes überwinden. Dessen war ich seit jeher sicher. Ich war auch davon überzeugt, ja es war mir sogar mehr als Hoffnung, daß es eines Tages wieder eine lateinische Liturgie geben würde.

Gleichwohl wurde ich oft neidisch auf denjenigen, der ich in früheren Zeiten gewesen war und wollte noch einmal wie vor vierzig Jahren in dieser oder jener Kirche stehen und mich an ihrer Schönheit – wie damals – erbauen.

Ich befragte immer wieder den letzten an mich gerichteten Brief Kardinal Ratzingers (nachdem er mir als Papst Benedikt nicht mehr geantwortet hatte): Ob er nichts gegen die Nöte der Gläubigen unternehmen könne – oder richtiger: unternehmen dürfe? War dies noch die Wahrheit: Wenn zwei auf einem Reitpferd aufsitzen, daß dann einer hinten sitzen muß? Und saß derjenige hinten, der wußte, daß Banz, Bayreuth, Kulmbach und Bamberg Andechser Gründungen waren? Nicht minder als Arzberg, Wunsiedel, Nürnberg, Lauf und Wolframs Eschenbach? Saß derjenige hinten, der dem Dichter Fitzgerald Kusz die nordbairische Identität ließ und sie ihm nicht gegen eine fränkische rauben wollte?

Ich befürchtete, daß dem Eile nottat, der noch etwas sehen wollte. Denn war es nicht so, daß alles schwand? Hatte etwa Bruckner seine Symphonien mit einem Auftrag oder aus der Fülle geschrieben? War das nicht eine fortdauernde Linie: Limes, Donau, Tassilo, Laurin, Bruckner? Wer hatte heute nicht schon von der Zerstörung der Heiligtümer durch die Vernunft erfahren? Und ist es das Einzigartige nicht an diesen Jahren, daß wir den Untergang der großen und vielgestaltigen Natur erleben und beklagen müssen? „Alles schon dagewesen", der Satz des Ben Akiba gilt nicht mehr, seit wir das Sterben fast aller Falter und Käfer, fast aller Gräser und Bäume, ja ganzer Wälder zu beklagen haben. Was bleibt, ist Abfall und Schutt – zur Last wird die Erinnerung.

Wie lang ist es her, daß ein Dichter schreiben konnte: „Es spannt sich strahlend ein Himmel von blauer Seide", ohne lügen zu müssen? Wie lang ist es her, daß eine freundliche Sonne die alten Straßen und Plätze beschien, daß in der Residenz ein mild gestimmter Prinzregent saß, der meinen Großvater, den berühmten Maler, an die Hoftafel holte? Der Regent regierte, doch er herrschte nicht. „Die Kunst ist an der Herrschaft", mutmaßte der erwähnte Dichter. Als Berlin Metropole wurde, sah alles danach aus, als ob in Bayerns Hauptstadt die Festbeleuchtung abmontiert und in den Norden verfrachtet worden sei. Wenn München endlich , nachdem der deutschnationale Zauber verweht war, wieder leuchtete, war es dann Bayerns Hauptstadt, die leuchtete, wie schon Thomas Mann schrieb? Früher sprachen die Menschen gern mit ihrem Gott. Sogar den König redeten sie am liebsten persönlich an. Und sie bemerkten, daß die höheren Mächte in den Werken der Kunst viel deutlicher repräsentiert waren als in den Reden der Politiker. Kurz: Wenn München immer noch leuchtete, so strahlte es im Glanz der Vergangenheit.

Und was war nicht alles Vergangenheit! Alles war Vergangenheit! Alles, was mir meine lange dahingegangene, steinalt gewordene Freundin, die ehemalige Lehrerin Dr.

Isabella Brand von ihrem Wissen zuteil werden ließ! Auch ich bin gern ihr Schüler gewesen. Daß diese noble Frau, die an ihrem Lebensabend in Starnberg nur noch kleine Trippelschritte machen konnte, so viele Lesungen aus meinen Büchern veranstaltete, war mir noch tröstlicher als ihr Wissen um die Bedeutung der Siebenzahl, die sie mir einmal in einem ihrer langen Briefe aufschlüsselte:

Die Zahl 7 gilt seit altersher als die Zahl des Heils, als heilige Zahl. Die Bibel spricht von 7 Schöpfungstagen, 7 Todsünden, 7 Schwertern im Herzen der Muttergottes, von 7 mageren und 7 fetten Jahren, von den 7 Gaben des Heiligen Geistes, von den 7 letzten Worten Jesu am Kreuz, vom 7-armigen Leuchter der Juden, von den 7 Sakramenten. Die Zahl 7 ist auch die heilige Zahl des Märchens, das von den 7 Geißlein, den 7 Raben, den 7 Zwergen, den 7 Bergen, den 7 Schwaben, den 7Meilenstiefeln spricht. Unsere Welt wird unerklärlich ohne die Siebenzahl, ohne die 7 Weltwunder, die 7 Hügel Roms, die 7 Weltmeere, die sprichwörtlichen 7 Zwetschgen, die 7 Sachen, den 7. Himmel, das Siebengestirn, die 7 Tore Thebens, den Siebenschläfer, die 7 Wochentage. Bei der wunderbaren Brotvermehrung blieben 7 Körbe voll übrig.

Frau Dr. Isabella Brand erschien mir als einer jener heidnischen Ekstatiker, die immer Frauen waren wie die Sibylla, die Pythia, das Orakel. Auch bei den christlichen Ekstatikern, daran erinnerte ich mich immer, wenn ich an Isabella Brand dachte, überwogen Frauen.

Wir haben Abschied vom Teufel genommen, aber der Teufel nicht von uns. Er ist hinter jeder Seele her. Es gilt freilich auch dies: In einer häßlichen Welt zieht die Schönheit die nach dem Heiligen begierigen Seelen an. Und die Musik wird erst mit der Welt vergehen. Diese Wahrheit ist mir ein Trost, nachdem ich Bücher über Bruckner und Mahler geschrieben habe. Nachdem ich wissen lernte, daß dies hier meine letzten Zeilen sind.

Ich blickte aus meinem hohen Fenster und schrieb zum letzten Mal von dem, was ich sah: Von den steil aufstrebenden Mauern der Kirche; in sanftestem Gelb erhoben sie sich zu ihrem spitzigen, in moosiges Grün auslaufenden Turm. Und es drang die schöne Architekturgestalt nur schwach durch das vielfältige, in einem leichten Luftzug schwankende Blattgeriesel der mächtigen Bäume. Die Anhöhe, von der die Kirche hinter dem Geäst und Gezweig der Baumstämme in den blauen, von Wolken durchsegelten Himmel ragte, erhob sich hell aus der dunklen Tiefe, in die der junge Hindlbach talabwärts stürzte. Dahinter stiegen die lichtgrünen Wiesen bis zu den Schatten des Waldsaums empor. Wenn ich aus dem Fenster blickte, waren meine Augen von einem gewissen Leuchten umschimmert. Es war die Heimat, die so leuchtete.

Balkone und Walme
Ein Anhang

Kunstvorbilder

Als Motto könnte über den folgenden Seiten, die meine autobiographischen Aufzeichnungen ausklingen lassen, eine dreifache Siebenzahl stehen, einmal aus den Tonsetzern Mozart, Beethoven, Schubert, Bruckner, Mahler, Wagner und Reger. Sodann aus den Dichtern Stifter, Stelzhamer, Mörike, Hölderlin, Britting, Carossa und Marcel Proust. Schließlich aus den Malern Altdorfer, Rottmann, Friedrich, Kobell, Dillis, Stieler und Schwind. Wenn ich aber von meinen Kunstvorbildern absehen und alle Künste auf die Musik, alle Landschaften auf mein Heimatland Bayern beschränken wollte, hieße die Folge erlauchter Namen, die mir zur Umwelt wurden, Mozart, Lachner, Thuille, Rheinberger, Wagner, Ett, Aiblinger, Reger, Strauss, Orff, Haas, Genzmer, Bialas und Egk. Um aber Heimat richtig Heimat werden zu lassen, dürfte ich nicht vergessen, daß unser sogenanntes Nationalgetränk Bier, nämlich „braunes", zum erstenmal im Jahr 755 unter der Regentschaft Herzog Odilos, des Vaters von Tassilo, dem letzten Agilolfinger, erwähnt, als Märzenbier im März gebraut und mit mehr Hopfen gesotten wird, weshalb es haltbarer ist. Sodann müßte ich darauf zu sprechen kommen, was mich in meinen letzten Lebensjahren am nachhaltigsten bewegte und prägte, einmal „die geschlossene Anstalt", wie ich meinen letzten Roman betitelte, sodann jene Vorbilder, die sich mir zur Prosa kristallisierten: Die Heil- und Pflegeanstalt Eglfing mit ihren palastartigen Gebäuden, die Bronzeplastik, die mich im Garten einer Autobahn-Raststätte auf dem Weg nach Nürnberg über das Zweckbetonte und Nüchterne der vom Beton beherrschten Umgebung hinwegtröstete, die Darstellung eines mit in die linke Hand gestützten Kopf in einem aufgeschlagenen Buche lesenden Mädchens, die Reihe historistischer Häuser auf der Hohen Warte in Wien, wo Alma Schindler von Gustav Mahler beim Auspacken von Büchern überrascht wurde, und nicht zuletzt Thomas Manns imposante Villa mit Balkonen und Walmen im Herzogpark an der Isar.

Erlebnisse

Am 14. Dezember des Jahres 2005 schrieb ich in mein Tagebuch: „stabilitas loci – was das heißt, habe ich in den sechsunddreißig Jahren, die ich bis heute in Rappoltskirchen lebe, gelernt". Studienhalber, aber freilich auch aus jugendlichem Tatendrang, habe ich diese Stabilitas einst gering geachtet. Ich fuhr mit meinem Sohn Martin zu Richard Eichinger nach Enzenkirchen im Sauwald. Mein Bub hatte seine Zither dabei und legte in der Stube des Gastgebers eine Probe seines Könnens ab. Eichinger zeigte mir Richard Billingers goldene Taschenuhr, die er von dessen Sekretär Otto Walchshofer geschenkt bekommen hatte, und bedauerte schnöderweise, er wisse nicht, was er damit anfangen solle. Leider habe ich nicht gleich um dieses Andenken an den Dichter der „Rauhnacht" gebeten. Es wäre mir sicher ein Leichtes gewesen, Billingers Uhr zu bekommen. Im Jahr darauf, als ich mir ein Herz nahm, darum zu bitten, bedauerte Eichinger: Er habe just vor einigen Wochen von einem Fachmann erfahren, was diese Uhr wirklich wert sei – nämlich mehrere Tausender (Mark versteht sich) – und nun sei sie ihm nicht mehr feil. Anschließend an meinen Besuch in Enzenkirchen (wo ich beim Dorfwirt nächtigte) fuhr ich mit Martin nach Passau und bergaufwärts bis Hacklberg, um einmal wieder Max Matheis, den Dichter des „Bayerischen Bauernbrotes" zu besuchen. Von

Matheis stammten zwar auch mehrere – bei Cotta erschienene – Romane, doch sein „Bayerisches Bauernbrot", eine Sammlung unverwechselbar schöner Mundartgedichte, war eine durch kein anderes Werk übertroffene literarische Leistung. Dort war die Freude über meine Ankunft groß. Wir wurden von Frau Matheis zu Tisch gebeten und nahmen ein kernig-altbayerisches, wohlschmeckendes Mahl zu uns. Daß es meinem Buben gleich darauf schlecht wurde, lag sicherlich nicht an der liebevoll zubereiteten Kost, sondern an der anstrengenden Autofahrt über Berg und Tal.

Im Frühjahr 1981 fuhr ich mit meinem „Käfer" (diesen Beinamen hatte der Volkswagen von der unverkennbaren Form seiner Karosserie) nach Belgrad. Meine Reise ging über die Schauplätze des Spanischen Erbfolgekrieges Fünfkirchen, Esseg, Neusatz und Peterwardein; das waren alles in allem über tausend Kilometer. Ich bewältigte die Strecke vom frühen Morgen bis zur Abenddämmerung desselben Tages und übernachtete in einer Raststätte kurz vor der Brücke über die Save (den sogenannten Saufluß). Am nächsten Morgen fuhr ich in die zwischen Donau und Save breit hingelagerte Stadt hinein, auf demselben Weg, den die österreichisch-bayerische Armee unter Führung des Kurfürsten Max Emanuel genommen hatte. Dieses Bild stand mir vor Augen, seit ich an meiner historischen Biographie über Alexander Marchese von Maffei schrieb, den ich einen „bayerischen Prinzen Eugen" nannte. Ich bedurfte nur noch des lebhaften Eindrucks der Stadt und Landschaft an Ort und Stelle. Ich muß gestehen, daß mich dieses riesige Häusermeer, das im Gegensatz zu anderen europäischen Städten, Verona etwa, auffallend jener Bauwerke entbehrte, die ich beim Besuch einer unbekannten Stadt immer zuallererst aufsuchte, der Kirchen nämlich. Eine Synagoge, eine orthodoxe und eine katholische Kirche, das war meine ganze „Ausbeute", ich mochte die Stadt wie ich wollte nach allen Himmelsrichtungen durchstreifen. Als Erklärung mußte mir das Wort einer serbischen Familie genügen, an deren Tisch ich auf offener Gasse einen Mokka trank, den man seit Serbiens türkischer Zeit nirgendwo so schwarz und stark serviert bekam, aus dem Messingnapf versteht sich. Mit bigott gefalteten Händen sagte die Frau: „Wir in Belgrad sind nicht so fromm". Und ihr Mann wiederholte: „Wir hier in Belgrad sind nicht so fromm."

Da ich wußte, daß die Stadt im Lauf der Jahrhunderte ein Dutzendmal den Besatzer und das Bekenntnis gewechselt hatte, war mir die hauchdünne religiöse Schicht nur zu erklärlich. Und die politische Geschichte paßte dazu. In den Kriegen zwischen Kroaten und Serben gab es keine Gefangenen und keine Gefallenenlisten. Gefallene wurden an Ort und Stelle verscharrt. Die Serben spielten sich auf kroatischem Hoheitsgebiet als Besatzungsmacht auf. Kroaten und Ungarn durften nur mit roter Armbinde auf die Straße. Die Serben zogen in den eroberten Gebieten mit Personenlisten von Haus zu Haus. Fand man ein Gebäude leer, wurde es beschlagnahmt. Junge Burschen wurden verschleppt. Die Gleichung Atheismus – Kommunismus wurde in dieser wirren Zeit geboren. Kroatendörfer wurden in Brand gesteckt und Haus für Haus dem Erdboden gleichgemacht. Serbische Führer sprachen von Großserbien, dessen Grenzen bis Wien und Budapest reichten.

„Studienhalber, aber auch aus jugendlichem Tatendrang", so schrieb ich zu Anfang dieses Kapitels, hätte ich die stabilitas loci einst gering geachtet. Ein Musterbeispiel für diese Grundhaltung bot das Jahr 1989, auf das ich im Vorgriff eingehen will. Ich konnte an Reisen nicht genug bekommen. Im Verlauf dieses einzigen Jahres fuhr ich unmittelbar nach einer Lesung im Schloß Fürstenried auf acht Tage nach Rom, dann nach einer weiteren Lesung im Schloß Kalling zu Gottfried Glechner nach Braunau, zu Richard Eichinger nach Enzenkirchen, zu Josef Lippacher nach Waldkirchen, zu Carl Hans Watzinger nach Linz und zur Oberhaus-

Ausstellung mit Werken des Bildhauers Hans Wimmer. Am 30. Juli fuhr ich für zehn Tage nach Wien, dann zu den „Kieferer Ritterspielen". Am 29. August wurde ich dank der Vermittlung des Kunstwissenschaftsstudenten Wolfgang Baumann vom alten Schloßverwalter Pompe durch die 290 Räume des Thurn und Taxisschen Südflügels in Regensburg geführt. Diese Führung war die notwendige Voraussetzung für meine Arbeit am Roman „Der Südflügel", in dem es um Heinrich Holunder, einen fiktiven Professor der Neueren Kunstgeschichte ging, dessen Spezialgebiet der Historismus und im Rahmen dieser Stilrichtung wiederum der Südflügel des Baumeisters Max Schultze war.

Schließlich machte ich eine Reise nach Paris, besichtigte dort die berühmten Friedhöfe, vor allem Père Lachaise, Montparnasse und den Cimetiere de Montmartre mit den Gräbern von Heinrich Heine, Emile Zola und Hector Berlioz. Im Schloß Feldegg hinter Ried, an der alten bayerischen Grenze, hatten mich Georg und Lotte Hanreich zu einer Lesung aus meinen inzwischen abgeschlossenen Romanen „Apollonius", „Herzogspitalgasse" und „Sehnsucht" geladen. Mit einer adventlichen Lesung in der Erdinger Stadthalle schloß für mich dieses ereignisreiche Jahr.

Ich kann in der Zeit vorausgreifen oder zurückgehen wie ich will: Meine Taschenkalender waren randvoll mit Ereignissen, handelte es sich um Rundfunkaufnahmen des alljährlichen Faschingskabaretts auf dem Nockherberg oder um die öffentliche Aufnahme einer fröhlichen Musiksendung über die „Wellfamilie". Es ging um die vierzehnköpfige Familie des Lehrers Hermann Well, die vom Protestsong über den Dirndldreigesang, den Buamadreigesang, die Stubnmusi, die Tanzlmusi und den Vokalchor alle Gattungen der bayerischen Volksmusik beherrschte .

Gleich ob ich den Gesteins- und Kunstsammler Eichinger in Enzenkirchen, den Literaten Watzinger in Linz, eine Ausstellung mit den schönsten Gemälden Wilhelm Dachauers im Rieder Volkskundehaus, Ludwig Thomas Tuften in Rottach oder das aus Rundhölzern gezimmerte Unterkunftshaus in „Siebenhütten" besuchte, wo man eine schmackhafte Jause aufgetischt bekam und den Winkler Sepp mit seinen Musikerfreunden musizieren hören konnte – es war immer dasselbe altbayerische Mutterland. Und als ich in den achtziger Jahren beinahe täglich Lateinunterricht bei einem Studienrat des Erdinger Gymnasiums nahm, gehörte auch dies zu meinen Excursionen durch die geliebte Heimat. Ich bettete sie immer tiefer in die Geschichte und in die Sprachgeschichte. Es war Bayern, das ich in der Sprache des Tacitus wiederfand.

Zwar muß ich mir von Zeitgenossen und Lesern vorwerfen lassen, daß ich meinen Sohn Martin in diesen Erinnerungen im Gegensatz zu meinen Töchtern Veronika, Anna und Maria unverhältnismäßig oft erwähne. Doch bitte ich, diese Erklärung gelten zu lassen: Martin hatte sich vorgenommen, Priester zu werden, was für mich die Erfüllung eines Traumes gewesen wäre. Deshalb war es auch sein dringender Wunsch, von mir im Auto quer durch die Schweiz nach Südfrankreich zu den traditionstreuen Benediktinern von Le Barroux mitgenommen zu werden. Wir starteten in Rappoltskirchen um sechs Uhr früh und erreichten um zehn Uhr Zürich. Wenig später bat ich Martin, für mich eine landschaftliche Besonderheit auf dem Papierblock, den ich ihm zu diesem Zweck in die Hand gedrückt hatte, zu notieren: „Olten Laubwälder". Ich habe diese Zeile ausgeschnitten und zur literarischen Verwendung aufbewahrt. Im Augenblick, da ich dies schreibe, liegt der Zettel vor mir auf dem Tisch.

Nicht viel später, noch im selben Sommer, ließ Martin einen mit Gas gefüllten Luftballon in die Luft steigen. Er hatte ein Brieflein mit seinem Namen und seiner Anschrift angehängt. Steil stieg der Ballon in den Himmel, wurde aber bald vom starken Westwind erfaßt und nach Osten abgetrieben. Wenige Tage später traf die Antwort per Post bei uns ein. Der Brief war im oberösterreichischen Postamt Fallholz abgestempelt. Als Absender hatte ein Bub namens Martin Hufnagel mit steiler Schülerhand unterschrieben. Es berührte mich angenehm, daß er auf denselben Heiligen getauft war wie mein eigener Bub. Martin antwortete ihm und ließ sich von mir zu seinem unbekannten Freund fahren. Veronika begleitete uns. Auf der Rückfahrt aß ich mit ihr in einem kleinen abgelegenen Gasthaus zu Mittag.

Worte, die mich täglich umschwirrten, waren auf unserer Ferienfahrt an den Kalterersee, überhaupt auf unseren Fahrten ins Hochgebirge von Südtirol die Ortsnamen Taufers, Bruckweg, Luttach, Ahrntal; da gab es Penaten und Laren, Saulkan und Gagen. Und Martin Stachls aus dem Tiroler Gebirge stammende Gattin Josefine, die erst neunzehn Jahre alt gewesen war, als der Maler Aloys Wach (der eigentlich Wachlmayr hieß) das Zeitliche segnete, war eine geborene Blaschögg. Wie österreichisch klang das!

Um noch einmal von meinem Sohn Martin zu reden: Er hatte schon in jungen Jahren dreimal den Tod erfahren. Sein täglicher Umgang, der zweitjüngste Sohn des „Schafhauser" von Gigling, der sich „Sturz" schrieb, erhängte sich in der elterlichen Autogarage. Ein anderer Freund aus Kindheitstagen, Helmut Engl, ebenfalls vom Nachbardorf Gigling, der hinter Martin her war „wie der Teufel hinter der armen Seel", fand einen besser zu ihm passenden Freund. Besser paßte er zu ihm allerdings auch in der Todessehnsucht. Beide setzten sich ins Auto, fuhren in eine Waldlichtung, wo niemand sie an ihrem Tun hindern konnte, und leiteten die Motor-Abgase ins Innere. In Händen hielt Helmut ihr Testament. Sie wollten im selben Sarg miteinander bestattet werden. Es war ihr letzter Wunsch. Er wurde nicht erfüllt. Mich schüttelt es heute noch, wenn ich daran denke, daß dies auch Martins Schicksal hätte werden können. Ein drittes Mal begegnete unser Sohn dem Tod in

Gestalt seines Brieffreundes Matthew aus Bristol. Martin schrieb ihm auf englisch, Matthew antwortete auf deutsch. Es waren viele lange Briefe, die zwischen beiden Knaben hin- und hergingen. Eines schönen Sommertages, Martin und ich saßen nebeneinander auf den Granitstufen vor unserer Haustür, holte meine Gatttin wieder so einen Brief aus dem Postkasten und überreichte ihn Martin. Zu unserer Verwunderung hatte nicht Matthew die Adresse geschrieben, sondern eine fremde Hand. Martin erbrach den Brief und las. Nie werde ich vergessen, daß im Augenblick, als er die ersten Zeilen las, alles Blut aus seinem Gesicht wich. Er wurde leichenblaß. Matthews Mutter hatte ihm geschrieben, ihr Sohn sei beim Ballspiel von einem Ball hart am Schienbein getroffen worden und auf unerklärliche Weise an diesem starken Stoß, der nicht mehr heilen wollte, wenige Tage später gestorben. Ein Fettgerinnsel in der Blutbahn hatte nach dem ersten heftigen Stoß gegen das Knochenmark eine außerordentliche Atemlosigkeit bewirkt. Ein zweites Gerinnsel, das die Lunge verstopfte, könnte zu seinem Tod geführt haben. Auch ein Riß im Lungenfell und ein Zusammenklappen des linken Lungenflügels könnte die Ursache seines Leidens gewesen sein. Der zurategezogene Arzt setzte eine Röhre zwischen Rippenfell und Lunge, um die entweichende Luft herauszuziehen. Darauf angesprochen, stritt er die Möglichkeit nicht ab, einem Blutgefäß zu nahe gekommen zu sein, das verletzt und als Blutsturz in den Brustkorb hinein entleert worden sein könnte. Ich war von diesem Vorfall, wenn das überhaupt möglich war, noch härter getroffen als Martin. Ich las mit seinem Einverständnis alle Briefe seines Freundes und hatte schlagartig den Stoff meines Romans „Laurin, Beschreibung eines Innenraums" gefunden. Ich konnte in diesen Wochen und Monaten nicht genug in Julius Evolas „Revolte gegen die moderne Welt" lesen. Die Brücken waren abgebrochen, es gab keinen Halt und keine Rückkehr mehr.

Aus dieser Zeit gibt es zwei photographische Aufnahmen, einmal beim Nachtmahl zu meinem sechzigsten Geburtstag. Neben mir am Tisch sitzen Staatsminister Hans Zehetmair, Universitätsprofessor Dietz-Rüdiger Moser, Ingrid Weltrich (die Frau eines Freundes aus Wartenberg) und der Komponist Roland Leistner-Mayer. Ein zweites Foto ist beim Pflanzen der sogenannten „Bekh-Buche" am Höhenweg nach Kleinhündlbach aufgenommen worden. Bürgermeister Lambert Bart betätigt den Spaten, der Spender des Baums, Bund-Naturschutz-Vorsitzender Helmbrecht von Mengershausen, hält den kleinen Baumstamm.

Es folgen eine Lesung in Hörlkam, eine Sonntagsfahrt in den Klosterkeller von Gars und ein Besuch beim Vetter Hans Peter in München-Bogenhausen, schließlich eine Reise zum alten Freund Klaus Steinbacher nach Kirchham, wo er den alten Pfarrhof erworben und im Quadrat eine Art Klostergebäude errichtet hat. Im Wartenberger Schulhaus lese ich über den Bildhauer Richard Englmann. Als Redakteur des Bayerischen Rundfunks bin ich in den Festsaal des Dachauer Schlosses zur großen Buchvorstellung des Rosenheimer Verlagshauses geladen. Ich nehme an einer Turmschreiberlesung im Cuvilliés-Theater teil und bringe Veronika zu einem dreitägigen Besuch nach Trudering. Der in Regensburg tätige Pater Emmeram Ritter und der Turmschreiber Günter Goepfert besuchen mich in Rappoltskirchen. Ich nehme am Turmschreiberstammtisch im Torbräu teil und besuche wieder meine alte Verehrerin Dr. Isa Brand in Starnberg. Am 25. März 1983 empfängt unsere Tochter Anna das heilige Sakrament der Firmung. Am 25. März feiert Martin seinen fünfzehnten Geburtstag. Am 30. März fahre ich zur Jahreshauptversammlung der Innviertler Künstlergilde nach Ried im Innkreis, am 5. April zum Stammtisch meiner alten Schulkameraden von der Maresia ins Münchner Weiße Bräuhaus und am 27. April zur großen Zürn-Ausstellung ins Stift Reichersberg. Die alljährlich in unserer Dorfkirche gefeierte Osternacht ist für mich auch dieses Jahr ein erschütterndes Erlebnis. Eine Fahrt nach Passau wird eingeschoben, wo ich vom Verlagsleiter Teschendorf zum Essen eingeladen bin. Er hat meine Kalendergeschichten in einer erweiterten, von Paul Ernst Rattelmüller liebevoll illustrierten luxuriösen Ausgabe herausgebracht. Dazwischen gibt es Lesungen im Münchner Isartorturm, in Moosburg und in Velden. Unsere Kinder fahre ich zu einer Märchen-Aufführung in die Münchner Kammerspiele. Maria, unsere Jüngste, kann sich kaum von ihren Klavierübungen losreißen. Auch Geige spielt sie mit Liebe und Ausdauer.

Wehmütig denke ich an meine Theaterlaufbahn zurück. Schwer fällt mir dieser Abschied, als ich Moliéres „Eingebildeten Kranken" für das Theater im Sonnenhof inszeniere. Den mir als Lektor und Rundfunkdramaturg bekannten Kollegen Dr. Joseph Berlinger, der seinen Rufnamen beharrlich mit ph schrieb, besuchte ich in Zwiesel. Mit Dr. Heinrich Abdallah Ludwig fuhr ich in den Engadin, besichtigte die Zarathustra-Klause des Philosophen Friedrich Nietzsche, weidete mich am klaren Wasser der Bergseen und an den Millionen Trollblumen in den dottergelben Gebirgswiesen.

Mit Martin fuhr ich über die abenteuerlichen Felsmassen des Gotthardpasses, mit der ganzen Familie dann durch das Mürztal hinunter bis zum Neusiedlersee. Eine Lesung in Bad Reichenhall, ein Besuch bei Walter von Cube in der Münchner Max-Josef-Straße und eine Besichtigung der Gemälde des grandiosen Tiermalers Franz Xaver Stahl in Erding stehen in den Rubriken meines Kalenders. Die Mitgestaltung des „Bayerischen Laudate" im Cuvilliés-Theater wurde zur lieben Tradition, ebenso ein Besuch beim alten Freund Leopold Ahlsen in Waldtrudering oder beim Germanisten Hans Rump, der sich ein altes niederbayerisches Bauernhaus wohnlich gemacht hatte und hinter seiner bis zum Plafond hinaufgetürmten Bücherwand nahezu unauffindbar war. Das Thurn- und Taxisschloß in Regensburg, Schauplatz meines Romans „Der Südflügel", suchte ich alljährlich auf und konnte nicht müde werden, an der neoklassizistischen, von der im Süden stehenden Sonne in hellstes Licht getauchten Schaufassade vorüberzugehen.

Als ich noch in München oder zumindest näher an München wohnte, waren mir die Münchner Wirtshäuser, von denen man in der Stadtmitte ein halbes Hundert aufzählen konnte, ein lieber Aufenthalt. Ich genoß die gastliche Atmosphäre und gute Küche im Weinhaus Neuner, in der Hundskugel, im Weinstadl an der Burggasse und im Weißen Bräuhaus, wo ich am sogenannten „Vatikanstammtisch" meinen Platz hatte.

Ich hörte Vorträge des Erdinger Naturschutzbeauftragten Anton Euringer und erlebte schließlich die Aufführung einer Kinderoper meines Freundes Roland Leistner-Mayer im Erdinger Gymnasium: „Der Troll". Ich war Zeuge der Einweihung einer Bronzefigur des Heiligen Nepomuk an der Schloßbrücke von Fraunberg, die ich unserem Bürgermeister abverlangt hatte. Es folgten eine Lesung im Augsburger Goldenen Saal und eine festliche Einladung in den Gartensaal des Schlosses Schleißheim. Ich sitze am selben Tisch mit Werner Egk und Karl Amadeus Hartmann. Egk schickt mir ein Autograph seiner Geigenmusik, Hartmann seine Signatur.

Mit Pfarrer Wolfgang Renoldner, dem gebürtigen Eferdinger, mache ich eine Fahrt nach Pupping und betrete die Kirche, wo unser Namenspatron gestorben ist. Im Eferdinger Kaffeehaus lassen wir uns zum Mokka einen hauchdünnen, saftigen Zwetschgendatschi schmecken.

Eigenartig verhielt es sich mit dem Tod meines Freundes Heinrich Abdallah Ludwig. So oft ich ihn in seinem eigenartigen Lindauer Gartenhaus besuchte, versprach er mir die römische Büste Kaiser Konstantins, die er in seiner Bibliothek aufgestellt hatte. „Diese Büste werden Sie einmal bekommen", versprach er mir jedesmal, wenn ich ihn besuchte. Er starb im hohen Alter von fast neunzig Jahren. Kaiser Konstantin kam allerdings in seinem Testament nicht vor. Ich schrieb seiner Nachlaßverwalterin, daß mir diese Büste von Dr. Heinrich Abdallah Ludwig sowohl mündlich als in einem seiner zwei- oder dreihundert Briefe versprochen worden sei. Die Nachlaßverwalterin schrieb mir, ich solle kommen: Die Büste habe sich gefunden. So kam ich schließlich doch noch in den Besitz der Büste des Kaisers, der das Abendland nach der Schlacht an der Milvischen Brücke christlich gemacht hatte. Nun steht sie in meiner Bibliothek und hebt sich kalkweiß von der weinroten Seidentapete ab. In langer Reihe folgen einander die Statuen und Büsten: König Ludwig II. im Krönungsornat, meine Mutter im Mädchenalter (von einem bekannten Münchner Bildhauer modelliert, als sie Sekretärin in der Bayerischen Akademie der Bildenden Künste war), Kaiser Augustus (ein Abguß der Statue aus der Münchner Glyptothek), die Totenmasken des Dichters Richard Billinger, des Malers Louis Hofbauer und des Bildhauers Hans Wimmer. Besonders lieb ist mir die Statue eines jungen Mädchens namens Margot aus dem Jahr 1900 mit weichem Schmollmund, Mittelscheitel und über den Schläfen zu großen Knoten gelegten Zöpfen, sowie meine eigene vom Bildhauer Ludwig Deller gestaltete Porträtbüste. Rechts und links der Eingangstür in die Bibliothek hängen zwei Lebendmasken, die mir zwei namentlich nicht mehr bekannte Bildhauer im Abstand von dreißig Jahren abgenommen haben.

Einzelbildnisse

Ein eigenartiges Gefühl durchrieselte mich, als ich in den Außenbereichen von Pfronten oder Füssen (ich war damals Regisseur in Memmingen und ging im sonnigen Herbst mit der Kostümbildnerin Renate Bialas spazieren) an einem Gartenzaun stehen blieb, weil ich dahinter – am wohlgedeckten Kaffeetisch – Theodor Heuß sitzen sah. Er war, wie ich später erfuhr, von einem guten Freund in dessen Haus eingeladen worden. Sein Gesicht war dank der Medien in der deutschen Öffentlichkeit allgegenwärtig. Gleichwohl erschreckte es mich, den berühmten Mann, ohne darauf vorbereitet zu sein, in seiner physiognomischen Unverwechselbarkeit wenige Meter vor mir zu sehen.

Am selben Tag saß ich auf einer Anhöhe, von schneebedeckten Bergen umgeben, neben Renate im Gras. Auf einmal sank sie mir in die Arme.

Viel deutlicher und länger blieb das Bild Roland Leistner-Mayers in meiner Erinnerung haften. Ich besuchte ihn in Gilching und später in Brannenburg. Seine Lesewut steckte mich an. Die Begeisterung für Prousts „Recherche" übernahm ich von ihm. Er hatte jedes meiner Bücher greifbar und half mir bei der Fixierung der Musikzitate in meiner Bruckner-Biographie. Seine feingestimmten Kammermusikwerke, im Repertoire namhafter Gruppen vertreten, bezauberten mich, seine Verbindungen mit der tschechischen Musikszene neidete ich ihm, seine unversiegliche Schöpferkraft bewunderte ich.

Unseren gemeinsamen Freund Heinz Winbeck besuchte ich wieder und wieder in seiner romantischen Landshuter Altstadtwohnung hoch über der unten vorbeirauschenden Isar. Er zeigte mir seine Gesteins- und Autographensammlung. Bedauerlich fand ich, daß er seinen Wohnsitz in ein fern gelegenes Klosterschlößl im Schambachtal zu Füßen des Lintlbergs und der Wacholderheide am Dreiländereck Niederbayern, Oberpfalz, Oberbayern verlegte. Dort lebte er in der Einschicht, umgeben von Pferden, Ziegen, Lämmern und Hunden.

Gleichwohl blieben wir uns nah: Ich besuchte jedes Konzert, in dem eine seiner Symphonien aufgeführt wurde, ich widmete ihm mein Brucknerbuch, ich freute mich darüber, daß er meine Mahlerbiographie fünfzehnmal verschenkte und mit seinen Würzburger Kompositionsschülern besprach.

Ein eigenartiges Verhältnis verband mich mit dem ehemaligen Priester Paul Konrad Kurz, der selbst ein Meister des Worts war und mich zu einer Lesung aus meinen Büchern in sein gastoffenes Haus zwischen Buchendorf und Gauting lud. Ich habe es schmerzlich wie kaum einen anderen Schmerz empfunden, daß er einer Krankheit, die er viele Jahre lang tapfer mit sich herumgetragen hatte, endlich doch erlag.

Hans Macher, der Schriftsteller und Rezensent, begleitete die Entstehung eines jeden meiner Bücher mit seinem Zuspruch und seinem würdigenden Wort. Gern war ich bei ihm in seiner mit Bildern, Stichen und Büchern reich ausgestatteten Wohnung an der Germaniastraße in Schwabing zu Gast. Der Glockenklang der Erlöserkirche drang durch die Fenster. Theodor Fischer hatte sie entworfen.

Ein anderer, erst spät gewonnener Freund war Ernst Rubner, seines Zeichens Lehrer an der Blochererschule, der mir, was in unserer schnellebigen Zeit selten geworden war, lange, wiewohl verschnörkelte und schwer verständliche Briefe schrieb. Gern war ich bei ihm und seiner Gattin in seinem wunderschönen Haus auf einer Anhöhe über dem Isental zu Gast und bewunderte seine vielen Feder-, Rötel- und Kreidezeichnungen, von denen er – bescheiden – wenig Aufhebens machte.

Viel zu früh hat uns der Tod einen Schriftsteller entrissen, der sich durch seine biographischen Arbeiten über den unglücklichen Heinrich Lautensack und die Herausgabe von Lautensacks Lebenswerk bleibende Verdienste erworben hatte: Wilhelm Lukas Kristl. Als ich ihn zum letzten Mal in seiner Wohnung gegenüber dem Schwabinger Krankenhaus besuchte, legte er mir eine Fotografie Lautensacks vor, die den erst Achtundvierzigjährigen ausgemergelt und abgemagert in der Nervenheilanstalt von Eberswalde zeigte. Kristl schob gleich eine weitere Fotografie von Lautensacks Leichnam nach und legte den Finger an die Lippen, zum Zeichen, daß ich darüber schweigen solle. Kristl, Mitarbeiter der sozialdemokratischen „Münchner Post", der übrigens die Sprache des Cervantes flüssig sprach, hatte die Zeit der Nazidiktatur in der spanischen Provinz überdauert.

Er kam zu mir mit dem Fahrrad. Er war ein Radler nicht aus Not, sondern aus Leidenschaft. Wie hätte es denn anders sein können, wenn er von Brannenburg bis Rappoltskirchen radelte und – zu früh am Ziel – dann eben noch einmal schnell nach Freising und wieder zurück strampelte? Es ist von Uwe Dick die Rede. Weil er der Verfasser eines schmalen, gleichwohl gewichtigen Bändchens mit „Sauwaldprosa" war, wollte ich ihn kennenlernen. Schließlich war ja das Innviertel meine zweite Heimat und ich war von Richard Eichingers Kramerhaus in Enzenkirchen oft über die Sauwaldhöhen hinaufgestiegen. Er kam also auf dem Fahrrad bis zu meiner Gartentür und saß noch im Sattel, als er mich begrüßte. Dann unterhielten wir uns über Richard Billinger und Franz Stelzhamer. Er riet mir, meine aus Musik, Zitaten und eigener Prosa gemischten Neunzig-Minuten-Sendungen zu Schallplatten zu machen. Er konnte gut reden, konnte überhaupt, was ich nicht konnte: durchs Innviertel reisen von Ost bis West, von Süd bis Nord und Vorträge halten über Heimat und Heimatsprache. Er übernachtete im nordwestlichen Eck unseres Hauses, wo das Nachmittagsruhebett, ein Biedermeierbett, stand und schrieb am nächsten Morgen eine Belehrung in mein Gästebuch: „Daß wir bayerisch reden dürfen, vielleicht sogar boarisch leben, darf uns glücklich machen – aber stolz? Ein Radfahrer namens Uwe Dick 23.9.76"

Den Dichter Eugen Oker, Oberpfälzer par excellance, habe ich wegen seiner unverwechselbaren Sprache immer gern gelesen. Ich habe ihn auch gebeten, Zitate aus dem Werk seines Landsmannes Franz Xaver Schönwerth im Hörfunk zu sprechen. Dies war für mich und die Hörer ein Gewinn. Harald Grill habe ich wegen seiner Wanderungen um die halbe Welt mehr bewundert als wegen seiner schmalen und gleichwohl gewaltigen Gedichtbände. Der Autor und Rezensent Hans F. Nöhbauer wurde mir im Gegensatz zu seiner ursprünglichen Reserve gegenüber meinem schriftstellerischen Werk zum bewährten Freund. Mit Carl Amery verstand ich mich weniger wegen seiner Romane als wegen seines unbeirrten Eintretens für Natur und Umwelt. Den außerordentlichen und sonderbaren Maler Fabius von Gugel besuchte ich in seiner von Bildern überfüllten Klause hinter den Parkanlagen beim Friedensengel. Klaus Brenninger, der Komponist, schuf Variationen zu Schuberts Kupelwieserwalzer. Ich begleitete die Uraufführung mit einer Lesung in der Hildebrandvilla.

Eine besonders liebe Freundin war mir die Lehrerin Isa Brand, eine aufmerksame Leserin meiner Bücher, für die sie in ihren Vorträgen immer wieder warb. Ich besuchte sie in ihrer Starnberger Wohnung und später im dortigen Altersheim. Von Michael Vogl, einem ihrer Schüler, wurde sie alljährlich zu mir nach Rappoltskirchen gebracht. Er verewigte sich in unserem Gästebuch, am 26. Oktober 1989 mit der Farbstiftzeichnung eines prächtigen Blumenstraußes, am 20. September 1990 mit einer Bleistiftzeichnung meines Laurin (einer aus hartem Eichenholz geschnitzten Figur mit Krone, Rosengarten und Bergkristall). Isa Brand schrieb über unser Haus: „Das Zauberreich König Laurins walte darin". Jahr für Jahr setzte Michael Vogl eine eindrucksvolle Zeichnung oder Malerei ins Gästebuch, einmal das Kruzifix unseres Herrgottswinkels, einmal einen Blumenstrauß, der einem riesigen roten Herzen entsprießt, einmal den Blick aus unserem Terrassenfenster auf den blühenden Apfelbaum, zuletzt, am 29. September 2000, unseren Kasperl Larifari mit hölzernen Füßen, hölzernen Händen und einer hohen hölzernen Zipfelhaube. Seinem breit lachenden Mund entweicht die Sprechblase: „Seid's alle da?" Und Isa Brand schrieb darunter mein eigenes Lieblingswort: „Erinnerung ist Gegenwart". Es war ihr letzter Besuch. Ein Jahr später war sie tot.

Beim Grafen Georg von Soden-Fraunhofen im Schloß Neufraunhofen habe ich mich immer wohlgefühlt. Schon das ganze Ambiente, das hochherrschaftliche Entree, dann, wenn man die Rotmarmortreppe erstiegen hatte, die Veranda und Garderobe, der geräumige Speisesaal mit erlesenem Mobiliar, dahinter ein Salon mit Lustern und Gemälden aus Familienbesitz. Hier wurde der Aperitiv genommen, eh man an der langen Tafel im Speisesaal nach wohlüberlegter Tischordnung Platz nahm: Der Graf in der Mitte der einen Längsseite, ihm gegenüber die Gräfin. Auf den übrigen Plätzen sorgsam paarweise drei Töchter, zwei Söhne, etliche Enkel. Meine Frau und ich als Gäste. Das Mahl hob mit dem stehend gesprochenen Tischgebet an, dann setzte man sich und nahm vom Serviermädchen der Reihe nach Suppe, Fleisch, Soße, Beilagen, Dessert. Den Wein ließ man sich in kostbar geschliffene Gläser nachschenken. Dazu wurde gedämpfte Konversation geführt. Nach dem schweigend verrichteten Schlußgebet setzte man sich an die verschiedenen Tische im Salon. Ich bekam in der Regel ein Zigarillo vom Grafen Christoph, dem ältesten Sohn, angeboten. Gelegentlich überwand sich der Hausherr, mich einen Blick in seine beachtliche Bibliothek werfen zu lassen. Am erstaunlichsten fand ich das hier verwahrte Gästebuch mit Eintragungen und Originalzeichnungen von Moritz von Schwind und Franz Graf von Pocci. Im anschließenden Saal, wo ein Billard stand, gab es die eine oder andere Einladung mit vielen Gästen, meist bekannten Persönlichkeiten des öffentlichen Lebens.

Ein besonders lieber Freund war mir der Bildhauer Leo Bäumler aus Wernstein-Köblitz in der Oberpfalz, nur wenige Kilometer von der Bezirkshauptstadt und Max-Reger-Stadt Weiden. Er hatte sich den alten Pfarrhof, ein wunderschönes Bauwerk aus dem frühen achtzehnten Jahrhundert, wohnlich eingerichtet. Wir lernten altbayerische Wohlhäbigkeit fühlen, als wir einige Nächte im großen Schreibzimmer des ersten Stocks „wohnen" durften. Leo frühstückte mit uns jeden Morgen in der Kuchl. Er legte sich alltäglich eine in Scheiben geschnittene Knoblauchzehe aufs Butterbrot und forderte mich auf, es ihm gleichzutun. Das Haus war voller Leben, denn Leo hatte Töchter und Söhne wie die Orgelpfeifen. Er bosselte daheim an winzigen Schnitzarbeiten, etwa einem heiligen Sebastian oder einer Holzscheitelmadonna; er schlug in den Steinbrüchen mit Meißel und Holzhammer an gewaltigen Skulpturen. Ich habe diesen großen Künstler gern in Rappoltskirchen willkommen geheißen. Eines seiner schönsten Bildwerke ist König Laurin mit dem Rosengarten, als Hinweis auf die Felsen seines Tiroler Königspalastes aus hartem Eichenholz geschnitzt. Meine Frau hat mir dieses Kunstwerk als Anspielung auf meinen gerade entstandenen Roman LAURIN geschenkt.

Den Dichter Eugen Roth besuchte ich mehrmals: Einmal in seiner Wohnung an der Fuststraße, wo wir über meinen unveröffentlichten Erstlingsroman Donalt Laffrey sprachen und Roth mir meine Begeisterung für den „großen St. Petersburger" auszureden versuchte. Dostojewski – meinte er – sei ein Erzeugnis der russischen Dekadenz. Ein andermal besuchte ich ihn in seiner Moosacher Wohnung, wo er mir seinen im Jahr 1928 für die „Münchner Neuesten Nachrichten" geschriebenen Bericht über Hans Carossas fünfzigsten Geburtstag ins Mikrophon sprach. Ein letztes Mal besuchte ich Eugen Roth an seinem Sterbelager im Altersheim der Blutenburgstraße. Dieses letzte Mal sagte er zu mir in aller Offenheit: „Ich mag Ihren Vater lieber als Sie" – ein erstaunliches Votum einem Krankenbesucher gegenüber, der eben mit einem Strauß Blumen gekommen war! Von Eugen Roths Neigung zu meinem Vater legten die vielen Bände ein beredtes Zeugnis ab, die vom Elternhaus in meine Bibliothek übergingen, alle mit Roths Widmung für meinen Vater. Am liebsten ist mir sein Lyrikband „Monde und Tage" geblieben.

Gern denke ich auch an Renate Richter zurück, Inhaberin der Residenzbücherstube. Mehrmals habe ich eines meiner Bücher in ihrem Büchersalon hoch über dem Verkaufsraum aus der Taufe gehoben. Diese Lesungen mit dem herrlichen Ausblick in den Kaiserhof der Residenz gehören zu meinen schönsten Erinnerungen. Im Eingangsbereich, hoch über der Marmortreppe, lag immer das Gästebuch mit Feder und Tintenfaß bereit. Es herrschte unsägliches Gedränge der vielen Gäste. Besonders feierlich gestaltete Renate Richter die Premiere meiner Anton-Bruckner-Biographie. Verlagsleiter Walter Fritzsche legte eigenhändig die Nadel auf die Schallplatte, von der das Adagio der „Romantischen" erklang.

Im Schreibkabinett der Gräfin Schlippenbach, Herzstück ihres von Gabriel Seidl errichteten hochgiebeligen Schlosses oberhalb von Kreuth hat mich einmal der Schneidermeister und Volksmusikpionier Benno Eisenburg bei der Arbeit an meinem Roman „Des geheimen Reiches Mitte oder Der Südflügel" überrascht. Sein Besuch war lange vereinbart gewesen, ich hatte es nur vergessen. Ich stopfte die zerknüllten, ungeordnet am Parkettboden herumliegenden Notiz- und Merkzettel im Papierkorb zusammen und brach mit ihm auf zum Spaziergang ins Dorf Kreuth, wo wir uns bei einem zweiten Schneidermeister und Volksmusikpionier angesagt hatten: bei Sepp Winkler, dem Trachtenschneider des Thronfolgers und Herzogs Albrecht. An lauen Sommerabenden leitete Winkler eine altbayerische Tanzlmusi, die draußen in Siebenhütten aufspielte. Dies waren Tage, die regelmäßig mit einem Besuch bei der unweit in Brunnbichl ansässigen Bildhauerin Nandl Edbauer ausklangen. Erwartungsvoll stapfte ich über die schmale, schwankende Außenstiege hinauf und traf sie beim Arbeiten, fleißig daß die Späne flogen. Sie hatte einmal meine Büste geschnitzt und mir eine besondere Freude mit dem Geschenk einer Figur der kleinen Therese gemacht. Nandl zeigte die zarte Heilige, wie sie ihr Gewand aufhebt, über das sich ein Schwall voll erblühter Rosen ergießt.

Auf Bauernkästen und Konsolen standen Heiligenfiguren und Porträt-Büsten. Das Atelier der Künstlerin zeugte von ihrem nie nachlassenden Arbeitseifer, kaum gönnte sie sich eine Pause, um mit mir ein Schalerl Kaffee zu trinken und über die Entwicklung der Kirche zu reden, die sie mit Mißbehagen verfolgte. Mehrmals habe ich in ihrer Bibliothek auf dem Sofa genächtigt. Unter ihren vielen Büchern gab es einen Band über den Bildhauer Hans Wimmer, den sie besonders schätzte. Jedesmal, wenn ich Nandl besuchte, hatte ich eines meiner Bücher dabei. Sie sprach mit mir darüber und war voller Fragen. Mit ihrem kleinen Auto, das draußen stand, fuhr sie allsonntäglich zum Gottesdienst. Sie bevorzugte die schönen altbayerischen Barockkirchen. Um den Rückspiegel war bei ihr immer ein Rosenkranz geschlungen. Während ihrer vielen Fahrten betete sie pausenlos. Diese Versenkung ins Gebet wurde ihr eines Tages zum Verhängnis. Sie prallte bei einer Kreuzung mit einem anderen Fahrzeug zusammen. Sie starb im Krankenhaus.

In München hatte ich in diesen Jahren Verbindung mit dem Journalisten und Musikschriftsteller Harald Eggebrecht aufgenommen, traf mich mit ihm und mit Johannes Willms, Leiter des Feuilletons der Süddeutschen Zeitung, zum Mittagstisch im Weinhaus Neuner an der Herzogspitalgasse. Gelegentlich traf ich mich dort auch mit den Rechtsanwälten Florian und Emanuel Besold, beide feudal in einem der oberen Stockwerke des Preysing-Palais an der Arcogasse, dem sogenannten „Drückebergergaßl" residierend (so genannt, weil Fußgänger dieses Gässlein zum rechtzeitigen Abbiegen benützten, um nicht vorn an der Residenzstraße die Hand zum „Deutschen Gruß" erheben zu müssen). Gern denke ich daran zurück, daß ich zusammen mit Leo Samberger, Sohn des berühmten Malers, vom Eckfenster seiner Rechtsanwaltskanzlei dem unten vorbeiziehenden Faschingszug zujubelte.

Eines der wichtigsten Erdinger Häuser ist Franz Xaver Stahls Geburts- und Sterbehaus an der Landshuter Straße. Es ist in seinen Innenräumen von unten bis oben angefüllt mit Stahls Lebenswerk, einem opus summum der altbayerischen Tier- und Landschaftsmalerei. Stahls Pferde, Kühe, Viehweiden und Baumgruppen, unvergleichliche Beispiele der plein'air-Malerei füllten Wand für Wand. Ich habe viele Besuche in Stahls Haus gemacht und Stunden vor seinen köstlichen Bildern verbracht.

Stahls Witwe Margarethe, die kundige Kustodin, führte mich durchs ganze Haus und beendete ihre Excursion jedesmal im Atelier vor der Staffelei, an der all diese Herrlichkeiten entstanden waren. Ebenso gern bin ich in Magda Bittner-Simmets Malerhaus ein- und ausgegangen, habe dort Lesungen über das Lebenswerk der gebürtigen Erdingerin gehalten.

Ich selbst war Zuhörer, ja Genießer in Schönenberg, wo der Bonner Philosophieprofessor Heinz Lothar Barth die lateinische Schola seiner vielen jungen Studenten leitete. Unvergeßlich ist mir seine volle Stimme, mit der er in der Sprache aller Sprachen nicht nur sang, sondern auch sprach, flüssig und frei. Es war für mich ein Rätsel, wie es das geben konnte und gab: Ein ganzes Nonnenkloster singend und betend nach dem alten und ewigen Ritus der heiligen Kirche. Neben dem Kloster wohnte ein junger Journalist namens Mersch, der die konservative katholische „Kirchliche Umschau" nicht nur herausgab, sondern redigierte und großenteils auch schrieb. Ich trug dort Abschnitte meiner Biographie „Therese von Konnersreuth" vor und fand aufmerksame Zuhörer. Meine Fahrt nach Schönenberg hatte ich nicht mehr mit dem Automobil, sondern mit der Bahn unternommen, die fortan mein hauptsächliches Beförderungsmittel blieb.

Auch der Dichter Hermann Lenz fühlte sich der alten Kirche nah. Ich war selbstverständlich zur Beerdigung des verehrten Schriftstellers, von dem ich Briefe besaß, die er mir mit seiner schönen steilen Hand geschrieben hatte, zum Nordfriedhof gekommen und lauschte den zu Herzen gehenden Grabreden. Nah neben mir stand Peter Handke, ein Dichter von besonderem Rang. Handke hatte dem Romancier Lenz durch entschiedenes Eintreten für sein Werk zu spätem Ruhm verholfen. Ich hatte Handke, dessen Bücher ich verschlang, noch nie so nah gesehen. Vorn an der offenen Grube las ein Schriftstellerkollege Verse der italienischen Renaissance. Der Himmel war schwarz verhangen und verhieß nichts Gutes. Ich hatte vorsichtshalber einen Regenschirm dabei. Auf einmal brach das Unwetter los. Ein heftiger Platzregen prasselte auf die Trauerversammlung hernieder. Der Rezitator verstummte und suchte das Weite. Ich spannte meinen Schirm auf und blickte zu Handke hinüber, der im offenen Hemd an der Grube stand. Er hielt lächerlicherweise die gefaltete Trauereinladung zum Schutz über den Kopf. Sein lockiges Haar wurde ihm von den herunterstürzenden Wassermassen an die Stirn geklatscht. Ich hielt meinen aufgespannten Schirm über ihn und er ließ es dankbar geschehen.

Veronika, meine älteste Tochter, ist immer bei mir, weil ich ein „Einmerkerl" besitze, das einmal ihres war. Darauf ist ein blutrotes Herz zu sehen. Aus dem Einschnitt inmitten sprießt ein dicker Strauß bunter Sommerblumen, zwischen denen zwei zwitschernde Vögel sitzen. Darüber ist in Fraktur ein wunderbarer Spruch zu lesen, der mich meiner Tochter, die gleich vielseitig als Musikerin, Malerin und Schriftstellerin ist, auf besondere Weise nahebringt: „Wie fruchtbar ist der kleinste Kreis, wenn man ihn wohl zu pflegen weiß".

Einer viel zu früh Heimgegangenen muß ich an dieser Stelle gedenken, der großen Bildhauerin Christiane Horn. Ihre erregten Darstellungen von Kindern, Frauen, Tieren, insbesondere Pferden, gehören zum bleibenden Bestand der europäischen Skulptur. Ich besuchte sie immer wieder im ehemaligen Schulhaus von Wartenberg, wo sie ihr Atelier eingerichtet hatte, das mit angefangenen und vollendeten Güssen überfüllt war. Inmitten stand auf dem drehbaren Podest das Tonmodell ihres jüngsten Werks: Zwei Kinder mit einem Hasen spielend. Christiane besuchte uns mit ihrem Ehegatten, dem Maler Dirk Auf dem Hövel, regelmäßig in Rappoltskirchen, zuletzt als Schwerkranke, die kaum noch Speise zu sich nehmen konnte. Von ihr besitze ich ein tröstend schönes, in Bronze gegossenes Reitpferd mit erhobener rechter Hinterhand. Meine Frau hat es mir zum fünfundsiebzigsten Geburtstag geschenkt.

Mit Universitätsprofessor Klaus Felix Laczika, Arzt am Allgemeinen Krankenhaus der Stadt Wien, einem beachtlichen Sänger und Pianisten, traf ich mich immer wieder, sei es im Stift Sankt Florian, sei es in einem Straßenrestaurant nahe bei der Wiener Staatsoper oder in seinem Wohnhaus Pierrongasse 4 am westlichen Wiener Stadtrand. Gespräche mit Laczika über Musik und Musiker waren für mich immer ein Gewinn.

Odette Arens und ihre Rätsel

Eine französische Adelige war sie; ihren Mädchennamen habe ich unglücklicherweise vergessen, weiß nur, daß ihr Taufname an Marcel Proust gemahnte. So hatte eine seiner Freundinnen geheißen. Zuerst besuchte ich sie in ihrer alten Wohnung an der Romanstraße. Mit Begeisterung hatte ich das dreibändige Riesenwerk „Unsterbliches München" von Hanns Arens gelesen, nein gefressen. Man finder kein Ende, darin nachzuschlagen. Ich wollte ein Autograph des Verfassers besitzen. Odette schrieb mir, ihr Mann sei wenige Tage vor dem Eingang meines Briefes gestorben. Ich besuchte Odette einmal, zweimal, immer wieder und ging andächtig in der Riesenwohnung umher, wo es herrliche alte Möbel zu bewundern und an allen Wänden Bilder zu betrachten gab, vor allem Fotografien der Dichter (samt Signaturen), mit denen Hanns Arens befreundet gewesen war. Mit Odette, das fiel mir gleich auf, konnte man über alle Dichter reden, lebende so gut wie tote, über jeden, sei es E.T.A. Hoffmann oder Stifter, Mörike oder Keller, Rückert oder Novalis.

Ich besuchte Odette auch noch, als sie eine wunderschöne Wohnung des Altersheims an der nördlichen Auffahrtsallee bezogen hatte. Gleich beim Eingang gab es eine goldgerahmte Handschrift Goethes. In einem hohen altertümlichen Schrank verwahrte Odette in unzähligen Ordnern und Schachteln eine gewaltige Autographensammlung, die sie Stück für Stück bei Stargard versteigern ließ, denn sie bereitete sich auf den Tag ihres Sterbens vor. Wir saßen, fast lagen wir am Boden vor dem gewaltigen Barockschrank, dessen Türen weit offen standen. In seinem dunklen Abgrund erschienen stapelweise Mappen und Ordner. Mit Gaben aus dieser Sammlung war Odette überraschend großzügig. So schenkte sie mir unvermutet alle Briefe, die ihr Mann von der Dichterin Mechthilde Lichnowsky aus London geschickt bekommen hatte. Es waren an die hundert, zum überwiegenden Teil sehr ausführliche Briefe. Auch einen der vielen Briefe, die Hermann Hesse mit gestochener Hand an Hanns Arens geschrieben hatte, schenkte sie mir. Es war einer jener wertvollen, von einem Landschaftsaquarell begleiteten Briefe Hesses. Ich blieb, als ich mit meinem Auto nachhause fuhr, in der Hofgartenstraße stehen, um Hesses Handschrift und Aquarell noch einmal genau in Augenschein zu nehmen. Odettes Ehemann hatte Briefe mit der geistigen Elite Europas gewechselt. Man hat aber damals auch noch Briefe geschrieben!

Als ich in diesen Wochen nach Berlin kam, sah ich mich in der Keithstraße um, wo Odette nach ihrer Auskunft in glücklichen Jahren mit ihrem Gatten gewohnt hatte. Odette besuchte mich dann mehrmals in Rappoltskirchen und trug sich mit ihrer kräftigen schwarzen Federschrift in mein Gästebuch ein.

Ihr Mann war in seiner nördlichen Heimat, nahe der dänischen Grenze, bestattet worden. Als ihr Sohn – der Schauspieler Peter Arens – dann Selbstmord beging – er erhängte sich am Fenstergriff seiner Wohnung an der Bogenhauser Pienzenauerstraße – ließ sie seine Asche auf See bestatten. Die zierliche Frau irrte auf dem Waldfriedhof, eine schwarze Strickmütze auf dem Kopf, zwischen den Trauergästen umher, so seh' ich sie immer noch. Einmal, erinnere ich mich, spottete sie über Witwen und Mütter, die mit einem Schäuflein zum Friedhof gingen und Unkraut jäteten: Ein seltsamer Widerspruch zu solchen Worten war ihre tief religiöse Haltung. Auf ihrem Nachtkästchen lag, so oft ich auch kam, ein schwarzes katholische Gebetbuch mit Goldschnitt. Vor dem Fenster war es grün von Bäumen. Immer wenn ich hinaussah, rieselte das Laub in einem leichten Wind.

Bei meinem letzten Besuch hielt Odette mich an beiden Händen fest. Sie wollte mich nicht gehen lassen. Sie fand kein Ende des Zeigens und Erzählens mehr. Schließlich mußte ich mich doch von ihr trennen; sie hatte den Abschied wie in einer Vorahnung immer weiter hinausschieben wollen. Wenig später wurde sie mir durch den Tod genommen.

Tassilo

Als Leitwort meines Denkens und Handelns habe ich von jeher ein Zitat aus Hölderlins Dichtung Hyperion empfunden: „Immerhin hat das den Staat zur Hölle gemacht, daß ihn der Mensch zu seinem Himmel machen wollte". Mein Vorbehalt rührte aus Zeiten her, als ich im Widerstand gegen die Nazi-Diktatur den Staat nicht mehr so wertfrei zu sehen vermochte wie die Griechen ihre polis.

Und ich denke an einen bestimmten elften Dezember zurück. Es war der Todestag Herzog Tassilos. Mein geistlicher Freund Wolfgang Renoldner war von den Kremsmünsterer Prälaten eingeladen worden, den Feiern dieses Tages im Stift Kremsmünster beizuwohnen. Er trug über dem rot paspolierten schwarzen Talar das rote Zingulum und sah prächtig aus. Ich saß in der letzten Stuhlreihe und mußte mir den Hals ausrenken, um vorzusehen. An den Stufen zum Hochaltar fand ich die schwarzgelbe Tumba des toten Herzogs aufgebaut, hinter dem reich geschmiedeten Chorgitter saßen in fast unübersehbarer Schar die Kleriker, in den ersten Reihen des Kirchenschiffs die dunkel gewandeten, sauber gescheitelten Seminarknaben.

Im lichterfüllten Festsaal waren die blütenweiß leuchtenden Tafeln für Hunderte gedeckt. Und es wurden in goldgerandeten Schüsseln die erlesensten Speisen serviert. Als Verfasser eines Buches über Herzog Tassilo durfte ich an der Stirnseite des Saales neben dem Abt sitzen. Ich erzählte ihm von meiner Gattin Theresia, die ich daheim in Rappoltskirchen gelassen hatte, und gab mir redlich Mühe, von ihr so feierlich zu sprechen wie Hölderlins Hyperion von seiner geheiligten Diotima.

Postskriptum: Ich darf nun aber auch nicht zu erwähnen vergessen, daß es im Unglücksjahr 1943 Hölderlins Hyperion gewesen war, der mich zur nächtlichen Flucht aus dem Reichsarbeitsdienstlager Baumgartenberg angetrieben hatte. „Und ist er in ein Fach gepreßt, wo gar der Geist nicht leben darf", war Hyperions beherzigenswertes Wort, „so stoß er's mit Verachtung weg und lerne pflügen".

Ende und Übergang

In Abwandlung von Hyperions Strafpredigt an die Deutschen beklage ich, daß der Mensch nicht mehr mit bloßen Händen oder mit Hilfe eines Pferdes kämpfen kann, daß er Maschinen erfand, mit deren Hilfe er tausendmal schneller als ehedem das unselige Werk der Vernichtung leistet. Daß er sich bei seinem unverzeihlichen Tun selbst mitvernichtet, begreift er erst, wenn es für sein Überleben zu spät ist.

Ich beklage, daß unter Bauern, die den Großteil einer unersetzlichen Landschaft als Grundbesitz verwalten, die Meinung herrscht, jeder könne mit seinem Grund und Boden machen, was er will. Jahrmillionen benötigten die Sandbuckel des Erdinger Holzlandes, um zu entstehen – der moderne Mensch räumt mit ihnen in einem einzigen Jahr auf. Allein in der Pfarrei Rappoltskirchen wurden innerhalb von achtzehn Jahren sechs riesige Sandberge abgetragen. Die Erdinger Bauwut ist an diesem Raubbau und an dieser Naturzerstörung schuld.

Unter den Stichworten Fortschritt, Großflughafen, Zuzug, Siedlungsdruck werden die einheimischen altbayerischen Menschen von Tag zu Tag geldgieriger und verdorbener. Schuld sind solche aus ihren Reihen hervorgegangene Politiker, die nicht wissen, was sie mit den Folgen dieser Expansion anrichten.

Hoffentlich reicht aber der beklagenswerte Abbau von Hügeln und Wäldern am Ende nicht bis Kleinhündlbach und Lodermoos, dann wäre nämlich von der nördlichen Talwand des eiszeitlichen Quellgebiets nichts mehr vorhanden. Und Adalbert Stifters Zitat aus der „Mappe meines Urgroßvaters" wäre nur noch Spott und Hohn: „... alles war recht reinlich und klar".

Die schlimmsten Begleiterscheinungen der unsinnigen Gebietsreform betrafen die Landkreise (eigentlich Bezirke) und Regierungsbezirke (eigentlich Länder) Bayerns. Dem Land Oberbayern gliederte ich in Gedanken Rain, Aichach, Friedberg und Schwangau zu, dem Land Oberpfalz die Umgriffe von Arzberg, Marktredwitz, Feucht, Lauf, Hilpoltstein und Wolframs Eschenbach. Zum Land Niederbayern rechnete ich Furth im Wald, Kötzting, Eggmühl, Schierling, Burghausen (Witwensitz der Herzogin Hedwig von Niederbayern), Altötting, Neumarkt, Sankt Veit und Erding – ohne den fälschlichen Zuwachs im Süden.

Wiederherzustellen wären – so dachte ich – die Bezirke Wasserburg, Vilsbiburg, Pfarrkirchen, Eggenfelden, Straubing, Wolfratshausen und Weilheim. Bindestrich-Bezirke müßten abgeschafft werden, der Bezirk Rosenheim, der sich als Ergebnis überzogener Reformen vom Weichbild Münchens bis zu Tiroler Grenze dehnt, ist zu verkleinern. Warum „merkte" Merk nicht, daß Bayerns Vorbild Österreich, nicht aber „Schleswig-Holstein" ist?!

Im Jahr 1976 schrieb ich mein Buch „Bayerische Hellseher vom Mühlhiasl bis zum Irlmaier". Dieses Buch brachte Gespräche, Zitate und Ergebnisse um die große Schau in die Zukunft. Im Jahr darauf erschien meine umfangreiche Sammlung altbayerischer Volksreime, an der ich ein volles Jahrzehnt gearbeitet hatte. Meiner Liebe zum Kleinen entsprachen die Flurnamen Pupplinger Au, Garchinger Heide,

Echinger Lohe und Erdinger Moos. Das Moos, diesen gesegneten Landstrich, empfanden Politiker, die das Sagen hatten, als Leere, in die ein Großflughafen mit seinem Höllenlärm und Höllendreck paßt.

Der Mensch, der in der Eisenbahn Länder durchquert, Auto fährt, fliegt, telephoniert, „faxt", Radio hört, fernsieht – steht auf einmal dem Menschen gegenüber, der fischt, jagt, Ackerbau treibt, zu Fuß geht oder reitet. Sie sind nicht weniger als Jahrhunderte voneinander entfernt.

Oft habe ich mich gefragt, wie lang ich noch auf dieser schönen Erde leben werde, wie lang ich noch von den vielen Dingen umgeben sein werde, die mich mit meinen Vorfahren verbinden, oft habe ich mich gefragt, wie lang ich noch die Reihen meiner bis an den Plafond getürmten Bücher greifen kann, jener Bücher vor allem (an die fünftausend oder sechstausend mögen es sein), die ich für billiges Geld auf der Auer Dult erworben hatte, als ich auf dem Hochufer Schüler des Maria-Theresia-Gymnasiums gewesen war. In weit größerer Zahl hatte ich diese Bücher von meinen Eltern, von Tanten und Onkeln, die meine Leseleidenschaft kannten, geschenkt bekommen. An den von mir vor vier Jahrzehnten sorgsam und liebevoll tapezierten Wänden hingen die weißen Gesichtsmasken, standen auf Konsolen die Büsten, hingen an guten Eisenhaken die Bilder, Stiche und Passepartouts, vor allem die dreißig Gemälde meines Großvaters, des bedeutenden Malers der Münchner Schule, dessen Ölbilder über die ganze Welt verstreut waren! Und schließlich hatte ich mehrere Zimmer mit schönen Beispielen des Mobiliars meiner Eltern ausgestattet.

Aus Innsbruck kam zu uns nach Rappoltskirchen der Dirigent und Bruckner-Forscher Peter Jan Marthé, der den 4. Satz der Brucknerschen Neunten in St. Florian zum Konzertleben erweckt hatte.

Totenmasken

Ich bin von lauter Dingen umgeben, die auf meine Vorfahren verweisen. Und meine Trauer darüber wächst, daß der Tag unaufhaltsam näher rückt, an dem ich dieses Eingebettetsein in die Dinge meiner Herkunft verlieren muß. Freilich ist es das Schicksal jedes Menschen, daß er den Tag, an dem er scheiden muß, immer näher vor Augen hat.

Adalbert Stifter schreibt einmal, daß er alte Sachen gern um sich habe und liebe. „Ja, ich denke", schreibt er, „oft jetzt schon, da ich selber alt zu werden beginne, mit Vorfreude auf jene Zeit hinab, in der mein Enkel oder Urenkel auf meinen Spuren herumgehen wird".

Am eigenartigsten berührt es mich, und dies verdeutlicht mir den Ablauf der Zeit, daß mein Großvater, der mir so vertraut und nahe ist, den ich noch ganz bewußt erlebt habe, meinen Kindern Veronika, Martin, Anna und Maria bereits der Urgroßvater ist und deren Kindern Thomas, Max, Paulina, Emilia, Florian und wer noch immer das sprichwörtliche Licht der Welt erblicken mag, bereits der Ururgroßvater. Ich weiß, daß ich diese Enkel eines Tages nicht mehr haben werde und daß auch sie mich nicht mehr haben werden.

Heimat, ein herrliches Wort, dem nur geistig Minderbemittelte einen faden Beigeschmack anhängen. Andere denken daran, daß das Isengäu im Besitz der Vagara war und wie der Isarfluß einem keltischen Königreich angehörte. Im Tusculum lebten die keltischen Druiden. Civianus hieß der Priester, Bürgermeister und Arzt. Zwischen dem Jahr Fünfhundert vor unserer Zeitrechnung und Christi Geburt lagen die Jahrhunderte der Kelten. Im Jahr 100 nach Christus gibt es eine Römersiedlung in Aschheim, um 600 nach Christus eine frühmittelalterliche Siedlung, um 660 ist der Tod des heiligen Emmeram anzusetzen. Um 700 ist eine Steinkirche in Aschheim überliefert. Im Jahr 756 trat der erste Bayerische Landtag in Aschheim zusammen.

1220 Jahre später vergnügte ich mich mit meinen älteren drei Kindern Veronika, Martin und Anna im innviertlerischen Mettmach auf dem Tretkarussel. „Rundrumdrahn!" war ein stehendes Wort unserer Kinder. Die Abende, wenn sie längst schliefen, gehörten der Lektüre. Ich las während dieser Sommerwochen in einem Buch über den Fernen Osten. Es versteht sich, daß mir der Schriftweg – als welcher die Literatur bezeichnet wird – am allermeisten zusagte. Der Teeweg umfaßte die Gesamtheit der Künste: Architektur, Plastik, Malerei und Musik. Der Blumenweg meinte die Natur, der Schwertweg die Kunst des Kampfes, der Bogenweg die Religion. Apropos Religion: Die heilige Messe ist die Erneuerung des Opfers auf Kalvaria. Opfer, das ist in den späten Jahren des zwanzigsten Jahrhunderts ein Fremdwort geworden. Inzwischen ist in der katholischen Kirche alles erlaubt, ausgenommen die alte römische Messe.

In der Tat war kaum ein Jahrhundert vom Wahnsinn so geprägt wie das zwanzigste. Als einer, der den hochgradigen Wahnsinn des zwanzigsten Jahrhunderts durchschaute, schrieb mir mein oberpfälzischer Freund, der Bildhauer Leo Bäumler: „Das Jahrhundert des Wahnsinns begann mit dem Wahn des Wilhelminischen Kaiserreichs, den wahnsinnigen Materialschlachten des Ersten Weltkriegs, setzte sich fort mit dem Wahn der 'Menschheitsbeglückung' durch die Bolschewisten in der Sowjetunion, dem Forschritts- und Profitwahn der Kapitalisten, dem Rassenwahn der Deutschnationalisten und trieb diesen Rassenwahn auf die Spitze mit den bekannten unbeschreiblichen Folgen. Das Wort 'Wahnsinn' hörte man noch nie so oft wie beim jüngsten deutschen Einheitswahn des Jahres 1989!"

Mein schriftstellerisches Werk war eine getreue Übersetzung der von Apollonius Guglweid beschworenen Innviertler Traumlandschaft in die Wirklichkeit.

Über meine Romantrilogie „Herzogspitalgasse", die in mehreren Auflagen erschien und ihrer Vervollständigung durch die Wiederaufnahme der vielen gestrichenen Textpassagen entgegenwartete, urteilte Peter Maicher, ein alter Freund aus glücklicheren Tagen: „Alle Details erscheinen im gleichen, herzwärmend verhaltenen Licht: Das Fallen des herbstlichen Blattes und eines Menschen Fall aus seiner irdischen Zeit. Hier spricht noch einer offen vom Tod, hier versucht noch einer, das Vergehen zu verstehen, das Altwerden anzunehmen, den Todesschmerz zu ertragen. Dies ist ein Epos voll und für Stille. Und diese Stille läßt auch den streßgehetzten Leser nach und nach in ihrem beruhigenden Zauber versinken. Wolfgang Johannes Bekh hat in den weiten, leisen Kreisen seiner epischen Sprache unsere verlorene Mitte zu fassen gesucht. Und tröstlich viel davon gefunden".

Die epische Sprache, die Peter Maicher würdigte und feierte, war Widerspruch gegen die von Verbrechern – man kann es anders nicht sagen – kaltblütig ins Auge gefaßte Zerstörung des traumhaft schönen Isentals. Wenn die Autobahn – sechsspurig versteht sich – durch diese Landschaft, Berg und Tal einebnend, gesprengt werden sollte, wäre Unwiederbringliches verloren. Waldgebirge, Wiesenhügel und Kornfelder, tief eingeschnittene Täler und inmitten die verschwindend kleine weiße gotische Kirche von Lindum: Ein spitziger Turm, ein mittelalterlicher Gemäldefries um den Ostchor, kniende Beter am Hochaltar. Die Schutzgüter Mensch, Flora, Fauna und Landschaft werden auf den Müll geworfen. Drei Schriftzeichen stehen für die Verheerung: A 94.

Noch ist es nicht so weit. Noch schweift unser Blick von der Lindumer Kirchhofmauer weit und prächtig in das Isental und in das Dorfener Umland. Sternwallfahrten der Pfarreien Schwindkirchen, Sankt Wolfgang und Schönbrunn ziehen durchs Land, Feldmessen werden gefeiert,

Litaneien werden gebetet. Die Zerstörer der Architektur sind genau dieselben wie die Zerstörer der Natur. Beim Siegestor in München ist ihnen das bereits gelungen; möge ihnen die Zerstörung des Isentals nie gelingen! Das walte Gott in Ewigkeit! Sein Wort werde in die geschändete Messe wieder aufgenommen: Et panis, quem ego dabo, caro mea est pro mundi vita.

Gesamtregister aller vier Bände

(erstellt von Konrad Jacobs und Karl Wörner)

Name	Bd. I	Bd. II	Bd. III	Bd. IV
Abt (Wirtin in Ichenhausen)	165, 329			
Achmann, Josef	81		57	
Acken, Bernhard von			130	
Ahlsen, Leopold		49ff, 57ff, 81ff, 94, 149f, 218, 271	222, 232	136, 171, 202
Aiblinger, Johann Kaspar				107, 193
Aiglstorffer, Dagmar				92
Ainmiller, Max Emanuel				69
Albers, Hans	137			
Albert, Joe		237		
Albrecht Herzog				69
"Ali Baba" siehe Beutner				
Allmers, Hermann			58	
Altdorfer, Albrecht				193
Althaus, Peter Paul				136
Althoff, Günter		50, 55		
Ambesser, Axel von		75		
Ambros, Otto		226		
Amersdorfer, Anna			263ff	38
Amery, Carl				81, 125, 208
Ander, Otto		252f		
Anders, Peter	117			
Andersen, Hans Christian	69			
Andersen, Lale		12		
Angelika (Tante d. A.)			9	
Angelus Silesius				184
Anna Katharina (Freundin d. A.)		278, 289f		
Annast, Gustl		280		
Annemarie ("Pflichtjahrmädchen")	134f			
Anouilh, Jean		13		
Antonius, hl.	266			

Name	Bd. I	Bd. II	Bd. III	Bd. IV
Arens, Hanns				216f
Arens, Odette				216f
Arens, Peter			79	217
Aretin, Erwein von				156f
Arnim, Achim von	84			
Assel, Rolf		156		
Assmann, Arno			280	
Aßmayr, Ignaz				155
Audiberti, Jacques				13
auf dem Hövel, Dirk				80, 215
Augustus, Kaiser				187, 204
Aulinger, Elise	94			
Baal, Karin		282		
Bachschmidt, Fritz		123, 130		
Bach, Johann Sebastian	211			
Backhaus, Helmut M.		156		
Backmund, Dr. Norbert		392f		38
Baer (Kunsthändler in New York)	322, 336			
Bahr-Mildenburg, Anna von			122, 226	
Bald, Nanette				105, 170
Bald, Werner				170
Balser, Ewald		12		
Balzac, Honoré de	127			
Bandorf, Dr. Robert			162	
Barlog, Boleslaw		202		
Barrault, Jean-Louis		156		
Bart, Lambert			370	106, 201
Barth, Dr. Heinz Lothar				213
Bartl, Karl (Vermieter)		46f		
Bassenheim		264		
Bauböck, Max			296, 299	28
Baudelaire, Charles	127, 228			
Baudissin Gräfin		60ff		
Bauer, Hermann			206	
Bauer, Josef Martin			150f, 255, 295, 385	175
Bauernschmied, Hermann			350	
Bauer-Peißenberg, Therese			245	18, 147
Bauerreiß, Romuald			246, 276	

Name	Bd. I	Bd. II	Bd. III	Bd. IV
Baumann, Angelika	28			
Baumann, Anton	14	278	9	
Baumann, Antonie gen. Mau	129			
Baumann, Ernst	14, 97f, 209, 254			181
Baumann, Eugenie	28			167
Baumann, Franziska	12ff, 27ff, 31, 39, 46, 70, 80, 103, 146, 172f, 197f, 209, 212ff, 235f, 262f, 278, 293, 315, 340			
Baumann, Joseph	12, 23, 27f			166
Baumann, Marta	21, 22, 44f, 54, 84, 177, 336			
Baumann, Viktor	14			
Baumann, Wolfgang				197
Bäumler, Leo				102, 131, 210, 223
Baumgartner, Joseph		43ff	52, 242	
Baumsteftenlenz siehe Paul Friedl				
Baur, Hans			246	
Bechstein, Ludwig	69			
Beckerath, Alfred von		37, 172, 275		
Becker-Gundahl, Johann	17		122, 294, 297	
Beethoven, Ludwig van	162, 203, 211, 236, 253, 320			26, 107, 193
Beiger, Ulrich	121, 319	40, 280f		
Beischer, Josef				47, 59
Ben Akiba				190
Bender, Ludwig		82, 282		140
Benegger, Willi	156, 180ff, 194, 201, 217, 278, 290, 325, 328ff, 338	34		
Benn, Gottfried		150		

Name	Bd. I	Bd. II	Bd. III	Bd. IV
Benscher, Fritz		44		
Berger (Gärtner)	262, 314			
Berger, Hanna		248, 255, 257		
Berger, Walter				143
Berlinger, Dr. Joseph				82, 100, 202
Berlioz, Hector				197
Bernanos, Georges	232	124, 173		
Bernhart, Joseph				40, 94f
Bernkopf, Frau		64		
Bernstorff, Joachim von		44		
Bertram, Elisabeth		45, 49		
Besold, Emanuel				213
Besold, Florian				213
Beutner („Ali Baba"-Lehrer)	72f			
Bialas, Günter				193
Bialas, Renate		126f		205
Bienek, Horst				83
Bierbaum, Otto Julius		79		45
Bilger, Margret				73
Billinger, Richard	111ff, 122ff, 324	74, 81	35, 140, 151ff, 159, 176f, 179f, 236, 239, 252, 255, 257, 259ff, 283f, 339	27, 38f, 63, 73, 102, 120, 156, 194, 204, 207
Binter, Hilmar	119			
Birkmann, Inge		75		
Bismarck, Otto von	18, 281			131
Bittner-Simmet, Magda				213
Blädel, Georg		149	135, 231	
Blau, Gudula		125		
Blaschögg, Josefine				199
Blech, Hans Christian			32	
Bleeker, Bernhard		278		
Bleibrunner, Hans				24
Bleier (Musiklehrer)	95			
Bleisch, Ernst Günter				93
Blumschein, Max			217	
Böcker, Hermann		86ff		
Böcklin, Arnold	18			

Name	Bd. I	Bd. II	Bd. III	Bd. IV
Böckmann, Till von			353	
Bodamer, Karl				83
Boehme, Isabella		104, 108, 160f, 276	32	
Bogner, Gerhard			75, 85, 205f	
Böhm, Karl	142			
Böhr, Wilhelm	125, 224			
Bohrer, Dr. Erich			18, 52, 194	160f
„Bomber" siehe Stuber				
Boner, Astrid		183, 193ff, 211f, 219f, 231, 235, 254	139	
Bonifatius				25
Bonsels, Bernd		277		
Bonsels, Waldemar	143			
Borsche, Dieter		66, 108, 113, 120		
Bortenschlager (Gärtner)	10, 12f, 29, 51, 57			
Bös, Paul		27, 273, 278	37	
Bosl, Karl			18, 121, 196, 287	147
Brahms, Johannes	149, 163			107
Brand, Dr. Isabella				59, 191, 201, 208f
Brand, Peter		272		
Bräuer, Fritz		64		
Braun, Hanns	138			
Braune, Willi		121, 211		
Braunfels, Wolfgang			189, 206, 366	
Brecht, Bertolt		158f, 203ff, 221		
Bredemayer, Rainer		187	41, 43	
Brehm, Friedl			53	
Breitenfellner, Franz X.			151, 234, 246	13, 37, 93, 136
Bremer, Klaus		166		12
Brendel, Georg			276f, 319f	
Brenninger, Georg			92	
Brenninger, Klaus				208
Brentano, Clemens	127, 220			
Bresgen, Cesar		167		

Name	Bd. I	Bd. II	Bd. III	Bd. IV
Britting, Georg	81		149ff	102, 193
Bronner, Gerhard		236ff	80	
Bronner, Lore		80, 275, 280		
Bruckner, Anton	36, 149, 163			9, 80, 112, 155, 157, 172, 181f, 190f, 193, 205f, 211
Brüdern, Gerd			32, 344	79
Brun, Josef		259		
Buchinger, Paul	90			
Buckwitz, Harry			30	
Buffati, Lucia				86
Buhl, Reinhold				117f
Burk, Michael			69	
Bürkel, Heinrich	35			
Burkhard, Paul		193		
Bürklein, Friedrich	342			
Busch, Wilhelm	266			
Buttler, Jörg		225, 235f		
Büttner, Wolfgang		35		
Caecilia, hl.				156
Cäsar	343			
Calvin, Johannes				130
Carl Albrecht Kurprinz				23
Carl, Margrit		133		
Carnuth, Walter	145			
Carossa, Hans	123	61, 67, 189, 286	26, 130, 156, 176, 179, 255, 295, 301	37, 40, 46, 58, 73, 94, 102, 156, 163, 193, 211
Carpule (Fa.)	32f			
Carracci (Maler)	280			
Carstens, Lina		157		
Celibidache, Sergiu				182
Ceram, C. W.		167	82	
Chamberlain, Houston Stewart	342			
Chamisso, Adelbert von	84			
Chaplin, Charly		75, 126, 152, 175		43

Name	Bd. I	Bd. II	Bd. III	Bd. IV
Christ, Lena				147
Christlieb, Wolfgang			214	38
Churchill, Winston	260, 304, 316			
Cilly (Tante)	111, 183, 188		9	
Clarin, Hans		58, 200		
Claudel, Paul	232	75	163	
Cocteau, Jean		243		
Cohn-Bendit, Daniel			173	
Cube, Walter von		18, 134, 197	157ff, 237, 325, 343	22, 97, 101, 161f, 202
Czerny, Carl		272		
Dabatschek, Heinz		249		
Dachauer, Wilhelm			295	197f
Dachsel, Joachim		27		
Dahlke, Paul			32	79
Dahn, Felix	127			
Daladier, Edouard		7		
Damann, Anna		12		
Dannecker, Johann Heinrich von	154			
Dattenberger, Simone				119
Defoe, Daniel	136ff			
Defregger, Franz	18			
Deharde, Gustav		195		
Delcroix, Constantin	142	79, 275		
Deltgen, René	309			
Delvard, Marya		286		
Deppe, Hans	115	104		
Deutlmoser (Weinwirt)	31			
de Valera, Eamon				21
Deinert, Wilhelm				81
Deller, Ludwig Ferdinand				80, 171, 204
Denning, Matthew Charles				122f, 126, 144, 200
Dick, Uwe			266, 385	51, 81, 207f
Diederich, Hans Jürgen	81			
Diemer, Zeno	81			
Dientzenhofer, Christoph	114			
Dientzenhofer, Ignaz	114			
Diess, Wilhelm		150	47, 157, 245, 247	102

Name	Bd. I	Bd. II	Bd. III	Bd. IV
Dieterich, Wolfram		150	161, 207	32, 162
Dietrich von Bern (Theoderich)				144
Dietrich, Marlene				43
Dietrich, Wolf		253		
Dietz, Elmar		285		
Diez, Ricarda		285, 287	82	69
Dietz, Wilhelm		150		
Dillis, Georg von				106, 188, 193
Dingler, Max			53, 165f, 308, 363	20
Dobesberger, Wolfgang				99
Döllgast, Hans			112	
Döllinger, Ignaz				130
Domin, Friedrich	111f, 121f			78
Döpfner, Julius			100, 222	88
Doranth, Claus (Nikolaus)	136ff, 143, 153, 158, 168ff, 170f, 183, 208, 267, 321, 334ff, 337ff	8, 148, 167, 287	47	109
Dörfler, Peter				40, 47, 94
Dorn (Lehrer)	71, 78			
Dorothea siehe Dufft				
Dorsch, Käthe		226		
Dostojewski, Fjodor M.	146, 253, 320			
Dotterweich, Helmuth			206	
Drews, Arthur		105, 110		
Drews, Wolfgang		83		
Dubienski, Frau		222ff, 240		
Dufft, Dorothea		24ff, 47, 58f, 95, 111ff, 162f, 217, 242, 274, 285, 287	54, 69f	24
du Hameel, Alart				119, 181
Dumont, Luise		270		
Dürrmeier, Dr. Hans			206, 245	17
Duswald, Rudolf				100
Dutschke, Rudolf			173, 347	29
Duvoisin, Willy			280	
Dvořák, Antonín				86

Name	Bd. I	Bd. II	Bd. III	Bd. IV
Ebner, Otto			210f	
Eckermann, Johann Peter	140			
Edbauer, Anna				71, 148ff, 164, 212
Edlinger, Joseph Georg			118f	
Eggebrecht, Harald				213
Egk, Werner	163	98	81, 244	18, 193, 203
Eglhofer, Rudolf				45
Egli, Peggi Ann		214		
Ehbauer, Michl			309	147
Eibl, Martin			300	56
Eibl, Theresia			211ff	
Eichendorff, Josef von	84, 86			
Eichinger, Richard			262, 302, 330f	36, 56, 120, 194, 196f, 207
Eipperle, Trude	116			188
Eisenburg, Benno				211
Eisenwerth, Irmgard Schmoll von			297	
Eisenwerth, Karl Schmoll von			298	
Elizabeth II.				42
Elser, Johann Georg	105f			
Emmeram, hl.				222
Ende, Michael		81		159
Engl, Franz			299	
Engl, Helmut				122, 199
Englert, Werner		130		
Englmann, Richard				139, 158, 210
Epp, Leon		199, 235		
Epple, Dramaturg		166		
Erbshäuser				168
Erhard, Ludwig		176		42
Ernst (Justizrat)	79ff			
Erzum, Elisabeth			184	
Esterbauer				42, 64
Esterer, Rudolf	109			
Ett, Kaspar				107, 193
Ettal			130	
Eulenburg, Philipp				42

Name	Bd. I	Bd. II	Bd. III	Bd. IV
Euringer, Anton				203
Eva (Ballettelevin in Kiel)		68		
Evelyn (Freundin des A. in Landshut)		51f		
Evola, Julius				200
Fabbri, Diego			76f	
Faith (Frau)			123	
Falckenberg, Otto	111ff, 121	198		78
Falkner (Textilien)		32, 92		
Fanderl, Monika			209	
Fanderl, Wastl			209, 246, 274	18, 147
Farkas, Karl		238		
Fechter, Jacob				158
Fehling, Jürgen			32f	79
Feichtner, Marie				22, 110
Feiler, Max Christian		83, 129		
Feldhütter, Wilfried		38		
Feldmeier, Gustl			245, 247ff	99, 146f
Ferdinand, Roger		38		
Fernau, Rudolf		157		
Festenberg, Gustav von			295	
Fichna (Ansager ORF)			46	
Finck, Werner		12		
Fink, Dr. Alois			18, 118, 121	
Fink, Dr. Hans			125, 298f, 349	24, 34, 45
Firnholzer (Ansager BR)		44		
Fischbacher, Dr. Jacob			47	
Fischer, Heinz Leo			36	
Fischer, Johann Michael				95
Fischer, Olf		149, 281	65	
Fischer, Theodor				206
Fitz, Hans		149		
Fleißer, Marieluise		207	237, 345	137, 147
Flick, deutsche Industriellen-Dynastie	179			
Flickenschildt, Elisabeth		12		
Florianus				26
Foch, Maréchal	243			
Földessy, Geza von			76ff, 85	
Folger, Erwin			191	

235

Name	Bd. I	Bd. II	Bd. III	Bd. IV
Foltz, Ludwig				33
Fontheim, Joachim		49f	85	
Förg, Alfred				28
Forster, Friedrich	136, 339	167		
Fouqué	146			
Francia	280			
Frantz, Constantin			43	
Franz, Fietje		122, 127		
Frei, Hans	280ff, 293ff, 328f, 343			
Freiberger, Lorenz			200	
Freilinger, Hans				26
Freinbichler, Maria				119
Freisleder, Franz				36, 45
Frenes, Alix du	159			
Freundorfer, Georg			85	
Frey, Julius	120, 262			
Fridl (Tante Friedel)	262			
Friedl, Paul			208	28, 38, 53
Friedrich, Caspar David			193	
Friedrich, Heinz			81	
Fritzsche, Walter				182, 211
Fröhlich, Franz		281ff		
Frohloff, Erich C.		101		
Fruth, Josef				28, 37, 53, 56, 112ff, 116
Fuchs, Herbert			124, 166	
Fürbringer, Ernst Fritz	142		35, 39	
Furthner, Josef			295	
Fussenegger, Gertrud		285	82, 237, 295	
Gabler, Walther			255, 301	31, 56, 187
Gaigl, Rudolf	90			
Gail, Otto, Willi	141			
Gall, Rudolf		288		
Gallauner, Barbara		80		
Ganghofer, Ludwig	115			
Garin, Paul (Josef Baumann)	23	125, 132		
Gärtner (Familie)	55			
Gärtner, Anna	55		358	

Name	Bd. I	Bd. II	Bd. III	Bd. IV
Gasteiger, Alfons	90			
Gatterbauer, Josef				125
Gaulle, Charles de	255, 316			
Gebhard, Torsten			112, 202	
Gebsattel, Anselm von	83			
Géczy, Barnabas von		47		
Gehri, Alfred		127		
Geis „Papa"			231	
Geiser, Remigius				88, 123
Geldmacher (Arztwitwe)		101, 110		
Genest, Corinna			10	
Genzmer, Harald				107, 193
George, Heinrich	149			173
George, Stefan	51			
Gérard, Dom O.S.B.				128
Gerhard, Hubert		35		
Gerlich, Fritz				50, 107f, 156f
Gerngroß, Dr. Rupprecht	316			
Gerteis, Zugehfrau in Trudering				167
Geyer, Friedrich			85	
Gide, André		71, 124, 131, 154f		
Giehse, Therese	16	137, 157		78
Gierster, Hanns	211, 281	164		
Gift, Therese	16			
Gigli, Benjamino	280			
Ginsberg, Ernst		79		
Ginzkey, Franz Karl			295	
Girardi, Alexander		198		
Giraudoux, Jean		13, 19		
Gisser, Anton	75			
Glass, Robert		187		
Glechner, Carola				125
Glechner, Dr. Gottfried			13, 20ff, 83, 140ff, 166, 252f, 256, 295, 340	24, 26, 51, 84, 120, 196
Glechner, Paula				42, 64
Gleissner, Dr. Franz			52, 316	
Gleitner = Kleitner				

Name	Bd. I	Bd. II	Bd. III	Bd. IV
Gluck, Christoph Willibald	211, 237			107
Gnekow, Dr. Horst		64, 196		
Gobbi, Don				130
Goebbels, Joseph	105, 175, 200, 271, 278			
Goepfert, Günter				38, 201
Goethe, Alma				107
Goethe, Joh. Wolfgang	22f, 36, 75, 84f, 127, 140, 142, 195, 236	41		58, 216
Goetz, Gesine				119
Goetz, Kurt		174, 182		
Goetz, Wolfgang		85, 94	142	
Gold, Käthe			177	
Golling, Alexander	8f, 103, 112f, 159, 186, 309	8f, 83, 100, 103, 106, 113	48	
Gondrell, Adolf		53, 179	62	
Goppel, Alfons			205f	17, 51
Göring, Hermann	105			
Gorvin, Joana Maria			32	79
Göttler (Wirt)	60			
Gottsched, Johann Christoph	119			
Graber, Dr. Rudolf				36
Graf, Maxl			246	
Graf, Oskar Maria		87, 89, 134, 175	62ff, 68, 73, 230, 234, 342	137
Graf, Robert		209	270	111
Graschberger, Toni		173, 186, 193		
Grass, Günter				171
Grassinger, Peter		172, 185		
Greif, Martin	14, 23, 34		10, 79	102
Greifeneder, Egbert		272		
Greißler (Kramer)				56
Greving, Rudolf	317	11, 195		
Greving-Meyer (Agentur)		11, 60, 70, 119		
Grill, Harald				208
Grillparzer, Franz	84			107
Grimm, Brüder	85			
Grimm, Claus			206	

Name	Bd. I	Bd. II	Bd. III	Bd. IV
Grimm, Erich				37
Gröber, Hermann	12, 17, 24			
Grogger, Paula			251, 367	27f, 50, 56, 62, 71, 73
Grot, Gerhard Frhr. von		70		
Grube, Herbert		202f	75	
Grübel, Konrad			21	
Gründgens, Gustaf		97	33	
Gschwend, Claudia		195		
Gsowsky, Peter = W. Schröder		230		
Guardini, Romano		17		222
Gugel, Fabius von				208
Guggenheimer, Walter Maria			29, 157	
Gump (Nachbarin)	57			
Gumppenberg, Hans von	309			
Gumppenberg, Levin von			58	
Gundelinde, Gräfin Preysing				40
Gunetzrhainer, Ignaz Anton	151			
Günther, Ignaz				17, 21, 103, 109
Gürster, Eugen			63	
Gürtler, Hans		171		
Gut (Lehrerin)	48f, 106, 131, 155, 178	33, 69	328f	
Gutbrod, Curt Hanno	307ff, 309	155		
Haas, Josef				107, 193
Habermann, Hugo von	17			
Hacke, Peter		60		
Haecker, Theodor			60f, 132	57
Haefs, Wilhelm			295	
Hafner, Inge				67
Hafner, Josef			273, 319	22, 81
Haftmann, Dr. Werner			56	
Hagen, Hertha von		82		
Hahn, Alois			202f	
Haid, Fritz				37, 102f, 146, 170

Name	Bd. I	Bd. II	Bd. III	Bd. IV
Haider, Karl	14, 23, 28			
Haindl, Sebastian				109
Halbe, Max		46, 50		
Hamel, Peter		36f, 240		
Hamik, Anton		227	209	
Hamm-Brücher, Hildegard			89	
Hämmerle, Siegfried		77f, 164		
Hammerstein, Hanns von			294f	
Hamsun, Knut		96		
Hamsun, Tore		96		
Handel-Mazzetti, Enrica				71, 96
Handke, Peter				214
Hanft, Karl	142			
Hann, Georg	117			
Hanreich, Georg				120, 172, 197
Hanreich, Liselotte				120, 172, 197
Hartig, Michael	19			
Hartmann (Physiklehrer)	75, 90, 319			
Hartmann, Adolf			57	
Hartmann, Karl Amadeus	163	80, 164	57	203
Hartstein, Erich				18
Hartung, Dr. Rudolf		109, 125		
Haßlauer, Oskar			200ff	
Hatheyer, Heidemarie	121	38f		
Hauber, Benno			80	
Hauberißer, Georg Joseph von				33
Hauer, Rainer		212		
Hauff, Wilhelm	69, 84, 126, 155, 172			
Hauner, Norbert				178
Haupt, Peter			219	63
Hauptmann, Elisabeth		158, 205f		
Hauptmann, Gerhart		137		
Hausenstein, Wilhelm			55	
Hauser, Heinrich	94		80	
Hausmaninger, Ernst			225	
Häußler, Fritz	114			

Name	Bd. I	Bd. II	Bd. III	Bd. IV
Häussermann, Ernst		237		
Havenstein, Klaus		82	68	
Haydn, Joseph	162			
Hebbel, Friedrich		31f		
Hebel, Joh. Peter	85			
Hederer, Oswald			204	
Hedwig (Herzogin von Landshut)				76, 220
Heeringen, Renée von			29f	
Hegel, Georg Wilhelm Friedrich	129			
Heine, Heinrich				197
Heinemann, Gustav		163		
Heininger, Richard	91f			
Heinrich der Löwe				100
Heinrich II., Kaiser				100
Heinz, Wolfgang		210, 217, 221f		
Heinzinger, Albert		88		
Heiseler, Bernt von		80, 275f		
Held, Martin		203		
Helena (Freundin des A. in Tübingen)		19ff		
Heller, André		272		
Helwig, Paul		127		
Hengeler, Adolf	17			69
Henrichs, Helmut			248	
Herakles	202, 259			
Hermann („Hitlerjunge")	221, 338			
Herterich, Ludwig	17		294	
Heß, Rudolf	105, 304			
Hesse, Hermann				73, 217
Heubl, Franz				83, 99
Heuss, Theodor		126		205
Heyden, Hubert von			294	
Heymel, Walter		79		45
Hildebrand, Dietrich von			63, 132, 163	
Hildebrandt, Dieter			68	
Hillbring, Walter		81		
Hilpert, Heinz		79		
Himmler, Heinrich	175			
Hindemith, Paul		138, 156		

Name	Bd. I	Bd. II	Bd. III	Bd. IV
Hindenburg, Paul von	51, 281			
Hirth, Evelyn	159		79f	
Hitler, Adolf	51, 53, 101, 104f, 109f, 174ff, 180, 183f, 187, 194f, 219, 250, 271, 298, 310, 319ff, 324, 332f, 335f, 339	7, 31, 106, 210	42ff, 62	14, 45f, 100, 156, 186
Hocheder, Carl	100			33
Hochwälder, Fritz		195		
Hoegner, Wilhelm		71	49, 63, 191, 310, 324	19f
Hofbauer, Fritz		211, 222		
Hofbauer, Louis			294	187, 204
Hofer, Rudolf				80
Hofer, Sigrid				80
Hoferichter, Ernst			157, 225f, 234	136
Hoffmann, E. T. A.	84, 86, 122, 127, 175, 181, 237			
Hoffmann, Ingeborg		81		159
Hofmann, Sigfrid			106, 112f, 165	15
Hofmannsthal, Hugo von	36			
Hofmiller, Josef	144	38, 273	148, 274, 386	40
Högner (Pfarrer)	47, 102			
Hohenemser, Herbert		273	202, 247	
Hohoff, Angelika		106ff, 150		
Hohoff, Curt		82		
Hölderlin, Friedrich	131, 143, 155, 171, 176, 180, 184, 188ff, 200, 237, 304, 324	27		193, 218
Holdt, Hans		36		
Holland, Doris		245, 249, 254ff, 263, 266, 268f		

Name	Bd. I	Bd. II	Bd. III	Bd. IV
Holländer, Friedrich				43
Hölle, Margret				81
Holunder, Heinrich				154f, 159, 197
Hollweck, Ludwig			235, 319	147
Holsboer, Willem		82		
Holten, Walter	93, 144		118	
Holtzmann, Thomas/Theo		81		
Holzer, Fritz		222		
Holzhauser, Bartholomäus				48
Holzinger				42
Hönle, Alois			231	
Hoover, Herbert		29		
Hörbiger, Attila	114			
Horn, Adam			111	
Horn, Christiane				80, 215
Hörrmann, Albert		100		
Horvath, Ödön von		234f		
Horwitz, Kurt		74, 150		
Hosaeus, Karl	43		294	
Hösl, Hans	105			
Hösl, Lieselotte		79		
Hotter, Hans	117			
Hubensteiner, Benno	36	223	18, 118, 151, 154, 178, 183, 206, 232, 246, 260, 282ff, 307, 343, 347, 367f, 386	13, 29, 34, 61, 85, 93, 136, 142, 147, 163
Huber, Kurt	175			
Huber, Rudolf			52	20, 54
Hübner, Bruno		170		
Hufnagel, Martin				71, 199
Hufnagel, Max Joseph			200	
Hugin, Ludwig		47ff, 75f, 125		
Hugo, Victor	325			
Humer, Leo	30			
Hundhammer, Dr. Alois			192, 244ff	147
Hüni-Mihacsek, Felicie	145			
Hunkele, Hans	94, 134	149		

Name	Bd. I	Bd. II	Bd. III	Bd. IV
Huth, Dr. Johannes (Hans)	21, 45, 54, 177, 227, 336		41, 78, 202ff	14
Huth, Marta	44ff, 54, 84, 336	203	9	14, 36
Ibsen, Hendrik	159			
Ichenhäuser (Kunsthändler)	156			
Ilse (Freundin d. A. in Eberbach)		162		
Impekoven, Toni		201		
Inga (Freundin d. A. in Kiel)		68f		
Inselkammer			204	
Ionesco, Eugène				12, 49
Irlmaier, Alois				48, 72, 119, 126, 130, 140f, 220
Jäckel, Emanuel	71f, 92f, 102, 106ff, 111, 127, 130, 141, 169f, 174ff, 180, 184, 187, 190, 193, 197, 200ff, 209f, 215f, 227, 235, 237ff, 250, 257, 278, 281, 305, 321, 335, 342ff	30, 117	30, 88, 102, 387	
Jäckel, Volkmar	127, 130, 160, 197, 305, 321	29f, 154	29	
Jacobs, Konrad	58, 62f, 102, 127, 158	28, 34		
Jacobs, Werner	57f	28, 33, 45, 92		
Jaenke, Aranka		122		
Jägerstetter, Franz			296	
Jaggberg, Kurt		238		

Name	Bd. I	Bd. II	Bd. III	Bd. IV
Jahnn, Hans Henny			132ff, 166	
Jank, Angelo	17		122	69
Jean Paul	84, 127, 236			12, 58, 178
Jenning, Manfred		40ff		
Jesserer, Gertraud				160
Jobst, Monika		173, 270	84	
Jobst, Sigfrid		170f, 235, 251, 268ff, 273ff	84	
Johannes Paul II.				84, 129
Johnson, Uwe			141	
Joseph, hl.	38			
Joubert, (Bürgermeister)	242ff	71		
Joubert, Giselle	243, 329			
Joyner, Morgan		245		
Jünger, Ernst	180		176	73, 144
Junker, August			231	
Jutta		192ff		
Kadmon, Stella		239, 250, 252		160
Kafka, Franz	114			
Kahlert, Herbert	93ff, 104, 106, 129, 148f, 174, 197, 211, 281, 321			
Kainz, Josef		121		
Kalkbrenner, Dr. Helmut			49f, 193f, 283ff	16, 20, 41, 160
Kaller, Bernhard		246		
Kallina, Friedrich		260		
Kaltenbach (Bildhauer)	102			
Kammerer, Hans			40, 258f	
Kammerer, Dr. Leopold				116
Kammil, Norbert		238		
Kampmann, Eva				40, 58
Kandinsky, Wassily			55, 57	
Kapsreiter, Gustav			152, 236, 259f, 299, 301, 306f	28, 36, 76
Karl der Große				100
Karl VII., Kaiser				23, 64
Karl, Erich				55

Name	Bd. I	Bd. II	Bd. III	Bd. IV
Karlstadt, Liesl		53, 80		
Katharina von Siena			156	
Kattum, Franz		86f		
Kaulbach, Fritz August	18			
Kaulbach, Wilhelm von				69
Kayßler, Friedrich		173		
Kayßler, Maria		173, 193		
Kehlau, Marianne		83		
Keilhack		100		
Keilhacker, Ludwig			371f	75
Keller, Albert			90	
Keller, Gottfried	12, 23, 37, 127	132, 135ff		216
Keller, Dr. Hans K.E.L.			203	15
Kellhammer, Bernhard				172
Kemp, Dr. Friedhelm			161	
Kempen, Thomas von				127
Kerner, Justinus	236	102		
Kersten, Anne	113, 123, 142, 180, 339		177	
Khuen, Otto			122	
Kieffer, Jean Egon		259		
Kiem, Pauli				147, 164
Kienlin, Irmgard von				80
Kienzl, Wilhelm	144			
Kiermayer, Rudolf, Gesangslehrer	95			41
Kiermeier, Klaus, Verleger				172
Kießelbach, Dorothee			121	
Killmayer, Wilhelm		167ff		41
Kindermann, Gustav		241		48
Kinlin, Baron von		176		
Kinz, Franziska	114			
Kirchammer, Helmuth				45, 48
Kirchberger, Msgr. Alois				89
Kirsch, Rudolf		46		
Kissener, Hermann	307	86		
Kißlinger, Johann Nepomuk	36		374, 377, 382, 386	42, 52
Klages, Ludwig	219	18		

Name	Bd. I	Bd. II	Bd. III	Bd. IV
Klara (Rotkreuzschwester in Aibling)	217ff, 230f, 278, 282			
Klarwein, Franz	145			
Klebelsberg, Raimund von				86
Klee, Paul	18		55	
Kleist, Heinrich von	85, 130, 146, 149, 175f, 180, 342			173
Kleitner, Hellmut	65ff		348	
Klenke, Anna		110		
Klenze, Leo von	118			
Klimm, Georg				104
Klinge, Birgit		286f		
Klinger-Franken, Will				80
Klippel, Fritz		156		
Klipstein, Ernst von	83			
Klopstock, Friedrich Gottlieb	147			
Knabl, Rudi				18
Knappertsbusch, Hans	142			19
Knoeringen, Waldemar von			191, 246	
Knoteck, Hansi	114			
Knuth, Gustav		137		
Kobbe, Friedrich Carl		84		
Kobell, Wilhelm von				193
Kobus, Kathi			55	
Köck, Eduard	114			
Kogon, Dr. Eugen	319f			
Kohl, Irene		83		
Kohut, Walter		226		
Kokoschka, Oskar			57	
Kolb, Annette			63, 365	
Komarek, Alfred				84
König, Hannes				136, 147
König, Hans		129, 178, 181, 274, 286	230ff	
König, Otto	94			
Konstantin, Kaiser				41, 108, 187, 203f
Konstantin, Prinz von Bayern			284	
Kopf, Liane	123			

Name	Bd. I	Bd. II	Bd. III	Bd. IV
Kopp, Mila		173		
Köppel, Reinhard			25	
Korn, Fritz		270		
Körner, Theodor	124			
Korngold, Erich Wolfgang	33			
Kortner, Fritz			31ff, 81	79
Kost, Franz		270		
Kosziusko, Tadeusz				32
Kotana, Karl	95f			
Kramer, Vinz				52
Krammer-Keck, Ernst				106, 142, 172
Kraus, Karl		125		
Kraus, Dr. Otto			126, 164, 363	
Kraus, Peter		272		
Krause, Klaus W.		37	77	
Krauss, Clemens	116f, 145			78
Krauss, Werner		251		
Kreisler, Georg		236ff		
Kriß, Dr. Rudolf			309f	
Kristl, Wilhelm Lukas		235	366	45ff, 64, 171, 207
Kroiß, Franz	90, 319f			
Kröpelin, Walter			356	
Kropfreiter, Augustinus Franz			153, 155, 262f	
Krüger, BUM		40		
Krupp von Bohlen und Halbach, Alfried	179			
Kruyswyk, Anny van	117			
Kubin, Alfred			23ff, 261, 295	28, 73, 79
Kuchler, Franz				27, 93
Kückelmann, Gertrud			225	
Kückelmann, Dr. Norbert			225	
Kühlewein, Bernhard				41, 83, 141
Kühn, August			119	
Kühnel, Siegfried			122	
Kunig, Rudolf	134			
Kunze, Karl		188, 194		
Kupelwieser, Johanna				182

Name	Bd. I	Bd. II	Bd. III	Bd. IV
Kupetz, Harry			338f	
Kurz, Paul Konrad				206
Kürzinger, Paul	122	273		
Kusche, Ludwig			246	
Kustermann, Otto			82	
Kusz, Fitzgerald				124, 189
Kutscher, Arthur	341	9		135
Lachinger, Johann				100
Lachner, Franz	149			107, 193
Lachner, Johann			274	
Lachner, Max	78f, 82f, 85, 116, 124, 291			
Lachner-Mollier, Johann			245	
Laczika, Klaus Felix				215
Lallinger, Ludwig Max			47, 194	16, 20, 160
Lama, Carl Ritter von			151	13
Landauer, Gustav			54	
Lang, Hugo (Abt)	325		35, 39, 48, 213	
Lang, Michl		80	231	
Langen, Inge			79	
Langen, Karl Theodor			227	
Lankes, Martin			234	36
Lanner, Joseph				107
Lantpert a. d. Geschlecht der Agilolfinger	8			
Laroche, Walter von			100, 113	
Lasso, Orlando di	237			
Lauber, Helga	46, 48, 50f, 58			
Lautensack, Heinrich		206, 286		46f, 171, 207
Lautenschläger, Karl	112			
Lebsche, Max		31	45, 50f	
Lechner, Dr. Odilo (Abt)				89
Leda (Bekannte d. A. in Ferrara)		300f		181
Lefebvre, Marcel				69, 89, 123, 130, 162ff
Le Fort, Gertrud		173		40, 94ff
Lehner, Gertrud			206	
Leibelt, Hans			69	

Name	Bd. I	Bd. II	Bd. III	Bd. IV
Leibl, Wilhelm				185
Leistner-Mayer, Roland				9, 64, 106, 125, 201, 203, 205
Lena, Magda	81			
Lenau, Nikolaus	84, 127			
Lenbach, Franz von				69
Leneis, Wilhelm	77f			
Lenin, Wladimir Iljitsch	231			
Lenz, Hermann				83, 214
Lernet-Holenia, Alexander				73
Lessing, Gotthold Ephraim	147			
Lichnowsky, Mechthilde				216f
Lieb, Dr. Norbert			59, 204	18
Liebermann, Maidi von				42
Lilo (Ingas Freundin in Kiel)		69		
Lindinger, Cilly			24ff, 261	
Lindner, Johannes				61
Lindtberg, Leopold		203		
Link, Robert				125
Lippacher, Sepp				120, 125, 196
Lippert, Albert	136, 138	48f, 67, 167, 196		
Lippl, Alois Johannes	111, 114	74, 150	33, 37, 48	
List-Diehl, Wilhelm		119ff, 126, 128ff, 174, 209, 231		
Liszt, Franz	181			
Littlewood, Rundfunk- redakteur in London		262ff, 267, 271		
Littmann, Max	79			
Ljeskow, Nikolai	146			
Löbel, Bruni		239	80	
Locher (Zimmer- vermieterin)		195		140f
Lochmann, Ernst		100f, 106, 120, 193, 294f		
Loefftz, Ludwig von				69

Name	Bd. I	Bd. II	Bd. III	Bd. IV
Lohmeier, Georg			121f, 152, 233, 235, 238ff, 276f, 320, 339, 356	32, 36, 41, 45, 48, 55, 74f, 132ff
Loibner, Eduard		200, 282		
Loos, Theodor		11f, 103		
Lotte		53f		
Louis, Joe	70			
Lötzen, Wilhelm Seutter von			52f	
Low, Bruce		239		
Löwitsch, Klaus		257		
Lübbe, Gustav				182
Ludwig I.				157
Ludwig II.	18			112, 204
Ludwig III.	69			
Ludwig, Heinrich Abdallah			21, 43ff, 50, 132, 345	41, 108, 202ff
Ludwig, Johannes				98
Ludwig, Wilhelm				31, 48, 53, 61, 72, 102, 142, 172
Luginger, Hans	90, 104, 124f			
Lunglmayr, „Lungsä"	75ff, 104			
Luther, Edgar			202ff	
Luther, Martin	47			130
Lutz, Joseph Maria			53, 234	36, 66, 102, 136
Lützkendorf, Felix		129		
Macher, Hannes S.				206
„Mädi" siehe Manly				
Maeterlinck, Maurice				119, 181
Maffei, Alexander von	86, 128			84ff, 96f, 102, 155
Mager, Friedrich		80		
Magidei, russ. Künstler			55	
Mahler, Gustav				9, 14, 80, 157, 182, 191, 194, 206

251

Name	Bd. I	Bd. II	Bd. III	Bd. IV
Maicher, Peter				22, 54, 224
Maier, Franz Xaver				106
Mairinger, Helene			339	
Malura, Oswald			122	
Mandelsloh, Ernst August von			295, 368	
Manly „Mädi"		261	9	
Manly, Thomas	28	254, 261, 267ff		
Mann, Erika	67			
Mann, Thomas	25, 115	132, 136f, 139ff, 150ff, 154, 164ff	38	20, 155, 190, 194
Mannes, Ulrich		121, 174f		
Marc Aurel, Kaiser				34
Marc, Franz			55	32
Marceau, Marcel		155f, 185		
Marckhgott, Eberhard				26
Marées, Hans von	18			
Marek, Kurt W. = C. W. Ceram				
Maria Theresia, Königin von Bayern	69			
Markhof, Manfred Mautner		251, 255		
Markus, Winnie	114			
Marr, Carl von	17			
Marta siehe Huth, Marta				
Martens, Ernst	81, 142, 211			
Martin, Ernst		108, 161		
Martini, Louise		238		
Mater-Pascalina			184	
Mathäser, Willibald			246	
Matheis, Max				42, 53, 194f
Matiasek, Dr. Hellmuth		199, 227, 231, 240, 242, 244, 246, 256ff	225, 227	
Mau (Tante)		202		
Mauriac, François	232			
Max Emanuel Kurfürst	208			85, 146, 154f, 195

Name	Bd. I	Bd. II	Bd. III	Bd. IV
Maximilian I. Kurfürst	7			154
May, Karl	95			
Maya, Easy		245		
Mayer, Adalbert		287	115ff, 287	
Mayer, Rupert SJ			130, 162	
Mayerhofer			349	
Mayr, Franz Xaver	36		374, 378	42
Mayr, Hans			374f, 384	
Mayr, Richard			260	
Mayrhofer, Otto	90			
Mechlies (Schneider)	129, 227, 319			
Meier, Emerenz				46
Meindl, Robert	87, 90			
Meingast, Fritz			338	55, 92
Meiser, Hans	187			
Mell, Max			295	73
Mendelssohn-Bartholdy, Felix	163			
Mengershausen, Helmbrecht				64, 106, 201
Mergenthal, Stefan				165
Merk, Bruno				76, 220
Mersch, Jens				214
Merz, Carl		238f		
Messemer, Hannes		13		
Metzner, Gerhard		38		
Meyer, Conrad Ferdinand	127			
Meyer-Brockmann, Henry			33	
Meyer-Förster, Wilhelm		18f		
Meyerinck, Hubert von			10	
Mielich, Hans	151			
Miller, Arthur Maximilian	280		237, 345	40, 47, 93ff
Miller, Konrad Msg.			300	170
Miller, Oskar von				46
Millner, Carl				187
Minetti, Bernhard		96		
Montgelas, Joseph Frhr. von				53
Minor, Nora				168
Mitterwurzer, Friedrich		49f		
Moorfield, Olive		245		

Name	Bd. I	Bd. II	Bd. III	Bd. IV
Morel, Robert	232			
Morell Dr.			84	
Moretti, Marcello			96	
Mörike, Eduard	84, 127, 150, 154f, 180, 186	102		173, 193, 216
Moser, Dr. Dietz-Rüdiger				106, 172, 201
Moser, Hans		282		
Mosthav, Franz		99ff, 103, 106, 109f, 113, 119f, 148		
Mozart, Wolfgang Amadeus	22, 70, 114, 142, 162, 203, 253			46, 155, 193
Mozer (Delikatessen)	103			
Mücke, Kristian von		109		
Muggenhumer, Ludwig			21, 161, 257, 349	
Mühlhiasl				48, 72, 113, 220
Muliar, Fritz		238		
Müller, Arthur	120	206		
Müller, Charly		278		
Müller, Georg	146			
Müller, Dr. Günther			191	54
Müller, Hans-Reinhard		78, 150	247, 344	61, 146
Müller, Dr. Josef			51, 315	
Müller, Theodor			202	
Müller, Wolfgang		12		
Müller-Graf, Kurt		100		
Müller-Trenck, Hanns			99	
Mundita, hl. (St. Peter)				153
Musil, Robert				62
Mussolini, Benito	184, 267	7		
Muth, Carl			60	
Myhre, Wenke		274		
Naab, P. Ingbert				107f, 156
Naegele, Robert				62
Nagel, Klaus				58
Napoleon	98, 254			

254

Name	Bd. I	Bd. II	Bd. III	Bd. IV
Nebhut, Ernst		178, 183		
Nepomuk hl.	114, 266			
Nestroy, Johann				107
Nette, Dr.		290f		
Netzer, Remigius		87	158	
Netzle, Toni	146		87	
Netzsch, Walter		77, 146, 156, 169f, 193, 196, 239	69f, 71, 143, 156, 158	14
Neuhäusler, Johannes (s. auch Ringseis, Franz)			135f	
Neumann, Therese				109, 156, 158, 214
Neumayer, Alois	65			
Neupert (Krämer)	60, 102			
Neureuther, Eugen Napoleon				69
Neureuther, Gottfried	17			
Neveux, Georges		240ff		13, 48
Nickel, Dr.			165	
Nicklisch, Maria		75		
Nielsen, Asta	37			
Niese, Hansi		235		
Nietzsche, Friedrich	36			48, 202
Nikolaus, Bischof	34			
Noack, Ursula			68	
Noether, Dr. Erich			121, 148	
Nöhbauer, Hans F.				83, 208
Novalis	127, 143			216
Nuß, Emmerich	122			
Nützel, Carl			313	
Oberländer, Adolf				69
Obermaier, Joseph			369, 373	
Obermaier, Max	60			
Obermayr, Karl		275	219, 270, 333	
Ode, Erik		40, 82		
Odemar, Fritz		40		
Odilo, Herzog				193
Offenbach, Jacques				79
Ohnesorg, Benno			173	29
Oker, Eugen				82, 209

Name	Bd. I	Bd. II	Bd. III	Bd. IV
Orff, Carl	123, 163, 319, 324f	39f	35, 144, 236f	41, 47, 107, 137, 193
Orff, Godela	111f, 123, 163	40		
Ota, Tochter des Herzogs Theodo	8			
Otnes, John		282		
Otto (König von Griechenland)				33, 120
Panholzer, Joseph			43, 47ff, 63, 66, 109, 162f, 192ff, 197, 220, 285, 309	20, 88
Panofsky, Walter		82		
Paola, Bub aus Bolgna	272			
Parler, Peter	114			
Paryla, Walter		199		
Pasetti, Peter	123	7, 75, 81		
Patrick, John		183		
Patton (General)		31		
Patzak, Julius	115	251		188
Paukner, Hans				64
Paulig, Oskar		283f		
Paulus	7			
Pawlinin, Alexej Peter		81	246	
Peischl, Ferdinand	90			
Pekny, Romuald			81	
Penzoldt, Ernst	138	37, 82		
Perfall, Magdalena	81			
Peschke, Sophie				174
Peterich, Eckart			61	
Peters, Georg Asso		173	52, 289	345
Petrus	7			
Petzet, Michael				92
Pfanzelt, Hans				166
Pfanzelt, Paulina				166
Pfeiffer, Josef				22, 38
Pfennigmann, Josef			12, 18f, 40, 118, 156f, 226	
Pfitzner, Hans	163			
Pflaum, Richard			151	

Name	Bd. I	Bd. II	Bd. III	Bd. IV
Piechler, Arthur			239	41
Piesenham, Hans von siehe Schatzdorfer				
Pieske, Barbara				139
Piloty, Karl				69
Piloty (Enkel)			38f	
Pilsl, Dr.	42, 113, 213			
Pinegger, Rolf	94			
Plagge, Maria		67		
Plank, Hans				39
Plesko	103			
Pletzer, Hans				36
Plunger, Dr. Karl				117, 157, 182
Pocci, Franz von	35f, 119, 175	97f		28, 210
Poe, Edgar Allan	127			
Pollack, Jan				31
Pompe				197
Pörnbacher, Hans				82
Porten, Henny	37			
Pössenbacher, Hans			81	
Prähofer, Hans			246, 248	53, 93, 170f
Prawy, Marcel		245		
Preen, Hugo von			294, 297	98
Prel, Karl du	14			
Prem, Ilse		115		
Preußler, Ottfried				116
Priehäußer, (Ansager BR)		44		
Pringsheim, Heinz		140		
Prinz Eugen				85, 195
Probst, Christoph				50
Proust, Marcel				51, 193, 205, 216
Puccini, Giacomo		247		
Puknus, Heinz				141, 143, 172
Pustet, Friedrich	84			
Qualtinger, Helmut		238ff, 260		
Quast von			86	
Quitschorra, Hans		39f, 45, 83f, 149, 156, 173, 270ff, 285	151	

Name	Bd. I	Bd. II	Bd. III	Bd. IV
Rabjohns, Michael				117, 172
Racine, Jean	147			
Raeder		82		
Raffalt, Reinhard			226, 300, 309	82
Raimund, Ferdinand	160			
Ramberg, Arthur Georg				69
Rammer, Elfriede		233		
Ranczak, Hildegarde	145			
Randlkofer, Hermann				24, 37, 48f, 52, 74, 134, 163f
Ranke, Hubert von			119	
Rappmannsberger, Franz				37
Raßhofer, Johann	90			
Rasso (Gg. Brendel)			288f	
Rasso, Heinrich (= Rasso Steidle)		121, 126, 129f		
Rattelmüller, Paul Ernst			154, 206, 246, 273f	17, 22, 75, 147, 202
Ratzinger, Georg				38
Ratzinger, Josef (Papst Benedikt XVI.)				52, 89, 102, 129, 164, 189
Recktenwald				129f
Reger, Max	163, 343	47		107, 193
Regnier, Charles	122	97		
Reichel, Horst A.		283		
Reimann, Karl	308f, 334	7, 285		90
Reinhardt, Max	114	12		
Reiser, Max	61	32, 92f	280	
Reiser, Tobi			209	
Reiter, Rudolf				53, 61
Reitz, Hans		122, 148		
Relin, Veit		260		
Rémond, Fritz		104		
Renar, Hellmuth		170		
Renkl, Rudolf Dr.			157	
Renner, Carl Oskar			232	136
Renner, Frumentius OSB			119f	
Renoldner, Wolfgang				89, 125, 203, 218

Name	Bd. I	Bd. II	Bd. III	Bd. IV
Renzl, Theodor				24, 56, 188
Retzer, Wugg			47, 141, 235, 345, 356	82, 141
Reuter, Franz		78		
Rheinberger, Joseph				107, 193
Richter, Hans Werner			104f, 225	81
Richter, Renate				173, 211
Richter, Walter		157		
Riegler, Ado		149		
Riehl, August			118	
Riemerschmid, Richard	93, 120, 319		365	
Rilke, Rainer Maria	23, 114, 127, 150			
Rilla, Walter			79	
Ringseis, Franz				36
Ringseis, Johann Nepomuk				124
Rischert, Hannes			116	
Ritschard, Eduard		44, 85		
Ritter, Emmeram OSB			44, 192ff, 209f, 287f, 350, 355, 386	16, 21, 23, 25, 36, 54, 116, 201
Ritter Kühnelt-Leddin, Erik				130
Rivel, Charlie	216, 222			
Rivera, Ann		245, 255, 273		
Rodeck, Carl		241, 249, 256		
Rodenstock, Optiker	32			
Roginger, Ludwig	132f			
Rohtraut		176ff, 180, 186, 190ff		
Roider, Jackl			330	41
Rolland, Romain	231			
Romanino, Maria				158
Roosevelt, Franklin D.	260, 301	30f		
Röpfl (Geschwister)				147
Rose, Ria		122f, 128, 130, 153		
Rosenberg, Alfred	342			
Rosenberger, Helga	132f			
Rosendorfer, Herbert Dr.			232	123f

Name	Bd. I	Bd. II	Bd. III	Bd. IV
Rosenobel, L. Max Dapsul von		288		
Rosi (Pflichtjahrmädchen in Trudering)	135			
Rösner, Willy	112, 115	74	247ff, 279f	146
Rossi, Tino	240			
Roth, Adolf		279	125ff, 169, 178, 185, 196, 213, 282	18
Roth, Eugen	33	60f, 85f, 206	206, 213, 232	92, 94, 136, 210f
Rothe, Claire		126		
Rothe, Gustav		63, 66, 200		
Rothe, Hans		124f, 131		
Rottmann, Carl			58	193
Rousseau, Jean-Jacques	20f, 86			
Rubner, Ernst				206
Rückert, Friedrich	84			102, 216
Rueß, Luitpold			168	
Ruf, Sep(p)				18
Ruhm, „bubu" Franz Karl		240, 246, 249		
Ruhm, Felicitas		227, 240		
Rumm, August		110		
Rummel, Friedrich von	137			
Rump, Hans				105, 202
Ruppel, Karl Heinrich	325			
Rupprecht Kronprinz		30, 201		
Ruttmann, Rupert			339	
Sailer, Anton		87	122	
Salloker, Angela	308, 339			
Samberger, Leo (Maier)	18	277	294	
Samberger, Dr. Leo (Rechtsanwalt)			106, 108ff, 148, 182ff, 199, 206, 246	15, 96, 147, 213
Samhaber (Pfarrer)			26	
Samik, Oberfeldwebel	241ff, 246ff, 252f, 256ff, 260			
Saroyan, William			30	
Satzger, Alfons				47

Name	Bd. I	Bd. II	Bd. III	Bd. IV
Sauer, F. F. M.		223, 233		
Sauer, Willibald			17	
Sawallisch, Wolfgang			344	
Schachtner, Hans			325f, 343, 357f	31, 45
Schadt, Franz Leonhard			80	
Schadt-Blumhoff, Elga			80	
Schäfer, Astrid				172
Schafhauser, Johann				121, 199
Schatte, Ludwig Frhr. von				174
Schattenhofer, Michael			106f, 184, 199f	18, 38
Schatzdorfer, Hans			23, 249, 252ff, 298f, 301, 305ff, 339	24, 53, 55, 64, 102, 163
Schatzdorfer, Monika				42
Schaufuß, Hans Hermann		157		
Schaumann, Ruth				147
Scheibel, Roland			371	
Scheibmayr, Erich			116	
Scheingraber, Wernher				18
Scherchen, Hermann		20f		
Scherer, Helmuth	308	76ff, 160, 164	82, 117f, 214, 228, 288	34f
Scherreiks, Herbert		275		
Scheu, Just		178		
Scheuermann, Audomar			217, 299	170
Schickhaus, Karl Heinz				116
Schiestl, Matthäus				69
Schindler, Alma Mahler				194
Schindler, Dr. Herbert			18, 118, 121, 192, 226, 368	16
Schirnding, Albert von				81
Schleich, Robert		172	108	
Schleich, Dr. Erwin		172	106ff, 116, 183ff, 199, 206, 236, 385	15, 75
Schleicher, Jörg		16ff, 129		
Schlippenbach Gräfin				211
Schlotthauer, Joseph	220			
Schmeling, Max	70			

Name	Bd. I	Bd. II	Bd. III	Bd. IV
Schmid, Dr. Joseph	75			
Schmid, Aglaja		203		
Schmid, Dr. Carlo		18		
Schmid, Franz Xaver			86	
Schmid „Papa"	119		80	
Schmidkunz, Walter	236			
Schmidt, Erich		163, 171, 174f, 182, 186, 188, 195, 202, 209, 212		
Schmidt-Gaden, Gerhard		164		
Schmid-Wildy, Ludwig		281f	80, 246	
Schmitt-Sulzthal, Erika				57
Schmitt-Sulzthal, Rudolf			16f, 54	
Schmitz, Walter			295	
Schmitz-Steinberg, Christian		156		
Schmoll von Eisenwerth, Irmgard				24, 45, 56, 125
Schmutzer, Franz				33
Schnabel, Dr. Franz			196	
Schnabel, Stefan			78	
Schneider, Herbert			233, 174, 280	136, 171
Schneider, Reinhold	219			
Schneider-Schelde, Rudolf		149	157	
Schnitzer, Witwe, Zimmervermieterin			224, 275	
Schober, Hermann		210		
Scholl Geschwister	175			
Schöll, Maria	56f, 302, 314f			
Schöll, Kurt	57, 314		131	
Scholz, Rudolf von		149		
Schönbohm	188			
Schönerer, Georg von	211, 342			
Schöningh, Franz Joseph	175			
Schönwerth, Franz Xaver				208
Schopenhauer, Arthur	307			
Schöpf, Otto Friedrich		45, 48f, 212		
Schorn, Grete	119			
Schosser, Elisabeth			184, 193	
Schosser, Dr. Erich			187, 317	16, 76f, 118

Name	Bd. I	Bd. II	Bd. III	Bd. IV
Schott, Johann Baptist	36			23, 33, 64, 106
Schraml, Joseph				144f
Schraudolph, Claudius von				69
Schraudolph, Johann von				69
Schreiber, Manfred				146
Schreiner, Dr. Hugo	73f, 125, 175	7		
Schreiner, Frau		91f		
Schrimpf (Hafner)	57			
Schröder, Albert	11, 17ff, 28, 31, 35ff, 42f, 52ff, 102f	169		60
Schröder, Anna			184	
Schröder, Anna Magdalena				61, 64, 83, 90f, 109, 151, 166, 201, 222f
Schröder, Arnulf	19, 26, 33, 37, 38, 44, 79, 113, 142ff, 144, 156, 159, 161, 180, 215, 262, 293, 315ff, 324ff	9, 45, 48, 52, 54f, 73f, 80, 106, 120, 157, 172, 188, 200, 254, 280	33ff, 227, 372 f	87, 185
Schröder, Carl	18, 37, 51, 64, 98f, 113			185
Schröder, Ernst	97, 209, 254	88, 125	9	180
Schröder, Franziska, „Henni" geb. Baumann	12ff, 21ff, 37, 39ff, 59, 197f, 212ff, 235f, 293	33, 125		59f, 63, 67f, 83, 92, 110f, 166ff, 178f, 186f, 204
Schröder, Friedel	19, 293		33f	
Schröder, Hans Peter	293, 324			
Schröder, Heinz	37, 109	8, 197		53
Schröder (-Justin), Justus	7ff, 12, 28, 31f, 37, 42, 47, 50ff, 59, 102, 225ff, 317ff, 335f	13, 88, 145		59ff, 67f, 92, 100f, 142f, 178, 185f, 211

Name	Bd. I	Bd. II	Bd. III	Bd. IV
Schröder, Jutta				65, 141
Schröder, Klaus Gerhard	41, 52, 61, 113f, 198, 209, 213, 235, 262, 293, 315	9f, 93f, 253f		71, 186
Schröder, Maria Theresia				64, 90f, 151, 166, 202, 222
Schröder, Martin Anton				61, 64, 90ff, 98, 108ff, 116ff, 121ff, 125ff, 139, 165, 167f, 194f, 198ff, 201f, 222f
Schröder, Paul (Sohn Albert Schröders)	18			
Schröder, Resi			52	61, 63, 83f, 102, 110ff, 116f, 125, 137, 151, 168, 171, 187, 209, 215, 218
Schröder, Rudolf Alexander		17, 79		
Schröder, Veronika Regina				61, 64, 70, 90f, 99, 111, 125f, 137, 151, 165, 199, 201, 215, 222f
Schroth, Karl Heinz			69	
Schrott, Ludwig		290	148, 232, 235, 246, 248, 271f, 317	19
Schubart, Christian Friedrich Daniel	154			
Schubert, Franz	162, 220			59, 106f, 155, 193

Name	Bd. I	Bd. II	Bd. III	Bd. IV
Schuberth, Dr. Ottmar			106, 111f, 197ff	15
Schultze, Max				33, 197
Schulz-Matan, Walter		88ff, 132ff, 238	64f, 218	167f
Schumann, Karl			283	83
Schuster, Wilhelm	183, 214		122	
Schwab, Gustav	85, 154			
Schwaiger, Dr. Alto			88ff, 125	20, 41, 54, 75, 135
Schwaiger, Georg			350	
Schwarz, Georg			156	
Schwarz, Hans	180			
Schwarz, Kurt Julius		222, 224		
Schweikart, Hans		80, 137, 270	81	
Schweitzer, Idamarie			139, 213	161
Schwenk-Will, Angelika				90, 187
Schwind, Moritz von	35, 180			69, 193, 210
Sckell, Friedrich Ludwig von				69
Scott, Walter	86			
Sechter, Simon				155
Sedlmayr, Hans			204	
Sedlmayr, Walter		38f, 280		
Seeberger, Dr. Kurt			120	37
Seewald, Richard			54ff, 62, 92, 132	
Segato				86
Seidel, Hanns			193	
Seidl, Emanuel von	100			
Seidl, Florian			156	
Seidl, Gabriel von	100			
Seidl, Josef	57, 321			
Seidl, Joseph	10, 27, 57, 321			
Seidl-Seitz, Joseph		87		
Seifert, Alwin			141, 169, 258, 363f	
Seinsheim, Carl von				37
Seinsheim, C. M. Joseph von				37
Seinsheim, Max Sixtus von				37, 46
Sellner, Gustav Rudolf		65f, 165f		12
Sendlinger, Angela				119

Name	Bd. I	Bd. II	Bd. III	Bd. IV
Shakespeare, William	84			
Shaw, George Bernard				12
Siedel, Erhard		82		
Siedler, Wolf Jobst			111	
Sigl, Johann Baptist			18, 52, 194	160
Simböck (Geschwister)				24, 51
Simms, Andrew		244ff		
Singerl, Erni			246	
Skasa-Weiß, Eugen				82
Slavik, Iwan				171
Soden, Carl Oskar von			43, 49, 63f, 89, 163, 350, 383	
Soden-Fraunhofen Graf Georg von				53, 126, 209
Soetbeer, Volker		64		
Sommer, Siegfried			280	82
Sonja	153, 156ff, 164ff, 182f, 193f, 201, 217, 278, 290f, 325, 328ff, 336, 340	34, 57, 95, 288f		178
Sophokles	210			
Spann, Othmar	319			
Speckbacher, Joseph				130
Spee, Friedrich von	58			
Spengler, Karl			190, 202f, 234f	136, 147
Spengler, Oswald	333f			
Speth, Balthasar	273			108
Spindler, Dr. Max			18, 196, 206, 287, 366	99
Spitzweg, Carl	35	200		105
Sporer, Fred		146	64, 68f, 71ff	
Sporer (Binder)			15f, 258, 297	
Spornraft, Schulfreund d. A	319			
Spranger, Dr. Eduard		17		
Springorum, Friedrich		127		
Stachl, Fini			303	

Name	Bd. I	Bd. II	Bd. III	Bd. IV
Stachl, Martin			299, 303, 331	24, 64, 80, 199
Stadler, Johann	90	258		
Stadler, Toni		294		
Stadelmayer, Franz		149		
Stahl, Franz Xaver				40, 187, 202, 213
Stahl, Hermann	324		35	
Stahl, Margarete				213
Stalin, Josef	179f, 183	127		
Stangl, Ernst	31, 183			
Stanislawski, Konstantin	161, 327			
Stark, Dr. Günther		12, 109		
Staudinger, Josef	90			
Stecher				126
Stefl, Dr. Max			54	
Stegmüller, Anke			360	
Steidle, Rasso		121f		
Stein, Edith				156
Steinbacher, Klaus		272, 276	82, 353	76, 96, 201
Steinbacher (Onkel Richard)	69, 108f	34, 74, 353, 359		
Steinbeck, Franz		227		
Steinberg, Franz		227, 245		
Steinberger, Edmund			81	
Steiner, Johannes				156
Steiner, Rudolf		12, 170		
Steinicke „Papa"	17			
Stelzenberger, Franz			179	
Stelzhamer, Franz	36		21ff, 79, 141, 151f, 249, 252, 283, 296, 367	36, 64, 102, 156, 193, 216, 220, 222
Stemplinger, Eduard				100
Stendhal	146			
Sternberg, Karl	309			
Steuernagel, Ilse		104f, 110, 160, 162f, 287		
Stevenson, Robert Louis	99			
Stieler, Karl	124, 144			193

Name	Bd. I	Bd. II	Bd. III	Bd. IV
Stieler, Kurt	124, 144	75	32f	79
Stifter, Adalbert	84, 130, 325	75	54	99f, 126, 156, 193, 216, 220, 222
Stöckl, Joseph			261, 275, 289ff, 303	
Stöckler, Gertraud				24
Stockmann, Hermann		294		
Stoiber, Fritz & Xaver		282		
Stolz, Josef	49, 54, 69			
Storck, Otto			99	
Strahal, Rosemarie		227		
Straßner, Fritz				22, 162
Straub, Johann Baptist				33, 96, 106
Strauß, Franz Josef			313ff	30, 55, 75ff, 98, 160, 176
Strauß, Johann				107
Strauss, Richard	111ff, 116f, 145, 149, 163	7, 44, 99, 251	160, 176ff, 181	79, 107, 193
Strehhuber, Konrad			83, 136, 209	
Strehler, Giorgio		103, 133, 199, 231, 251	96	
Streibl, Max			167, 323	
Strienz, Wilhelm	200			
Stuber, Adrian („Bomber")	83ff, 110, 183, 201f	34		
Stuck, Franz von	17			69
Sturm, Ilsebil		43		
Sulger, Dr. Emil	147			
Sulger-Gebing, Elisabeth	11, 120, 146ff, 155, 180, 209, 262, 318f	9f, 50, 79, 282	292f, 365	173
Suppé, Franz von				79
Suppel, Erich		126		
Sybille (Cousine)	54, 110f			

Name	Bd. I	Bd. II	Bd. III	Bd. IV
Tacik, Victor		18		
Tambosi (Kaffeehaus)		280		
Tants, Robert			35	
Tassilo III. Herzog	20			41, 100, 109, 153f, 190, 193, 218
Taube, Otto von			295	
Taubmann, Horst	115			
Tausig, Otto		210		
Teacock				185
Teresa von Ávila				156
Teschendorff, Verlagsleiter				202
Teufel, Fritz			173	29
Thauer, Friedrich Karl	159f			
Thellmann, Erika von		12		
Theodo, Herzog von Baiern	8			
Therese von Lisieux				150
Thiem, Erich	59			
Thiersch, Friedrich von	100, 147			33
Thoma, Annette			126	16
Thoma, Ludwig	81, 83, 94, 138, 144	53	43	42, 105, 198
Thoma, Marion		45		42
Thomas von Kempen				127
Thomas von Aquin				153
Thuille, Ludwig				107, 193
Thun, Graf in Südtirol	317			
Tietze, Hans-Joachim	90f, 170			
Toller, Ernst	146		62	
Tolstoi, Leo	231			
Traphöner	69			
Trautmann, Karl			119, 235	
Treiber, Adolfine				25
Treller, Katharina		64		
Trenet, Charles	240			
Troller, Georg Stephan			302	
Truchtaro, Herzog von Baiern	7			
Truman, Harry S.	301			
Trumm, Peter	138, 339	167, 275		

Name	Bd. I	Bd. II	Bd. III	Bd. IV
Trummer, Joe		223		
Tschechow, Anton		13		
Ücker, Bernhard			52, 183, 246, 286, 289	34
Udart (Gärtner)	27, 173, 262			
Ude, Karl		274		
Uhland, Ludwig	155			
Unterreitmeier, Hans				81, 126
Unterstöger, Hermann				81
Ursuleac, Viorica	117			
Uta, Gründerin Truderings	7f			
Valentin, Karl		52f, 76, 152, 206		
Vallon, Thomas		227		
Veltheim-Ostrau	183			
Verdi, Guiseppe	287			
Verhoeven, Paul	324	201	35	
Verlaine, Paul	127			
Vetter, Helmut		164		
Victor			9	
Vierlinger, Dr. Emil			62, 64, 226	
Vietta, Egon		166		
Vita, Helen			68	
Vitus, Maximilian			209	
Vogel, Betty				135
Vogel, Dr. Hans Jochen		274	66, 91, 204, 213, 246ff, 313	17
Vogel, Hanns		274	135f, 190, 232ff, 246, 249	45, 135ff, 147
Vogel, Peter	211, 229f	10, 79, 260, 272	235	159f
Vogel, Rudolf	80f, 122f, 125, 144, 159, 210f, 222ff, 229f, 258, 262, 278, 317	10, 39f, 79f, 145, 156, 200	30f, 37, 292, 359	45, 63, 78, 159

Name	Bd. I	Bd. II	Bd. III	Bd. IV
Vogl, Michael				208f
Wach, Aloys			294	199
Wackernagel, Peter		13, 176		
Wagenbichler, Sepp				148
Waggerl, Karl Heinrich		96		39, 102, 120
Wagmüller, Joseph	90			
Wagner, Adolf	109f, 179			
Wagner, Richard	36, 162, 228	139f		50, 58, 79, 103, 155, 188, 193
Wahl, Josef				177
Waiblinger		11, 20		
Walchensteiner, Alfred		245, 254		
Walchshofer, Otto			152f, 156, 177, 264	27, 194
Waldau, Gustav	137f, 160f	82		
Wallenreiter, Christian			158, 197	
Walser, Martin			366	
Walter, Christoph				172
Waltershausen von (Professor)			122	
Waltershausen Edith von		53ff, 72ff, 106, 288	29	
Waltjen, Heinz				38
Wandinger, Anton			385	
Watzinger, Carl Hans			295, 298f, 306	27, 34, 36, 99, 120, 163, 196f
Webelhorst, Melanie	120, 153			
Weber, Hans von			83	
Weber, Johann Baptist				58
Weber, Oskar		79	235, 338	61
Weber, Charlo Mor von		178		
Weber, Carl August		125		
Weber, Wolfgang von			83, 157	31, 51
Wedekind, Frank		206		46
Weh, P. Georg SJ			130ff, 358	
Wehgartner, Robert			49f, 193, 249	
Wehle, Peter		238f		
Wehner, Josef Magnus	82	73		

Name	Bd. I	Bd. II	Bd. III	Bd. IV
Weichslgartner, Alois J.				36
Weicker, Herbert		81		
Weidinger, Franz Xaver			296, 299	
Weigel, Hans		226, 236, 238, 243, 257, 260		
Weilbuchner, Crescentia			330	
Weilguny, Hertha Maria		13, 19		
Weinheber, Josef				61
Weinhuber, Simon			47, 194	20, 34, 45, 126, 168f
Weinzierl, Hubert				42, 115
Weisgerber, Albert			55, 61	
Weiß Ferdl		52	231	
Weißauer Dr.		120	84	
Weiden, Leo von		87f		
Weil, Hermann				85, 197
Weltrich, Ingrid				106, 201
Wengler, Alois			296	
Werfel, Franz	114			
Werndl, Joseph				28
Werner, Oskar		257		
Wernicke, Otto			32	
Wery, Carl		75		
Westenrieder, Lorenz				37, 98
Westrich Dr.			36f	
Wetzel (Winzer)			242	
Wickenrieder (Schauspieler)	160			
Wicki, Bernhard		170		
Widowitsch	265, 270, 272, 277			
Wiechert, Ernst	325			
Wiedemann (Garderobier)	118, 134			
Wieder, Hanne		13		
Wiemuth, Eduard		83, 163, 172		
Wiesheu, Otto				54, 74, 134f
Wilde, Oscar	147			
Wilder, Thornton	332, 341	10		
Wildermuth, Ottilie	155			
Wilhelm II. Kaiser				33
Wilhelm (Onkel)	215			

Name	Bd. I	Bd. II	Bd. III	Bd. IV
Wilhelm, Kurt		44, 79, 145		124, 136, 171
Willardt		160		
Willer, Luise	117			
Willms, Johannes				213
Willner, Otto	119			
Wimmer, Hans	49	171	28, 170f, 176ff, 260, 300f	34, 45, 64, 73, 120, 187, 197, 204, 212
Wimmer, Thomas			66, 204f	
Wimplinger, Maria	81	82	359	
Winbeck, Heinz				9, 64, 118, 205
Winkler, Conrad			369	
Winkler, Sepp				198, 212
Winter, Ruth		246	10	
Winterberg, Hans			82	
Witt Wastl	144	53, 82, 149	231	
Wittenberg, Käthe	18, 98	1		
Wittmann, Georg Michael			350	
Wittmann, Dr. Reinhard				81, 119, 159
Wochinz, Herbert		251		
Woeckel, Gerhard			202, 204ff	
Wohlbrück, Adolf		174		
Wolf, Hugo	150			107
Wolfert	31			
Wolfgang, hl.	35, 266			
Wolf-Ferrari, Maria		100		
Wolffhardt, Rainer		76ff		
Wondruschka, Direktor des Wiener Theaters am Parkring		227f, 250		
Wortmann, Traute		126		
Worzel, Karl		13		
Würer, Friedrich			34f	
Wutz, Franz Xaver				156
Zaepfel, Armand		73		
Zechmeister, Siegfried				72, 121
Zehentmeier, Richard			188	

Name	Bd. I	Bd. II	Bd. III	Bd. IV
Zehetmair, Hans				45, 47, 54, 64, 106, 201
Zenetti, Arnold von				155
Zenker, Dr. Rudolf			214, 269f, 275	110
Zierer-Steinmüller, Maria			245	147
Zimmerer, Ludwig	231ff, 255, 281	249		
Zimmermann, Johann Baptist				48, 348
Zirnbauer (Dorfschreiner)				372, 386
Zistl Msgr. (Stadtpfarrer)			94, 206, 247	31, 146
Zola, Emile				197
Zöller, Josef Ottmar			241, 356	74, 134
Zöpfl, Dr. Helmut				45
Zuccali, Enrico				47, 64
Zuckmayer, Carl	90			73
Zügel, Heinrich von	17, 31			
Zürn, Michael und Martin				19
Zweig, Stefan				15
Zwengauer, Maler				115
Zwing, Rainer siehe August Kühn				